改訂第５版

# 畠山のスパっととける 政治・経済 爽快問題集

Z-KAI

# Contents

# GUIDANCE ガイダンス

## ～政経の必勝法・合格へのオリジナル問題! これで完璧!!～

『爽快講義』が出版されてからはや20年以上経ちます。多くの皆さんが政経を得意科目へと変え，合格をつかんできた参考書です。また2021年1月からは，**大学入学共通テスト**（以下，**共通テスト**）も始まりました。2025年度入試からは**新課程**も始まります。そんな中，多くの受験生たちからこの問題集の改訂版を書いて欲しいとの要望が多数寄せられました。

まず必ず以下のガイダンスを読んでください。そして**この問題集の正しい使い方をマスターしていよいよ解き始めてください**。ではガイダンスを始めます!!

### インプットとアウトプット

さて，政経の勉強の基本的スタンスとして，**まず講義を聴いて（読んで）内容を理解し覚える**ことが必要です。これが「インプット」の勉強です。

しかし肝心なことは「いかにその用語を取り出すか」「いかに選択肢の誤りを見つけるのか」にあります。この部分を「アウトプット」と呼ぶことにしましょう。**最終的にはこの「アウトプット」の能力が合否を分けてしまう。この力を養う目的につくられた**のがこの『爽快問題集』です。

### どう「アウトプット」の力をつけるのか?→合格へのオリジナル問題!!

この部分は結構肝心ですよね。一般的には市販の問題集を解いて，志望校や共通テストの過去問を解き，傾向をつかみながらこの「アウトプット」の力をつけます。確かに過去問は大切です。

でも市販の問題集で『爽快講義』と対応しているものがなかなかありませんでした。**この本は主要大学や共通テストの過去問を研究しオリジナルで作られています**（共通テスト対策としてセンター試験の過去問も一部改題しながら参考として入っています）。そして**「一問一答形式」,「文章の空欄補充」,「論述」,「グラフ・計算・資料」,「正誤の判定」,「時事」**の6つの問題の構成を徹底的に練り上げ，そのまま入試で使えるように作られています。いいですか。この6つが政経の入試問題のいわばスパイスです。したがって，**『爽快講義』を読ん**

**だ上でこの問題集を徹底的に解くことで，自然と入試での問われ方，文脈の流れ，空欄の埋め方，正誤の見分け方が身につくはずです。**とにかくこの『爽快問題集』の中に書かれている問題はすべて解けるようにしてください。必ず合格へとつながるはずです。

## この問題集をマスターしたあと→いよいよ過去問へ

**過去問は最低でも5年分は解くことが望まれます。**自然とその大学・学部が狙ってくる傾向が見えてくるはずです。そして傾向が読めたら，再びこの『爽快問題集』と『爽快講義』で徹底的に理解します。こうして過去問は，新鮮なフルーツのように変わり，来年度の入試の的中へとつながっていきます。だんだんとその実感が湧いてくれば，政経の問題を解くことが楽しみに変わることでしょう。

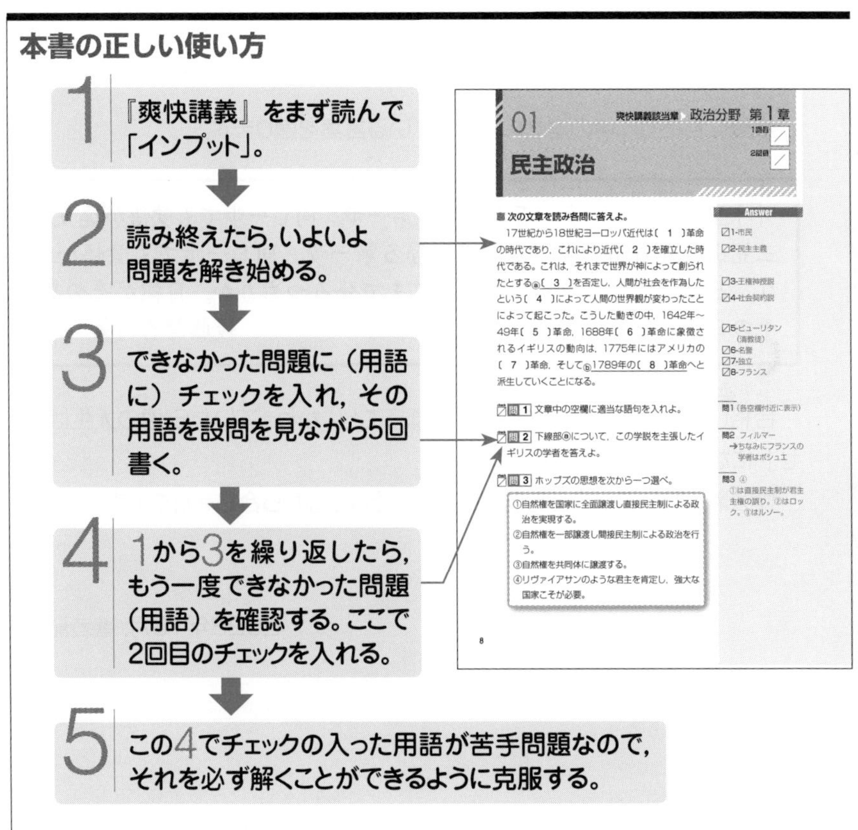

本書の正しい使い方
1 『爽快講義』をまず読んで「インプット」。
2 読み終えたら，いよいよ問題を解き始める。
3 できなかった問題に（用語に）チェックを入れ，その用語を設問を見ながら5回書く。
4 1から3を繰り返したら，もう一度できなかった問題（用語）を確認する。ここで2回目のチェックを入れる。
5 この4でチェックの入った用語が苦手問題なので，それを必ず解くことができるように克服する。
01
爽快講義該当章 政治分野 第1章
民主政治
次の文章を読み各問に答えよ。
Answer
問1 文章中の空欄に適当な語句を入れよ。
問2 下線部ⓐについて，この学説を主張したイギリスの学者を答えよ。
問3 ホッブズの思想を次から一つ選べ。

以上です。この『爽快問題集』は解説よりも，「アウトプット」つまりは狙われ方に重点を置いて作られています。また欄外に解答がくるようにレイアウトされているため，その場で答えを確認できるようになっています。ただし最後はやはり**書かないと覚えることはできないので3の作業は特に念を入れてくださいね。**（漢字の間違えにも注意!）

こうすることで政経の力が確実に身につくことでしょう。

ただ，勉強している時ふと「なぜ大学にいくんだろう?」とか，「なんかダラダラしちゃってるなー」なんて時も人である限り当然ある。

僕は授業でもよく言うんだけど，その「なぜ大学にいくんだろう?」って部分に自分なりの答えを出して欲しい。

君たちは自由な存在です。だから迷うんだね。目標のない人生は苦痛が続きます。目標を持った人生は一番星のように輝きます。

最後に君たちに僕の座右の銘にしている言葉を贈ります。

「十里の旅の第一歩。百里の旅の第一歩。同じ一歩でも覚悟が違う。三笠山に登る第一歩。富士山に登る第一歩。同じ一歩でも覚悟が違う。どこまで行くつもりか。どこまで登るつもりか。目標がその日，その日を支配する。」

後藤静香『第一歩』

合格した次の目標が「人の幸せ」を願うことにかわっていたら，君の人生は「幸せ」になるのだと思います。

僕は最大限に君たちと向き合います。そして心から合格を祈ります。

2023年10月，著者記す。

# 第1章

# 政治編

Political field

# 01 民主政治

1回目 ／

2回目 ／

■ 次の文章を読み各問に答えよ。

17世紀から18世紀ヨーロッパ近代は〔 1 〕革命の時代であり，これにより近代〔 2 〕を確立した時代である。これは，それまで世界が神によって創られたとする ⓐ〔 3 〕を否定し，人間が社会を作為したという〔 4 〕によって人間の世界観が変わったことによって起こった。こうした動きの中，1642年～49年〔 5 〕革命，1688年〔 6 〕革命に象徴されるイギリスの動向は，1775年にはアメリカの〔 7 〕革命，そして ⓑ1789年の〔 8 〕革命へと派生していくことになる。

check ／ 問1 文章中の空欄に適当な語句を入れよ。

check ／ 問2 下線部ⓐについて，この学説を主張したイギリスの学者を答えよ。

check ／ 問3 ホッブズの思想を次から一つ選べ。

①自然権を国家に全面譲渡し直接民主制による政治を実現する。
②自然権を一部譲渡し間接民主制による政治を行う。
③自然権を共同体に譲渡する。
④リヴァイアサンのような君主を肯定し，強大な国家こそが必要。

**Answer**

／1-市民
／2-民主主義
／3-王権神授説
／4-社会契約説
／5-ピューリタン（清教徒）
／6-名誉
／7-独立
／8-フランス

問1（各空欄付近に表示）

問2 フィルマー
➔ちなみにフランスの学者はボシュエ

問3 ④
①は直接民主制が君主主権の誤り。②はロック。③はルソー。

問4 下線部ⓑの革命で制定された権利宣言の正式名称を書け。

問5 ルソーの著作を一つ書け。

問6 ロックの著作を一つ書け。

問7 モンテスキューの著作を一つ書け。

問8 次の歴史的文書の記述として正しいものを一つ選べ。

①マグナ・カルタには，「精神の自由」の要求が含まれている。
②バージニア憲法には,「天賦人権」が盛込まれている。
③独立宣言には,「権力分立」が盛込まれている。
④合衆国憲法には，「政府の改廃権（抵抗権）」が盛込まれている。

問4 人及び市民の権利宣言
➔ちなみに起草はラ・ファイエット

問5 『社会契約論』

問6 『市民政府二論』

問7 『法の精神』

問8 ②
①は正しくは「経済の自由と人身の自由」の要求，③は「政府の改廃権（抵抗権）」，④は連邦政府と州政府の「権力分立」が正しい。

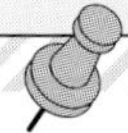

## スパッととける!! 正誤問題

近代の社会契約説についての記述として最も適当なものを，次の①～④のうちから一つ選べ。

① 政府と人民の関係は，神と人間，親と子，夫と妻の間にみられるような愛情と信頼に由来する。

② ホッブズによれば，各人は自らの生命と安全を確保するために，主権者に自然権を譲渡することなく国家の運営に参加する必要がある。

③ 国家は人為的な産物ではなく，歴史の中で長く受け継がれてきた伝統を通じて形成される。

④ ロックによれば，人民の信託を受けた政府が人民の生命・自由・財産の権利を侵害した場合，人民には政府に抵抗する権利がある。（センター試験より）

正解は④

**スパッと解説!!** ①社会契約説は「愛情と信頼」ではなく，人間が自然権を守るための「合意と契約」に由来する。不適切。②ホッブズの社会契約説は，自然権を国ないし君主に全面譲渡する。不適切。③同様に，国家は人為的な合意・契約による。不適切。

02　爽快講義該当章▶政治分野　第1章

1回目 ／　2回目 ／

# 人権保障のあゆみ

■ 以下の各問に答えよ。空欄には適当な語句を入れよ。

check 問1 F.ローズベルトの「4つの自由（1941年の教書）」を選べ。

①言論と表現の自由　②信教の自由
③欠乏からの自由　④恐怖からの自由
⑤知らされる自由　⑥安全である自由
⑦意見を反映させる自由　⑧選ぶ自由

check 問2 以下の表を完成せよ。（★は重要）

| 採択年 | 批准年 | 条　約 |
|---|---|---|
| 1948★ | 未批准 | 〔　1　〕条約（集団殺害の防止及び処罰に関する条約） |
| 1949 | 1958 | 人身売買・買春禁止条約 |
| 1951★ | 1981 | 〔　2　〕条約（難民の地位に関する条約）〔　3　〕原則 |
| 1952 | 1955 | 婦人参政権条約 |
| 1965 | 1995 | 人種差別撤廃条約 |
| 1966★ | 1979 | 国際人権規約　A規約→一部留保 |
| 1966★ | 1979 | 国際人権規約　B規約 |
| 1966 | 未批准 | 国際人権規約　B規約に関する選択議定書　第一議定書 |
| 1973 | 未批准 | アパルトヘイト犯罪条約 |
| 1979★ | 1985 | 〔　4　〕条約 →〔　5　〕法制定 |
| 1984 | 1999 | 拷問禁止条約 |
| 1989★ | 1994 | 子どもの権利条約 **→子どもとは18歳未満** |
| 1989 | 未批准 | B規約に関する選択議定書　第二議定書　死刑廃止条約 |
| 1997★ | 1998 | 〔　6　〕条約（オタワ条約）1999年発効⇨日本は原締約国　米などは未批准 |

**Answer**

問1 ①，②，③，④
➔⑤～⑧は1962年のケネディの「消費者の4つの権利」

問2

☐1-ジェノサイド

☐2-難民
☐3-ノン・ルフールマン（ルフルマン）
➔迫害の恐れのある国への強制送還の禁止。

☐4-女子差別撤廃
☐5-男女雇用機会均等

☐6-対人地雷全面禁止

問3 アムネスティ・インターナショナル
➔1977年にノーベル平和賞受賞

check ☐ 問3 人権問題で活動するNGOを答えよ。

問4

☐1-理性の命令(自然法)
☐2-議会制定法
☐3-イギリス
☐4-ドイツ

check ☐ 問4 以下の表を完成せよ。

| 法の支配 | | 法治主義 |
|---|---|---|
| 〔 1 〕による支配 | 原理 | 〔 2 〕による支配 |
| 法の内容を重視<br>⇨実質的 | 法の質 | 法の形式を重視<br>⇨形式的 |
| 基本的人権を保障する内容 | 内容 | 法制定によって人権蹂躙可 |
| 悪法は法ならず | 結果 | 悪法も法なり |
| 〔 3 〕 | 発達国 | 〔 4 〕<br>⇨明治憲法にも影響 |

問5

☐1-万人に対する闘争
☐2-平和
☐3-譲渡
☐4-執行
☐5-自然
☐6-共同体
☐7-信託
☐8-一般意志
☐9-抵抗

check ☐ 問5 社会契約説

| | ホッブズ | ロック | ルソー |
|---|---|---|---|
| 自然状態 | 万人の〔 1 〕 | 自由, 平等,<br>〔 2 〕 | 自由, 平等, 愛と憐れみ |
| 契約 | 自然権を国家に〔 3 〕。<br>自然権の保護を国家が行う。 | 〔 4 〕権を国家に譲渡。<br>→〔 7 〕。<br>その契約に反した場合〔 9 〕権の行使。 | 〔 5 〕権を〔 6 〕に譲渡。<br>〔 8 〕による直接統治。 |
| その後 | 君主主権を擁護 | 米国独立革命へ | フランス革命へ |

問6

☐1-ブラクトン
☐2-神と法
☐3-E.コーク
☐4-ダイシー

check ☐ 問6 法の支配の歩み 頻出! 丸暗記!!

**13世紀** 〔 1 〕「国王といえども〔 2 〕の下にある」
⇨法の支配の主張

**17世紀** 〔 3 〕, 国王に法の支配を要求
⇨1628年権利請願

**19世紀** 〔 4 〕, 『英国憲法研究序説(1885)』
⇨法の支配の定式化

# 03　各国の政治制度

爽快講義該当章 政治分野 第2章

1回目 ／

2回目 ／

■ 以下の各問に答えよ。

check 問 1 イギリスの責任内閣制が成立した時の内閣を答えよ。

check 問 2 イギリスの下院の優位を取り決めた1911年制定の法律名は何か。

※イギリスの議院運営は〔 1 〕制である。

check 問 3 イギリスの伝統的慣習を法としたものを何というか。

check 問 4 イギリスの下院の選挙制度を答えよ。

check 問 5 イギリス下院の総選挙の結果，1つの政党で過半数を取ることができない状態をイギリスでは何というか。

check 問 6 合衆国憲法の制定年と，起草人を書け。

check 問 7 アメリカの制度について，次のうち誤りをすべて選べ。

①大統領は議会出席権がない
②大統領は法案提出権がない
③大統領は議会解散権がない
④大統領は議会への法案拒否権がない
⑤大統領は議会への教書送付権がない

check 問 8 大統領選挙人の数は何人か。またその根拠は何か。

**Answer**

問1 ウォルポール内閣

問2 議会法

☐1-三読会

問3 コモン・ロー

問4 小選挙区制

問5 ハング・パーラメント

問6 1787年／マディソン，ハミルトン，ジェイ（順不同）

問7 ④，⑤
（ともに「ない」のではなく「ある」が正しい）

問8 538人
上院の定員100，下院の定員435，コロンビア特別区の3を足した数

問9 ウィナー・テイク・オール方式

check 問 9 大統領選挙において，その州で過半数以上の得票を獲得した候補者がすべての選挙人を獲得する方法を何というか。

問10
①×（上院の任期は6年，下院は2年）
②×（上院と下院が逆）
③○
④○
⑤×（原則兼職禁止）

check 問 10 アメリカの議会について，次の正誤判定をせよ。

①上院の任期は4年，下院は6年である。
②上院の議席は435の人口比例，下院は，100の各州2名である。
③上院，下院は法案制定権は対等である。
④上院議長は副大統領である。
⑤ 議員と大統領の兼職は許されている。

問11 マーベリー対マディソン事件(1803年)

check 問 11 合衆国において違憲審査制を確立した事件は何か。

問12 全国人民代表大会

check 問 12 中国の立法府の名称を書け。

問13 1997年がイギリスから香港，1999年がポルトガルからマカオ

check 問 13 1997年と1999年に中国に返還された地名と，返還前の所属国家を書け。

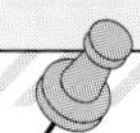

### スパッととける!! 正誤問題

check 2000年以降の各国の政権についての記述として正しいものを，次の①～④のうちから一つ選べ。

① イギリスでは保守党と労働党による二大政党が定着しているため，連立政権が形成されたことはない。
② 日本では第一党が衆議院の過半数を獲得していたため，連立政権が形成されたことはない。
③ ドイツでは，多党制の下でも常に第一党が単独政権を維持した。
④ アメリカでは，イラク戦争を指揮した共和党政権が民主党政権に交代した。

（センター試験より）

正解は④

**スパッと解説!!** ①2010年から「ハング・パーラメント」となり，保守党が自由民主党と連立を組み，下院第一党の党首である保守党の党首「キャメロン」が国王から首相に任命された。②1983年に自民党（中曽根内閣）が新自由クラブと連立を組んだ。また1993年以降は連立政権が多数誕生している。③ドイツでは，2005年，2009年と連立政権となっている。

check 問14 中国のWTO加盟は何年か？

問14 2001年

check 問15 2021年にフランス大統領選挙が行われた。フランス大統領選挙は直接選挙であり，第1回目の投票で，過半数の得票を得た候補者がいない場合，第2回目で上位2名の決選投票となる。この時の上位2名は誰か？

問15 「マクロン」，「ルペン」

check 問16 フランスの政治制度を説明したものとして，誤っているものをすべて選べ。

①大統領はアメリカ同様間接選挙である。
②大統領の任期は7年から5年に，2002年より短縮された。
③過去にコアビタシオンが採られたことがある。
④違憲審査制は原則としてない。
⑤大統領は3選禁止である。

問16
①（直接選挙の誤り），
④（存在する）

check 問17 大統領，首相が別々の党派である状態を何というか。

問17 コアビタシオン（保革共存路線）

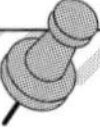

**スパッととける!! 正誤問題**

check 20世紀には自由民主主義体制のほかに，さまざまな政治体制が出現した。これらについての記述として**適当でないもの**を，次の①～④のうちから一つ選べ。

① ソ連ではレーニンの死後，共産党書記長スターリンが，他の幹部の粛清や農業集団化によって，独裁の基盤を確立した。
② ドイツではヒトラーに率いられたナチスが，議会に議席をもつことなく，クーデターによって権力を直接掌握した。
③ 1940年代初めの日本では，新体制運動の下に，各政党が解散して大政翼賛会がつくられ，国民生活への統制が行われた。
④ 韓国やフィリピンでは，反対派政治家や市民運動などによって，独裁政権の腐敗が批判され，1980年代以降，民主化が進んだ。（センター試験より）

正解は②

**スパッと解説!!** ヒトラーは選挙によって合法的に政権の座に就いた。この背景にはワイマール憲法が民主的過ぎたことで暴走を許してしまったことがある。またドイツの法治主義的発想が1933年には全権委任法を成立させ，ヒトラーの独裁体制が確立。こうしてドイツはファシズムへと傾斜していった。④はそのまま正しい。知識として入れておこう。ただしミャンマー（ビルマ）では依然軍事政権によって民主化が弾圧され，民主化運動の指導者アウン・サン・スー・チー（1991年にノーベル平和賞受賞）さんが自宅軟禁されるなどしている。

check

イギリスとアメリカにおける現在の政治制度についての記述として正しいものを，次の①～④のうちから一つ選べ。

① イギリスでは，下院（庶民院）は上院（貴族院）に優越しており，下院議員は他の多くの西欧諸国と同様に，比例代表選挙により選ばれている。

② イギリスでは，終審裁判所である最高法院が下院に置かれ，議会と内閣との間で抑制と均衡が図られている。

③ アメリカの大統領は，法案提出権をもっていないが，議会を通過した法案に対して拒否権を行使し，議会に送り返すことができる。

④ アメリカの大統領は，3選が禁止されており，１期6年で2期まで務めることができる。

（センター試験より）

正解は③

**スパッと解説!!** ①は比例代表制度ではなく小選挙区制が正しい。②について，最高法院は下院ではなく上院に置かれていた（2005年の憲法改革法では2009年に上院から独立した最高裁判所が設置された）。③は正解だけど，拒否権は議会の3分の2で乗り越えられることも忘れないように。④は6年ではなく4年の誤り。1951年にF.ローズベルトの4選を受けて憲法が修正された。

check

日本とアメリカの議会制度についての記述として正しいものを，次の①～④のうちから一つ選べ。

① 日本の議院内閣制の下での議会優越の原則は，権力集中制（民主集中制）と呼ばれている。

② 日本では，内閣を構成する国務大臣の過半数は，衆議院議員でなければならない。

③ アメリカの連邦議会は，不信任決議によって大統領を辞職させることはできないが，大統領の弾劾に関する権限を有している。

④ アメリカの連邦上院議員は，各州ごとに2名ずつ州議会によって選出されている。

（センター試験より）

正解は③

**スパッと解説!!** ①の民主集中制は中国などの社会主義国に多い，共産党などの一つの政党が全権を掌握する態勢をいう。日本じゃ当てはまらないよね。②「過半数は，国会議員」が正しい。③は正しい。下院が過半数で訴追し，上院が3分の2で弾劾を行う。今まで「アンドリュー・ジョンソン」，「リチャード・ニクソン」，「ビル・クリントン」，「ドナルド・トランプ（2回）」が訴追されたが弾劾にはいたっていない。なおニクソンは1972年に発覚した民主党本部に盗聴器を仕掛けたいわゆる「ウォーターゲート事件」で弾劾訴追の審議が始まる直前，自ら辞職した。映画『大統領の陰謀』を観ると面白い。

爽快講義該当章▶政治分野 第3章

1回目 ／

2回目 ／

# 04 日本の憲法

## 大日本帝国憲法(明治憲法)と日本国憲法 総合問題

■ 次の文章を読み各問に答えよ。

時は①〔 1 〕が全盛のころ，この動きに押される形で〔 2 〕年，わが国最初の憲法である大日本帝国憲法が制定された。この憲法の特徴はまず，天皇が憲法を制定したという〔 3 〕という形式をとる。また，天皇は〔 4 〕を〔 5 〕し，これにより，②すべての国権を天皇が一手に掌握することになった。また天皇には，いかなる③国家機関の承認も必要としない〔 6 〕が認められていた。一方の国民の権利については「〔 7 〕の権利」として一部の自由権などが保障されていたが，〔 8 〕が認められていたため，のちに④法律で厳しく制限された。このような意味からも，この憲法は権力分立と人権保障が不十分であり，現在は〔 9 〕と批判されている。

さて，戦後の〔 10 〕年に施行された日本国憲法は，敗戦によるGHQの占領政策の中，明治憲法の改正憲法として成立した。1945年10月，GHQ総司令官〔 11 〕は日本政府に対し憲法改正を示唆。これをうけ政府は〔 12 〕を政府内に設置し⑤改正案を審議。翌年2月GHQに提出したものの⑥GHQはこれの受取を拒否。この時に手交された〔 13 〕を原案として日本国憲法を制定。貴族院，衆議院の⑦修正可決を経て，憲法は公布されたのである。

この憲法の中で天皇は〔 14 〕と〔 15 〕の象徴とされ，⑧政治的権能は有しないこととなっている。

**Answer**

- ☐1-自由民権運動
- ☐2-1889
- ☐3-欽定憲法
- ☐4-統治権
- ☐5-総攬
- ☐6-天皇大権
- ☐7-臣民
- ☐8-法律の留保
- ☐9-外見的立憲主義
- ☐10-1947
- ☐11-マッカーサー
- ☐12-憲法問題調査委員会
- ☐13-マッカーサー草案(GHQ草案)
- ☐14-日本国
- ☐15-日本国民統合

check 問 1 文章中の空欄に適当な語句·数字を入れよ。

問1（各空欄付近に表示）

check 問 2 下線部①について，これとは別の憲法制定理由を書け。

問2 立憲体制を整えることによる欧米との対等外交の実現。

check 問 3 下線部②について，この時，帝国議会は何機関と位置づけられていたか。

問3 天皇の協賛機関

check 問 4 下線部③について，この具体的権限を一つ書け。

問4 国務大権，統帥大権，皇室大権などから一つ。

check 問 5 下線部④について，この具体的法律を一つ書け。

問5 集会及び政社法，出版法，治安警察法，治安維持法，国家総動員法などから一つ。

check 問 6 下線部⑤について，この改正案の通称を書け。

問6 松本案

check 問 7 下線部⑥について，この理由を一つ書け。

問7 大日本帝国憲法と内容がほぼ同じであったため。

check 問 8 下線部⑦について，具体的な修正事項を一つ挙げよ。

問8 国民主権の明記，国家賠償請求権の追加，生存権の追加などから一つ。

check 問 9 下線部⑧について，この限りではないものとして天皇は何を行うか。4文字で答えよ。

問9 国事行為

check 問 10 2000年に衆参両議院に設置され，2005年に憲法改正についての報告書を両院議長に提出したのは〔　　　〕会である。
〔　　　〕に適語を入れよ。

問10 憲法調査

check 問 11 憲法改正の具体的手続きを定めた法律を何というか。

check 問 12 問11に関連して，この法律の内容として誤っているものをすべて選べ。

①2007年に制定され，2010年に施行された。
②投票対象は「憲法改正」に限定されている。
③最低投票率は50%で，賛成票が有効投票総数の過半数で改正される。
④投票権者は20歳以上となっている。
⑤公務員と教育者の地位利用を伴う運動の規制がある。
⑥投票日14日前からの広告放送が禁止される。
⑦改正原案の提出は，衆議院で「100」名以上，参議院で「50」名以上の国会議員の賛成が必要である。
⑧改正原案を審議する「憲法調査会」を設置する。

問11 国民投票法（日本国憲法の改正手続に関する法律）

問12 ③（最低投票率は設けられていない），④（18歳以上が正しい），⑦（内容は正しいが，これは改正国会法の内容），⑧（正しくは「憲法審査会」，またこの設置は改正国会法の内容）

## 明治憲法の再確認

問1 欽定

check 問1 明治憲法は，制定者が天皇であることから〔　　　〕憲法である。

問2 私擬憲法

check 問2 この時代に植木枝盛などが起草した憲法私案を一般に何というか。

問3 プロシア（プロイセン）憲法

check 問3 明治憲法のモデルとなった憲法は何か。

問4 総攬者
国務大権，統帥大権，皇室大権

check 問4 統治権の〔　　　〕とされた天皇に認められていた天皇大権事項を三つ。

問5 法律の留保
居住移転の自由，言論・出版・集会・結社の自由，信教の自由，請願権などから二つ。

check 問5 臣民に〔　　　〕つきで認められていた権利を二つ。

問6

check 問6 以下の表を完成せよ。

**明治憲法下の統治機関**
→権力分立，権利保障のない「外見的立憲主義」

| | | |
|---|---|---|
| 帝国議会 | 天皇の〔 1 〕機関 | 貴族院と衆議院 ⇒両院対等 |
| 内　閣 | 天皇の〔 2 〕機関 | 内閣総理大臣 ⇒天皇が任命 |
| 裁判所 | 〔 3 〕の裁判 | 違憲立法審査権 ⇒なし |
| 枢密院 | 天皇の諮問機関 | 有識者，元老 ⇒天皇への諮問 |

※内閣は議会に対して責任を負わず，天皇に対してのみ負う「〔 4 〕内閣制」

1-協賛
2-輔弼
3-天皇の名
4-超然

## 日本国憲法（総論）の再確認

### ■ 日本国憲法の3大原則

「〔　1　〕」⇒ 間接民主制の導入，一部に直接民主制

「〔　2　〕」,「〔　3　〕の住民投票」,

「最高裁判所裁判官の〔　4　〕」

「〔　5　〕」⇒ 自由権，平等権，社会権，参政権，請求権

但し「〔　6　〕」の制約

「〔　7　〕」⇒ 第9条〔　8　〕放棄,〔　9　〕不保持,〔　10　〕の否認

〔　11　〕的生存権を前文に明記

☐1-国民主権（国民主権主義）
☐2-憲法改正の国民投票
☐3-地方特別法
☐4-国民審査
☐5-基本的人権の尊重（基本的人権の尊重主義）
☐6-公共の福祉
☐7-平和主義
☐8-戦争
☐9-戦力
☐10-交戦権
☐11-平和

### ■ 天皇の地位

〔　12　〕天皇制。⇒〔　13　〕と〔　14　〕の〔　12　〕

⇒天皇は政治的権能を持たない。

→ただし，内閣の〔　15　〕により,〔　16　〕を行う。憲法第6,7条に明示してある事項のみ

☐12-象徴
☐13-日本国
☐14-日本国民統合
☐15-助言と承認
☐16-国事行為

### ■ 憲法改正の手続き（憲法第96条）

次の3段階の厳格な手続きの硬性憲法

①衆参各院の「〔　17　〕」の「〔　18　〕」以上の賛成で国会がこれを「〔　19　〕」

※この時，衆議院の優越は→なし

②「〔　20　〕」で「〔　21　〕」の賛成

③「〔　22　〕」が「〔　23　〕」でこれを「〔　24　〕」!

☐17-総議員
☐18-3分の2
☐19-発議
☐20-国民投票
☐21-過半数
☐22-天皇
☐23-国民の名
☐24-公布

## 差をつける!! 「歴史的文書，憲法（抜粋）」

★特に赤字の部分を「キーワード」にして，どの文書なのか特定できるようにしておこう!!

**(1) 1689年「権利章典」**

〔1〕国王は，王権により，**国会の承認**なしに法律を停止し，または法律の執行を停止し得る権限があると称しているが，そのようなことは違法である。

〔4〕大権に名を借り，**国会の承認なし**に，…（中略）…王の使用に供するために**金銭を徴収することは，違法**である。

**(2) 1776年6月「バージニア権利章典（バージニア憲法）」**

〔1〕すべて人は生来等しく**自由かつ独立**しており，**一定の生来の権利**を有するものである。…（中略）…かかる権利とは，すなわち**財産**を取得所有し，**幸福追求**を獲得する手段を伴って，**生命**と**自由**とを享受する権利である。

**(3) 1776年7月「アメリカ独立宣言」**

われわれは，**自明の真理**として，**すべての人は平等**に造られ，**造物主**によって，一定の奪いがたい**天賦の権利**を付与され，そのなかに**生命**，**自由**および**幸福追求の権利**が含まれることを信ずる。…（中略）…もしこれらの目的を毀損（きそん）するものとなった場合には，**人民はそれを改廃**し，…（中略）…**新たな政府を組織する権利**を有することを信ずる。

**(4) 1789年「フランス人権宣言（人及び市民の権利宣言）」**

第1条　人は，**自由かつ権利において平等なものとして出生**し，かつ生存する。社会的差別は，共同の利益の上にのみ設けることができる。

第2条　あらゆる政治的団結の目的は，人の消滅することのない自然権を保全することである。これらの権利は，自由・所有権・安全および**圧制への抵抗**である。

第16条　**権利の保障**が確保されず，**権力の分立**が規定されないすべての社会は，**憲法**をもつものでない。

**(5) 1919年「ワイマール憲法」**

第151条（1）経済生活の秩序は，すべての者に**人間たるに値する生活**を保障する目的をもつ正義の原則に適合しなければならない。この限界内で，個人の経済的自由は確保されなければならない。

第153条（3）**所有権は義務を伴う**。その行使は，同時に**公共の福祉**に役立つべきである。

**(6) 1948年「世界人権宣言」**

第1条　**すべての人間は，生まれながら自由で，尊厳と権利について平等**である。（以下省略）

第2条　①何人も**人種，皮膚の色，性，言語，宗教**，政治的その他の意見，国民的もしくは社会的出身，財産，門地もしくはその他の地位のような，いかなる種類の**差別もうけることなく，この宣言にかかげられているすべての権利と自由とを享有**することができる。

**(7) 1966年「国際人権規約」**

A規約　第1条〔**人民の自決**の権利〕　1　すべての人民は，**自決の権利**を有する。この権利に基づき，すべての人民は，その政治的地位を自由に決定し並びにその経済的，社会的及び文化的発展を自由に追求する。

※解説…**民族自決の権利**とは，各民族が他の国家・民族から干渉を受けずに，政治決定を行う権利のことで，その後の独立運動を法的・政治的に支えることになった。

05 爽快講義該当章▶政治分野　第3章

1回目 ／

2回目 ／

# 基本的人権と判例

## ①人権総論

■ 次の文章を読み各問に答えよ。

日本国憲法は「侵すことのできない永久の権利」として，基本的人権を天賦人権として規定している。

18世紀に確立した自由権は国家の不介入によって実現するものであり，日本国憲法では①「精神の自由」，「〔　1　〕の自由」，②「経済の自由」に分けることができる。また，経済の自由は，精神の自由に比べて〔　2　〕の制約を受けやすいため，これを〔　3　〕と呼ぶ。

一方の〔　4　〕世紀的権利である〔　5　〕は，国家の積極的介入によって実現する権利であり，〔　6　〕年のワイマール憲法第151条で，世界で初めて明文化された。特にこの人権の中で重要な地位を占める ③生存権は，その④基準は行政が決定するという〔　7　〕説に従い，個々人の具体的権利としての保障ではないと考えられている。

check ☐ 問 1 文章中の空欄に適当な語句・数字を入れよ。

check ☐ 問 2 下線部①について，思想・良心の自由が問題となり，企業の側にもこれを認めた事件を一つ書け。

**Answer**

☐1-人身（身体）

☐2-公共の福祉

☐3-二重の基準（論）（ダブルスタンダード）

☐4-20

☐5-社会権

☐6-1919

☐7-プログラム規定

問1（各空欄付近に表示）

問2 三菱樹脂事件

問3 愛媛玉串料訴訟，目的効果基準説

check 問 3 下線部①について，「政教分離」が問題となった事件で最高裁が違憲判決を出した訴訟を一つ書け。また，この時用いられた，裁判所の違憲判断基準となる法理を書け。

問4 薬事法距離制限規定違憲判決

check 問 4 下線部②について，職業選択の自由が問題となり，最高裁が違憲の判断を下した事件を一つ書け。

問5
1-25
2-健康で文化的
3-最低限度

check 問 5 下線部③について，次の日本国憲法の条文を埋めよ。

「第〔 1 〕条　全て国民は〔 2 〕な〔 3 〕の生活を営む権利を有する。」

問6 朝日訴訟

check 問 6 下線部④について，この判決が初めて下された訴訟を答えよ。

問7 尊属殺人重罰規定

check 問 7 法の下の平等が問題となり，1973年に最高裁が違憲の判断を下し，1995年国会によって削除された刑法第200条の規定を答えよ。

問8 幸福追求権

check 問 8 憲法上明記はないが時代的要請と共に必要になっている人権を「新しい人権」という。この主張根拠となっている権利は何か。

問9 ③

check 問 9 次のうち新しい人権ではないものを一つ選べ。

①環境権　②コントロール権
③刑事補償請求権　④アクセス権
⑤自己決定権

check 問10 国民の知る権利に貢献するため，1999年に制定された法律名を答えよ。

問10 情報公開法（行政の保有する情報の公開に関する法律）

check 問11 問10に関連してこの法律についての説明として正しいものを一つ選べ。

①外国人も含めて情報公開ができる。
②知る権利については条文に明記された。
③公開決定は行政機関ではなく，第三者機関が行う。
④個人，企業，捜査，軍事情報については閣議決定の後公開される。
⑤非公開決定への不服については，情報公開・個人情報保護審査会の諮問，なおも不服の場合は，全国8箇所の高等裁判所に情報公開請求訴訟が起こせる。

問11 ①
（②の知る権利の明記はない。③は第三者機関ではなく，情報公開請求を申請された省庁が正しい。④は閣議決定後ではなく，もともと非公開。⑤「全国8箇所の高等裁判所」ではなく，地方裁判所が正しい。）

check 問12 2016年から運用が開始された，各行政機関が個別に把握している個人情報を，個人12桁，法人13桁の番号と結びつけ，納税や社会保障などの情報を管理する番号制度を一般に何というか。

問12 マイナンバー制度

check 問13 プライバシーの権利を，受け手から捉え，自身に関する情報の訂正等を求める権利を一般に何というか。

問13 コントロール権
（「自己情報コントロール権」「情報プライバシー権」ともいう）

check 問14 2002年9月，プライバシーの権利と，名誉権を争点に起こされ，かつ初めて小説差し押さえ命令が下された事件がある。この小説家の名前と小説名を答えよ。

問14 柳美里『石に泳ぐ魚』

問15 ④
（①正しくは,「経済」と「表現」が逆。『爽快講義』の「二重の基準論」を確認のこと。
②正しくは,「法律の留保」ではなく,「自然権思想」。
③正しくは,「国民の人権尊重擁護義務」ではなく,「公務員の憲法尊重擁護義務（99条）」である。憲法では第12条に「自由，権利保持の責任とその濫用の禁止」が明記されている。
④正しい（29条③））

check □ **問15** 基本的人権に関する説明として，適当なものを一つ選べ。

①経済の自由に対して，表現の自由への公共の福祉の適用は行われやすいと解されている。
②日本国憲法においては，法律の留保に基づいて人権が規定されている。
③日本国憲法では，国民の人権尊重擁護義務が明記されている。
④日本国憲法では，私有財産について，正当な補償のもとに公共のために供することができる，と明記されている。

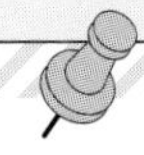

**スパッととける!! 正誤問題**

check □ 経済的自由権に関連する記述として最も適当なものを，次の①～④のうちから一つ選べ。

① 日本国憲法では，私有財産は，正当な補償をすることを条件に，公共のために用いられうることが明文で定められている。
② 日本国憲法では，奴隷的拘束や苦役からの自由は，経済的自由権と位置付けられている。
③ 日本国憲法では，職業選択の自由とともに，選択した職業を自由に営むことを保障する営業の自由が明文で定められている。
④ 日本国憲法が保障する自由権は，経済的自由権と精神的自由権の二つの種類に分けられる。

（センター試験より）

正解は①

**スパッと解説!!** ②は身体の自由が正しいよね。③の営業の自由は特に憲法での明文規定はなく，1975年の薬事法距離制限規定違憲判決で最高裁が認めたものです。④は経済的自由権，精神的自由権，身体的自由権の三つが規定されているよ。

## ②精神の自由まとめ

| 権　利 | 事件と争点 | 判　決 |
| --- | --- | --- |
| **思想・良心の自由(19)**<br>⇒国家による思想・良心の自由の侵害を禁止<br>⇒私人間の場合は民法を適用することで，憲法を間接適用する<br>⇒私人間の直接効力なし | 〔　1　〕**事件 1973**<br>⇒学生運動を理由に内定を取消されたとする事件<br>思想・良心の自由を企業が侵害したのか否か？ | 第1審<br>➡企業側敗訴<br>第2審<br>➡企業側敗訴<br>最高裁<br>➡原告敗訴<br>**★判決のポイント**<br>➡思想・良心の自由は，私人間を直接規定しない<br>➡企業にも雇用の自由がある |
| **信教の自由(20)**<br>**「政教分離」**<br>⇒国が特定の宗教団体に特権を与えてはならない<br>**「政教分離」の理由**<br>⇒国から特権を受けている宗教団体以外の信仰の萎縮効果を防止 | 〔　2　〕**訴訟 1977**<br>⇒地鎮祭の際神主へ公金支出<br>政教分離に反するか否か？ | 最高裁<br>⬇<br>合憲（慣習的）<br>⇩<br>「目的効果基準説」*<br>違憲か否かはその行為が慣習的行為か，宗教的行為かによって判断する |
| | 〔　3　〕**訴訟 1997**<br>⇒愛媛県議団が約36000円を靖国神社へ公金支出 | 最高裁<br>⬇<br>違憲（宗教的） |
| | **殉職〔　4　〕合祀訴訟 1988**<br>⇒キリシタンの妻の意を無視して護国神社に合祀 | 合憲<br>⇩<br>合祀自体は防衛庁（国家）として行ったわけではない |
| | 〔　5　〕**忠魂碑訴訟 1993**<br>⇒大阪市教育長らが忠魂碑慰霊祭に参列 | 〔6 合憲／違憲〕<br>⇒社会的慣例 |

☐1-三菱樹脂

☐2-津地鎮祭

☐3-愛媛玉串料

☐4-自衛官

☐5-箕面

☐6-合憲

| 権　利 | 事件と争点 | 判　決 |
|---|---|---|
| ☐7-公安条例<br>**表現の自由（21）**<br>⇒民主主義社会において様々な表現活動を認める<br>⇒その上で社会変革の可能性を保障する | **東京都〔　7　〕事件 1960**<br>⇒デモの許可制は検閲に該当するか否か? | 最高裁<br>⬇<br>合憲<br>暴徒化の恐れあり，「公共の福祉」を守るため必要 |
| ☐8-チャタレー | **〔　8　〕事件 1957**<br>⇒小説内容の一部表現が猥褻か否か? | 最高裁<br>⬇<br>出版社の社長，訳者ともに有罪<br>公共の福祉の制限受ける |
| ☐9-東大ポポロ<br>**学問の自由（23）**<br>⇒関連事項「家永教科書裁判」（p.28問3を参照） | **〔　9　〕事件 1963**<br>⇒大学構内へ警察が侵入<br>大学の自治の侵害か否か? | 最高裁<br>⬇<br>学生側敗訴<br>大学の自治とは研究・教授活動の自由であり，学生運動は対象にならない |

## ③経済の自由まとめ

| 権　利 | 事件と争点 | 判　決 |
|---|---|---|
| ☐1-薬事法<br>**職業選択の自由（22）** | **〔　1　〕距離制限規定違憲判決 1975**<br>⇒薬局開設の距離制限は営業権の侵害か否か? | 最高裁<br>⬇<br>違憲<br>距離制限は憲法の職業選択の自由に反し，違憲 |
| ☐2-森林法<br>**財産権の不可侵（29）** | **〔　2　〕共有林分割規定違憲判決1987**<br>⇒共有林の分割の際に，1/2以下の持分権者の分割請求を認めない規定は財産権の侵害か否か? | 最高裁<br>⬇<br>違憲<br>その土地の所有者の分割・処分権を不当に侵害し，違憲 |

## ④盲点判例

■ 以下の空欄に適当な語句を入れよ。

check ☐ **問 1** 戦前，東大の〔　1　〕教授は〔　2　〕説を発表し教壇を追われた。

問1
☐1-美濃部達吉
☐2-天皇機関

check ☐ **問 2** 戦前，京大の〔　　〕教授は，その刑法理論が共産主義的だとして教壇を追われた。

問2 滝川幸辰

check ☐ **問 3** 731部隊や南京大虐殺などの記述をめぐり，教科書検定の不合格決定の取り消しを求めた〔　　〕裁判。

問3 家永教科書

check ☐ **問 4** 2002年,〔　1　〕の小説『〔　2　〕』の出版を最高裁が差し止め。

問4
☐1-柳美里
☐2-石に泳ぐ魚

check ☐ **問 5** 北海道知事選候補者についての記事を裁判所が事前差し止めの仮処分を行った事件は,〔　　〕事件。

問5 北方ジャーナル

check ☐ **問 6** 法の下の平等との兼ね合いから，刑法第200条の刑罰規定を違憲とした〔　　〕違憲判決。

問6 尊属殺人重罰規定

check ☐ **問 7** 反戦デモのVTR提出を警察が要求し，裁判所も提出を認めた〔　　〕事件。

問7 博多駅フィルム提出命令

check ☐ **問 8** 在日外国人の出入国の自由を制限した〔　　〕事件。

問8 マクリーン（もしくは森川キャサリーン）

check ☐ **問 9** アクセス権を主張するが認められなかった〔　　〕事件。

問9 サンケイ新聞意見広告

問10 大阪空港騒音訴訟

check ▱ **問10** 環境権を主張するが認められなかった〔　　〕事件。

問11 宴のあと

check ▱ **問11** プライバシーの権利が第一審で認められた『〔　　〕』事件。

問12 外務省公電漏洩（西山）

check ▱ **問12** 知る権利と国家機密について争われた〔　　〕事件。

問13 堀木

check ▱ **問13** 児童扶養手当と障害者年金の併給禁止
⇨A.〔　　〕訴訟

問14 朝日

check ▱ **問14** 生活保護費の基準について争われた
⇨B.〔　　〕訴訟

問15
▱1-プログラム規定
▱2-具体的権利

check ▱ **問15** なお，A.Bともに〔　1　〕説で原告敗訴，〔　2　〕説を認めず。

## ⑤新しい人権

▱1-13
▱2-幸福追求権

⇨憲法上には明確な条文はないが，憲法第〔　1　〕条の「〔　2　〕(条文にない権利を保障する人権)」と「個人の尊厳」を基に，主張されている人権

▱3-生命
▱4-自由
▱5-幸福追求
▱6-立法

参考

**第十三条【個人の尊重，生命・自由・幸福追求の権利の尊重】**

すべて国民は，個人として尊重される。〔　3　〕，〔　4　〕及び〔　5　〕に対する国民の権利については，公共の福祉に反しない限り，〔　6　〕その他の国政の上で，最大の尊重を必要とする。

## 具体的な新しい人権

### 1. プライバシーの権利

…私生活や個人情報をみだりに公開されない権利。

⇒〔　1　〕で初めて主張された。日本では『宴のあと』事件で主張。

☑1-アメリカ

**関連問題**

1999年に制定され，その後2016年に拡大改正された，組織犯罪の捜査のため，捜査機関に電話や電子メールなどの傍受を認める法律を何というか。

また，この法律は憲法で規定されている，何の秘密を侵すとされているか。

関連問題
通信傍受法，通信の秘密（21条②）

**関連問題**

個人情報保護法の説明について正しいものを二つ選べ。

①1988年には行政機関の保有する個人情報について，2003年には民間企業の保有する個人情報についての個人情報保護法が成立している。
②2003年に成立した個人情報保護法では，情報の適切な取得を報道機関も含めて求めている。
③2003年に成立した個人情報保護法では，その運用における裁量権が内閣総理大臣にある。
④2017年に施行された，改正個人情報保護法では，個人情報を保有するすべての民間事業者が個人情報取り扱い事業者となる。

関連問題
①④（②は報道機関は報道の自由に配慮して適用除外となっている。③は内閣総理大臣ではなく主務大臣の誤り。）

## 2. 知る権利

…行政の知らなければならない情報を主権者たる国民が知る権利。

**関連する法律**

1999年　情報公開法（2001年施行）
以下正誤判定せよ。

①知る権利の明記がある。
②警察・軍事・企業・個人・審議会・立法・裁判所の情報には公開が及ばない。
③公開するか否かは行政機関が行い，非公開に不服がある場合には救済措置がある。
④国民主権がこの制度の原理にあるが，外国人も公開請求可能。

①×
②○
③○
④○

## 3. 自己決定権

…自分の生き方は自分で決定する権利，特に生命について
⇒インフォームド・コンセント⇒医療行為における患者への説明とその同意など
⇒性同一性障害の自己決定権。2003年に〔　1　〕法が改正され〔　1　〕上の〔　2　〕の変更が可能。

☐1-戸籍
☐2-性別

**関連問題**

自身の信仰上の理由により，輸血手術を拒否したにも関わらず，輸血手術が行われ，国・医師らに賠償請求を求めた訴訟を何というか。

また，この訴訟で2000年に最高裁が国・医師らに賠償を命じる根拠となった権利を何というか。

関連問題
エホバの証人輸血拒否事件，人格権

06 爽快講義該当章▶政治分野 第3・6章

1回目 ／

2回目 ／

# 平和主義①

■ 次の文章を読み各問に答えよ。

日本は憲法第〔 1 〕条の中で戦争放棄，〔 2 〕，〔 3 〕を明記した。しかし〔 4 〕年〔 5 〕が勃発。この時アメリカは，迫り来る共産主義の脅威に対して，日本側に同年〔 6 〕の創設を要求，設置された。翌年には占領米軍は①〔 7 〕条約に基づく駐留米軍となり，翌年〔 6 〕は保安隊に改組，〔 8 〕年保安隊は自衛隊に改組されていく。こうして日本国内に，自衛隊と駐留米軍が存在することになった。

つまり，背景にはアメリカの初期の対日政策である「日本の非軍事化」から「日本の軍事化」への政策転換がある。その証拠に1946年の〔 9 〕は1952年に解除され，と同時に国内では，共産主義者を弾圧する〔 10 〕が行われた。

こうした動きの中で裁判所はどのような判断を下したのだろうか。

裁判所は基本的に，「高度な政治性を有する問題については，司法部の審査対象に馴染まない。」として判断を回避する〔 11 〕を展開している。しかし，一部には②明確な違憲判決を出した例もある。一方，政府は，自衛隊は憲法のいう〔 12 〕には当たらないとして，③合憲との解釈を行っている。

一方でわが国では，軍事力の暴走を抑制するために〔 13 〕の原則を定めている。よって自衛隊の最高指揮官が〔 14 〕ということになっている。また，

**Answer**

☐1-9
☐2-戦力不保持
☐3-交戦権の否認
（2と3は順不同）
☐4-1950
☐5-朝鮮戦争
☐6-警察予備隊
☐7-日米安全保障
☐8-1954
☐9-公職追放令
☐10-赤狩り
（レッドパージ）
☐11-統治行為論
☐12-戦力
☐13-文民統制
（シビリアン・コントロール）
☐14-内閣総理大臣

☑15-佐藤（佐藤栄作）
☑16-1
☑17-中曽根（中曽根康弘）
☑18-湾岸
☑19-多国籍
☑20-参議
☑21-PKO（国連平和維持活動）
☑22-PKF（国連平和維持軍）
☑23-カンボジア
☑24-テロ対策特別措置（2007年11月に「補給支援特別措置法」（新テロ特措法）となり，2010年1月に失効した）
☑25-イラク人道復興支援特別措置（2009年7月に失効した）
☑26-武力攻撃事態
☑27-国民
☑28-防衛

1968年には〔 15 〕内閣が非核三原則を閣議決定し，唯一の被爆国である日本の立場を国際的にアピールした。さらに1976年の三木内閣においては，「防衛費のGNP〔 16 〕%枠」を閣議決定した。しかし1987年の〔 17 〕内閣において④この枠が突破された。

さらに近年では，自衛隊の活動範囲がどんどん拡大している。

まず，1991年の〔 18 〕戦争の際，政府は〔 19 〕軍に対して90億ドルの追加資金援助を決定した。しかし，「人的な支援」を拒む日本の対応に各国はいっせいに日本を批判。海部内閣はペルシャ湾に掃海艇の派遣を決定した。しかし1954年の〔 20 〕院の国会決議により，海外派遣が禁止されている。このことから野党は厳しく批判。与党筋から〔 21 〕に自衛隊を参加させる，という案が出された。公明党からの⑤「参加5原則」と「〔 22 〕参加凍結」（2001年凍結解除）を自民党が受け入れ，その結果，1992年〔 21 〕協力法が成立。先ずは〔 23 〕に派遣された。

さらに，2001年には，米国同時多発テロを受け，テロ撲滅のために全世界へ自衛隊を派遣できるとする〔 24 〕法を2年間の時限立法として成立させた。

こうして自衛隊が2001年12月にインド洋に派遣され，その後，イージス艦も派遣された。

そして，2003年3月の中東における戦争の米国の後方支援とその国の人道･復興支援を行うとして〔 25 〕法を可決。6月には有事3法として〔 26 〕対処法も成立した。更に2004年には〔 27 〕保護法を含む有事7法が成立し，2006年12月には〔 28 〕庁を〔 28 〕省に格上げする法案も成立し，

2007年1月に，省へ格上げされた。その後，2012年12月に誕生した安倍内閣では，〔 29 〕平和主義を掲げ，⑥武器輸出三原則の抜本見直し（2014年4月），〔 30 〕自衛権の行使を認める閣議決定，⑦日米ガイドラインの見直し（2015年4月），そして⑧平和安全法制（安全保障関連法，2015年9月）の整備など，従来の日本の防衛の枠組みを大きく変更していった。2015年10月には，防衛装備品の開発・輸出などの適正管理を目的として〔 31 〕庁が新設されるなど，国際的な武器開発や，自衛隊の協力が一段と進んでいる。今，日本の安全保障と⑨憲法のあり方が問い直されている。

☑29-積極的

☑30-集団的

☑31-防衛装備

check 問 1 文章中の空欄に適当な語句・数字を入れよ。

問1（各空欄付近に表示）

check 問 2 下線部①について，この時同時に締結されたもう一つの条約名を書け。

問2 サンフランシスコ講和条約（サンフランシスコ平和条約）

check 問 3 下線部②について，第一審において駐留米軍を違憲とした事件を書け。

問3 砂川事件

check 問 4 下線部③について，政府解釈を示す行政機関を書け。

問4 内閣法制局

check 問 5 下線部④について，この後の防衛関係費の制限方式を答えよ。

問5 総額明示方式

check 問 6 下線部⑤について，「停戦の合意」，「公正・中立の立場」，「最少限度の武器使用」以外のあと二つの原則を答えよ。

問6 当事国の受け入れ同意，自国の判断のみでの撤退（順不同）

check 問 7 下線部⑥について，この説明として適当なものを一つ選べ。

1. 1968年に，田中内閣が閣議決定を行った。
2. 条約違反国，国連安保理違反国，国連指定国へは武器輸出を行わない。
3. 原則武器輸出を禁止する方針から，原則解禁する防衛装備移転三原則を策定した。
4. これに伴い，日本政府は非核三原則を放棄した。

問7 3
（1. 正しくは，佐藤内閣。2. 正しくは，「国連指定国」ではなく，「紛争当事国」。4. 正しくは，放棄していない〈2023年8月現在〉。）

check 問 8 下線部⑦について，この説明として適当なものを一つ選べ。

1. アジア太平洋を越える範囲も，日米の協力範囲となった。
2. 極東条項が明記された。
3. これに伴い，日米安全保障条約も改定された。
4. これに伴い，日米安全保障共同宣言が発表された。

問8 1
（2. 極東条項は，1960年の安保改定の際に，安全保障条約に明記されたもの。3. 日米安全保障条約の改定は，1960年の一度限り。4. 日米安全保障共同宣言は，1996年に，当時の橋本龍太郎首相とクリントン大統領が発表したもの。）

check 問 9 下線部⑧について，この説明として適当なものを一つ選べ。

1. 国際平和支援法により，国際平和共同対処事態において，国会の事前または事後の承認により，自衛隊の他国軍に対する集団的自衛権の行使が可能となった。
2. 国際平和協力法の改正により，国会の事前または事後の承認により，駆けつけ警護や治安維持活動が可能となるなど，活動範囲が拡大された。
3. 周辺事態安全確保法が，周辺という地理的制約を外した，重要影響事態安全確保法へと抜本

問9 2
（1. 正しくは，「国会の事前または事後の承認」ではなく，「国会の事前承認」が必要。また「集団的自衛権の行使」ではなく，現に戦闘行為が行われていない場における，非軍事的活動である「協力支援」。3. 正しくは，「集団的自衛権の行使」ではなく，現に戦闘行為が行われていない場における，非軍事的活動である「後方支援」。4. 正しくは，「国会の事前または事後の承認」。）

改正され，重要影響事態において，国会の事前または事後の承認により，自衛隊の米軍・他国軍とともに，集団的自衛権の行使が可能となった。
4. 武力攻撃事態対処法が改正され，自国が攻撃されていなくても，我が国と密接な関係にある他国に攻撃があり，我が国に明白な危険がある存立危機事態において，必ず国会の事前承認により，自衛隊の集団的自衛権の行使が可能となった。

check □ 問10 全国土の約0.6%の沖縄には現在，在日米軍基地面積の約何%が存在するか。

問10 74%
（75%でも可）

check □ 問11 沖縄が本土復帰を果たしたのは何年か。西暦で答えよ。

問11 1972年

check □ 問12 1995年の米兵による少女暴行事件の際に問題化した協定の名称を書け。

問12 日米地位協定

check □ 問13 下線部⑨について，日本国憲法の改正について，適当なものを一つ選べ。

1. 衆参各院の総議員の3分の2以上の賛成で発議されるが，この時衆議院に優越は認められていない。
2. 国民投票で過半数の賛成が必要であるが，国民投票の手続きを定めた法律はない。
3. 過去に2回だけ，自民党は憲法改正案を国会に提出したことがある。
4. 憲法改正案は憲法調査会において，その実質審議が行われる。

問13 1
（2については2007年に制定されている。3はこのような事実はない。4については正しくは「憲法審査会」。）

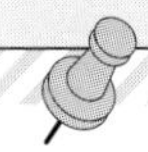

## スパッととける!! 正誤問題

check
☐ 日本の安全保障に関する記述として最も適当なものを，次の①～④のうちから一つ選べ。

① 日本の重要影響事態法による自衛隊の海外派遣に際しては，日本の周辺地域においてのみ自衛隊の活動が認められる。

② 日本のPKO協力法による国連平和維持活動に際しては，自衛隊員の防護のためにのみ武器使用が認められる。

③ 日本は武器の輸出に関する規制として，防衛装備移転三原則を武器輸出三原則に改めた。

④ 日本は安全保障に関する重要事項を審議する機関として，内閣総理大臣を議長とする国家安全保障会議を設置した。（共通テストより）

正解は④

**スパッと解説!!** ①重要影響事態対処法（2015年に，周辺事態対処法の名称を含めて改正）では，「周辺地域」という地理的条件が削除された。不適切。②2015年の同法改正によって，PKO要員への「駆けつけ警護」が新たに可能となり，武器使用の範囲が拡大した。不適切。③「防衛装備移転三原則（2014年）」と「武器輸出三原則（1967年）」が逆である。防衛装備移転三原則によって，一定要件下で，武器（防衛装備品）の輸出が原則解禁となった。不適切。

---

check
☐ 日米安全保障条約に関する記述として**適当でないもの**を，次の①～④のうちから一つ選べ。

① 占領軍として駐留していたアメリカ軍は，日米安全保障条約によって，占領終了後も引き続き在日アメリカ軍として日本に駐留することになった。

② 現行の日米安全保障条約は，日本の領土と極東の安全を確保する目的でアメリカ軍が日本に駐留することを認めている。

③ 現行の日米安全保障条約は相互防衛条約だから，日本国外でアメリカ軍が攻撃された場合にも日本の自衛隊は共同して相手を攻撃することが義務づけられている。

④ 日本は，日米安全保障条約では義務づけられてはいないが，「思いやり予算」としてアメリカ軍の駐留経費の一部を負担しており，それによって，駐留アメリカ軍人の住宅やスポーツ施設なども建設されている。（センター試験より）

正解は③

**スパッと解説!!** ③の共同防衛義務とは，安全保障条約第5条にある「各締約国は，日本国の施政の下にある領域における，いずれか一方に対する武力攻撃が，自国の平和及び安全を危うくするものであることを認め，自国の憲法上の規定及び手続に従って共通の危険に対処するように行動することを宣言する。」というものだ。つまりどちらかが日本で攻撃を受けた場合，一緒に防衛行動をするというやや集団的自衛権の行使じみた内容なんだね。ただし，2014年7月の閣議決定で，その行使が容認され，2015年には，その行使を法的に認める平和安全法制が成立しました。時事的動向も注意しましょう。

07 爽快講義該当章 ▶ 政治分野 第3章

1回目 ／

2回目 ／

# 平和主義②

## 憲法改正に関連した問題に出題が予想される条文

■ 以下空欄を埋めよ。

**第九条【戦争放棄，軍備及び交戦権の否認】（第2章）**

1　日本国民は，正義と秩序を基調とする〔 1 〕を誠実に希求し，〔 2 〕と，武力による威嚇又は〔 3 〕は，〔 4 〕を解決する手段としては，永久にこれを放棄する。

2　前項の目的を達するため，陸海空軍その他の〔 5 〕は，これを保持しない。国の〔 6 〕は，これを認めない。

**第九十六条【憲法改正の手続】（第9章）**

1　この憲法の改正は，各議院の〔 1 〕の〔 2 〕以上の賛成で，〔 3 〕が，これを〔 4 〕し，〔 5 〕に提案してその承認を経なければならない。この承認には，特別の〔 6 〕又は国会の定める選挙の際行われる投票において，その〔 7 〕の賛成を必要とする。

2　憲法改正について前項の承認を経たときは，〔 8 〕は，〔 9 〕で，この憲法と一体を成すものとして，直ちにこれを〔 10 〕する。

**Answer**

第九条

☑1-国際平和
☑2-国権の発動たる戦争
☑3-武力の行使
☑4-国際紛争
☑5-戦力
☑6-交戦権

第九十六条

☑1-総議員
☑2-三分の二
☑3-国会
☑4-発議
☑5-国民
☑6-国民投票
☑7-過半数
☑8-天皇
☑9-国民の名
☑10-公布

第九十七条

☐1-自由獲得

☐2-信託

**第九十七条【基本的人権の本質】(以下第10章)**

この憲法が日本国民に保障する基本的人権は，人類の多年にわたる〔　1　〕の努力の成果であつて，これらの権利は，過去幾多の試練に堪へ，現在及び将来の国民に対し，侵すことのできない永久の権利として〔　2　〕されたものである。

第九十八条

☐1-最高法規

☐2-条約

☐3-国際法規

**第九十八条【憲法の最高法規性，条約・国際法規の遵守】**

1　この憲法は，国の〔　1　〕であつて，その条規に反する法律，命令，詔勅及び国務に関するその他の行為の全部又は一部は，その効力を有しない。

2　日本国が締結した〔　2　〕及び確立された〔　3　〕は，これを誠実に遵守することを必要とする。

第九十九条

☐尊重し擁護

**第九十九条【憲法尊重擁護の義務】**

天皇又は摂政及び国務大臣，国会議員，裁判官その他の公務員は，この憲法を〔　　　〕する義務を負ふ。

**再確認**

⇒**憲法審査会**，国民投票法（2007年制定，2010年施行）により設置。憲法改正についての実質審議を行う。

⇒**憲法調査会**，内閣に設置は1956年，国会内に設置は2000年。

⇒憲法問題調査委員会【1945年設置，松本案】と確実に区別。

## 日本の平和主義まとめ

■ **以下の問に答えよ。空欄には適当な語句・数字を入れよ。また／がある場合は適当なものを選択せよ。**

check ☐ **問 1** 世界初の侵略禁止規定を持つ憲法はフランスの〔1789年憲法／1791年憲法〕である。

問1 1791年憲法

check ☐ **問 2** 〔1 1919年／1928年〕に米国国務長官ケロッグと，フランス外相ブリアンが提唱した〔 2 〕は国際社会の紛争の解決を戦争のみに見出さないこと，国策としての戦争を放棄することなどが内容。ただし制裁規定がないことと，自衛戦争は容認していた点から，実効性は乏しく，ファシズムの台頭を阻止できなかった。別名は〔3 パリ不戦条約／パリ講和条約〕と呼ばれる。

問2
☐1-1928年
☐2-ケロッグ・ブリアン協定
☐3-パリ不戦条約

check ☐ **問 3** 1950年の朝鮮戦争をきっかけに日本は再軍備されていくことになるが，この過程の記述として誤りを含むものを一つ選べ。

①1951年にサンフランシスコ講和条約が西側と締結され，またこの年日米安全保障条約が締結され在日米軍が置かれた。こうした背景で同年，警察予備隊が創設された。
②1952年に警察予備隊は保安隊に改組された。
③1954年に保安隊は自衛隊に改組され，同年防衛庁も設置された。
④1957年には岸内閣が「国防の基本計画」にもとづき，「防衛力整備計画」を策定し，1958年から1970年代まで4次にわたり実施された。
⑤ 1956年「国防会議」が設置された。また1986年に「安全保障会議」へ改組された。

問3 ①
（警察予備隊は，朝鮮戦争勃発を背景として1950年に設立された。）

問4

☐問 4 1960年に改定された安保条約について，以下穴埋めせよ。

1960年 **安保改定**（岸信介内閣）10年延長

⇒10年経過した後，日米双方のどちらかの1年前の通告で破棄が可能となった。

①〔 1 〕の範囲

⇒「在日米軍が日本の施設及び区域を使用して武力攻撃の防衛に寄与しうる区域」という政府見解あり

②〔 2 〕義務

③〔 3 〕制

⇒米軍の大規模な配置変更や米軍の自衛隊基地使用などについて開催，日本に提案権なし。

☐1-極東

☐2-共同防衛

☐3-事前協議（これについては日本に提案権がないため一度も開催されたことはない。）

問5

☐問 5 裁判所の判例について，以下穴埋めせよ。

**〔 1 〕事件・第一審「〔 2 〕判決」（1959.3.30）**

⇒「憲法は自衛のための戦力の保持も禁止している」として「日米安全保障条約」に基づく〔 3 〕は違憲。⇒ただし最高裁（1959.12）は「統治行為論」で判断回避。

**〔 4 〕事件・第一審「〔 5 〕判決」（1973.9.7）**

⇒「憲法第9条は〔 6 〕も含めた戦力と交戦権を否認している」として〔 6 〕は違憲。また〔 7 〕生存権も認めた。⇒ただし，第二審（1976）は〔 6 〕については「統治行為論」で判断回避。〔 7 〕生存権につい

☐1-砂川

☐2-伊達

☐3-駐留米軍（在日米軍）

☐4-長沼ナイキ基地

☐5-福島

☐6-自衛隊

☐7-平和的

ては認めなかった。最高裁（1982）は第二審判決を支持し憲法判断は示さなかった。

〔　8　〕**事件**

（自衛隊基地の通信線を騒音を理由に住民が切断）

⇒自衛隊に関する憲法判断なし。住民は無罪「肩すかし判決」（1967年札幌地裁，確定判決）。

※住民を無罪とすることで憲法判断を回避したのではないか，として「肩すかし判決」と揶揄されている。

〔　9　〕**基地事件**

（基地建設反対派の住民が買った土地を，地主が契約解除し防衛庁に売り渡した）

⇒自衛隊に関する憲法判断なし。国側勝訴。（77年国側勝訴，81年控訴棄却，89年上告棄却）

check ☐ **問 6** 「高度な政治性を有する統治行為に関しては，司法部の審査対象になじまない。」とする説を何というか。

check ☐ **問 7** 現在政府は「自衛隊は専守防衛のための実力組織であり，戦力には当たらない」としているが，こうした政府・内閣法制局の解釈により実質憲法を改正してしまうことを何というか。

check ☐ **問 8** 集団的自衛権と個別的自衛権について，以下穴埋めせよ。

⇒「集団的自衛権」とは，〔　1　〕が攻撃を受けた際に我が国への攻撃と見なして共同で防衛行

☐8-恵庭

☐9-百里

問6　統治行為論

問7　解釈改憲

問8

☐1-我が国と密接な関係にある他国

☐2-51
☐3-個別的

動をとる自衛権をいう。これは国連憲章第〔 2 〕条に明記されており，我が国も保有している。一方「〔 3 〕自衛権」とは，我が国が攻撃を受けたときに我が国のみで防衛行動をとる権利である。日本は，両者を保有しているが，集団的自衛権の行使はできないとの立場を示していた。しかし，2014年7月の閣議決定で，その行使が容認され，2015年の平和安全法制でその行使が法的に可能とされた。

問9 1968年，持たず，作らず，持ち込ませず

check ☐ **問9** 〔1968年／1969年〕に佐藤栄作内閣が閣議決定し，1971年に国会決議された非核三原則の内容を答えよ。

問10 国家安全保障会議，国家安全保障局

check ☐ **問10** 1986年に国防会議から改組された，安全保障会議は，2013年12月にその機能強化を目指し新たな組織へと移行した。この組織名を答えよ。また，この組織の事務局を答えよ。

問11 日米ガイドライン（日米防衛協力のための指針）

check ☐ **問11** 1978年に閣議決定された日米の防衛協力の取り決めを何というか。

問12
☐1-極東
☐2-アジア・太平洋
☐3-安保再定義

check ☐ **問12** 1996年の「日米安保共同宣言」により安保の範囲が〔 1 〕から〔 2 〕地域へと拡大された。これを〔 3 〕と呼び，翌年の1997年に「新ガイドライン」として盛り込まれた。

問13 リムパック（環太平洋合同演習）

check ☐ **問13** 1971年から米国第三艦隊により主催されている，太平洋周辺諸国の共同軍事演習を何というか。

※当初はアメリカ，オーストラリア，カナダ，ニュージーランドの4カ国，日本は1980年の第七回から参加し現在まで毎回参加。90年からは韓国，98年には中国がオブザーバーとして参加している。これとは別に1989年に米太平洋軍主催の「パセックス89」が開催され日本も参加した。

☑問14 1978年から始まった，米軍駐留経費を日本が負担する予算を一般に何というか。

問14 思いやり予算（正式にはHost Nation Supportといい，駐留国受け入れ支援と訳される。試験では思いやり予算と答えるのが望ましい。）

☑問15 以下穴埋めせよ。また／がある場合は適当なものを選択せよ。

**●1999年「日米ガイドライン関連法」を制定。**

◎〔　1　〕法

…周辺事態（日本の安全と生存を脅かすような地域での有事。地理的条件ではない。）の際，米軍の〔　2　〕（輸送・施設提供）を行う。

→2015年に〔　3　〕へと抜本改正

問15

☑1-周辺事態安全確保

☑2-後方支援

☑3-重要影響事態安全確保法

☑問16 2001年の同時多発テロを受けて〔1 PKO協力法／テロ対策特別措置法 〕が制定され，日本は〔2 アフガニスタン／パキスタン 〕の米軍を支援するため，〔3　インド洋／ペルシャ湾 〕に自衛隊を派遣し，のちに〔4 イージス艦／掃海艇 〕を派遣した。（2010年，同法は失効）

問16

☑1-テロ対策特別措置法

☑2-アフガニスタン

☑3-インド洋

☑4-イージス艦

☑問17 2003年のイラク戦争を受けて「イラク人道復興支援特別措置法」が制定された。この主な内容は，イラクにおける〔　1　〕地域での，〔　2　〕と米軍の〔　3　〕である。（2009年，同法は失効）

問17

☑1-非戦闘

☑2-人道復興支援

☑3-後方支援（後方地域支援）

☑問18 2003年には有事関連3法として〔　1　〕が制定された。2015年には〔　2　〕自衛権の行使を可能とする改正が行われた。

問18

☑1-武力攻撃事態対処法

☑2-集団的

check ☐ **問19** 現在国土の〔　1　〕%の沖縄に,〔　2　〕%もの在日米軍基地が集中している。

問19
☐1-0.6
☐2-74（75）

check ☐ **問20** 1995年の米兵による少女暴行事件をきっかけに問題化した，1960年に調印された米軍の取り扱いを定めた協定を何というか。〔1　日米地位協定／日米行政協定　〕またこの運用のために〔　2　〕委員会が設置されている。

問20
☐1-日米地位協定（日米行政協定は日米地位協定以前のもの。）
☐2-日米合同

check ☐ **問21** 2015年に平和安全法制の一環として制定された,〔　1　〕法は，国際社会の平和と安全を脅かす〔　2　〕事態における，国会の〔3　必ず事前承認／事前または緊急時は事後の承認　〕により，自衛隊が他国軍の〔　4　〕(現に戦闘行為が行われていない場における，非軍事的活動）を行うことを認めている。

問21
☐1-国際平和支援
☐2-国際平和共同対処
☐3-必ず事前承認
☐4-協力支援

check ☐ **問22** 2015年に平和安全法制の一環として改正された，武力攻撃〔　1　〕法は，我が国と密接な関係にある他国への攻撃を，我が国への攻撃と見なし武力行使を行う，いわゆる〔　2　〕自衛権の行使を認めた。なお，この際の国会の承認は〔3　必ず事前承認／事前または，緊急時は事後の承認　〕となっている。

問22
☐1-事態対処
☐2-集団的
☐3-事前または，緊急時は事後の承認

# 08 爽快講義該当章 ▶ 政治分野 第4・5章

1回目 ／

2回目 ／

# 国会

■ 以下の問に答えよ。空欄には適当な語句を入れよ。

check 問1 総選挙後30日以内に開催される国会は何か。

問1 特別会

check 問2 衆議院の解散中に参議院が内閣の要請で開催する会議を何というか。

問2 緊急集会

check 問3 次のうち議院の権限をすべて選べ。

| | |
|---|---|
| ①憲法改正の発議 | ②法律の制定 |
| ③条約の承認 | ④弾劾裁判所の設置 |
| ⑤内閣総理大臣の指名 | ⑥規則制定権 |
| ⑦役員選任権 | ⑧国政調査権 |
| ⑨議院の議員資格争訟裁判権 | |

問3 ⑥，⑦，⑧，⑨
（国会とは衆議院と参議院の合議体を意味する。議院とは衆議院，参議院の個々の院を意味する。両者の使い分けに注意しよう。）

check 問4 国会議員の特権について誤っているものをすべて選べ。

①不逮捕特権…議員の在任中，逮捕されない。ただし所属する院の許諾があった場合，現行犯の場合は除く。
②歳費特権……国から相当額の歳費の支給。
③免責特権…院内の活動について，院外で責任を問われないが，院内の懲罰委員会での責任は免れることはできない。

問4 ①
（議員の在任中ではなく国会の会期中が正しい。）

問5
①B
②A
③B
④A
⑤B

☑問5 国会単独立法の原則の例外にはA，国会中心立法の原則の例外にはBを記せ。

①最高裁と議院の規則制定権
②特別法の住民投票権
③条例制定権
④憲法改正の国民投票権
⑤政令制定権

## 関連問題「国会改革」

1993年8月，それまで38年間続いた自民党による〔 1 〕の時代の象徴であった〔 2 〕体制が，非自民8党派の連立政権である〔 3 〕内閣の誕生によって崩壊した。

この内閣の改革スローガンは〔 4 〕。それまでの政治腐敗を改革しようと1994年①〔 4 〕関連法が成立した。

この政治改革の流れの中で，1999年には②〔 5 〕化や公務員の官官接待防止のため，その接待内容の報告を義務づけた「国家公務員倫理法」が制定された。さらに2000年には③政治家が官庁の許認可獲得の仲介となることを防止した「あっせん利得処罰法」も制定された。

☐1-単独一党制
☐2-55年
☐3-細川
（細川護熙 ※漢字でも書けるようにしよう。）
☐4-政治改革
☐5-国会活性
（国会改革関連法の一つとして）

問1（各空欄付近に表示）

☑問1 文章中の空欄を埋めよ。

check 問 2 下線部①について，この法律の内容として誤っているものを一つ選べ。

①この法律によって国民1人当たり250円の拠出を定めた政党助成法も制定された。
②公職選挙法の改正により，衆議院小選挙区比例代表並立制が導入された。
③候補者と一定関係にある，公設秘書を含む者などの選挙違反に関して，立候補者本人も処罰されるいわゆる「連座制」が，候補者当選の無効だけでなく，5年間の同一選挙区からの立候補の禁止を盛り込み強化された。
④この改革によって衆議院の制度だけでなく，参議院の制度改革も行われた。

問2 ④
（参議院については2001年の改正により定数が242に削減され，比例代表については非拘束名簿式が採用された。2023年8月現在の参議院の定数は248。）

check 問 3 下線部②について，この法律の内容として誤っているものを一つ選べ。

①この法律によって党首討論が実施されることとなった。
②党首討論はイギリスで発祥し「クエスチョンタイム」と呼ばれている。
③この法律によって，官僚に代わって閣僚が答弁する政府委員制度が廃止された。

問3 ③
（閣僚と官僚が逆。）

check 問 4 下線部③について，こうした仲介の役割を果たしてきた元官僚出身の政治家などを一般に何というか。

問4 族議員

check 問 5 政治と省庁と企業の相互利得構造は通称何と呼ばれているか。

問5 政官財の鉄のトライアングル
（政官財の癒着）

問6 薬害エイズ事件

☐ **問 6** 2001年3月，非加熱の血液製剤許認可をめぐる問題について，関与されたとされる，元大学副学長に無罪判決が下された。この事件を何というか。

問7 憲法調査会
（衆議院50人，参議院45人で構成。）

☐ **問 7** 2000年より，衆議院，参議院に設置された，憲法について総合的な調査を行い，2005年に調査結果を両院議長に報告した，国会の特別委員会の名称を答えよ。

問8 非拘束名簿式比例代表制

☐ **問 8** 2000年10月の公職選挙法の改正によって参議院に導入された制度を答えよ。

問9 公職選挙法，国会法
（順不同）

☐ **問 9** 2000年から，比例区選出議員の政党間移動が禁じられたが，これに伴い改正された法律名を二つ挙げよ。

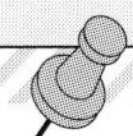

## スパッととける!! 正誤問題

☐ 日本の立法過程に関する記述として**誤っているもの**を，次の①～④のうちから一つ選べ。

① 国会議員が予算を伴わない法律案を発議するには，衆議院では議員20人以上，参議院では議員10人以上の賛成を要する。

② 法律案が提出されると，原則として，関係する委員会に付託され委員会の審議を経てから本会議で審議されることになる。

③ 参議院が衆議院の可決した法律案を受け取った後，60日以内に議決をしないときは，衆議院の議決が国会の議決となる。

④ 国会で可決された法律には，すべて主任の国務大臣が署名し，内閣総理大臣が連署することを必要とする。（共通テストより）

正解は③

**スパッと解説!!** 正しくは，参議院が衆議院の可決した法律案を受け取った後，60日以内に議決をしないときは，参議院が否決したことと見なされる。国会などの統治機構分野については，日ごろから憲法に目を通すように心がけよう。また，その際には数字にも注意しよう。

# 09 爽快講義該当章▶政治分野 第4章

1回目 ／

2回目 ／

# 内 閣

■ 以下の問に答えよ。空欄には適当な語句・数字を入れよ。また／がある場合は適当なものを選択せよ。

Answer

check ☐ **問 1** 内閣構成員全員が満たさなければならない条件は〔 国会議員／文民 〕であること。

問1 文民

check ☐ **問 2** 内閣構成員の〔 過半数／3分の2 〕が国会議員。

問2 過半数

check ☐ **問 3** 内閣総理大臣は衆議院議員の中から国会の議決で，これを指名する，と憲法で定められている。〔 ○／× 〕

問3 ×
(憲法では，衆議院議員ではなく国会議員となっている。)

check ☐ **問 4** 内閣不信任案が可決された場合〔 1 〕日以内に内閣は〔 2 〕するか，衆議院を解散する。その後，衆議院の解散から〔 3 〕日以内に総選挙を行い，〔 4 〕日以内に〔 5 〕を開催し，首班指名選挙を行う。

問4
☐1-10
☐2-総辞職
☐3-40
☐4-30
☐5-特別会

check ☐ **問 5** 2023年現在の省の数は〔 　 〕省である。

問5 11

**再確認**

**内閣の構成** ⇒**首長である内閣総理大臣と国務大臣で構成**

●構成条件…①14名以内 最大19名以内

※2012年に復興庁が，2020年に国際博覧会推進本部が設置されたことを受け，これらが設置されている間は，国務大臣の数を16名以内，最大3名まで増員可

②**過半数**が国会議員 ③内閣構成員**全員**が**文民**

☞「文民統制【**シビリアン・コントロール**】の原則」第66条②

●内閣総理大臣…国会が**国会議員**の中から**指名**，天皇が**任命**

⇨権限…内閣及び各行政部の首長，国務大臣の**任免**権，自衛隊の指揮監督権等
●国務大臣…内閣総理大臣が**任命**，天皇が**認証**　⇨省庁の行政部の最高責任者
⇨特定の省庁に属さない大臣 →「無任所大臣（内閣府特命大臣）」
●**閣議**→内閣の意思決定機関，首相が主宰，**全会一致**

## スパッととける!! 正誤問題

check
☐ 日本国憲法が定める内閣についての記述として正しいものを，次の①～④のうちから一つ選べ。

① 国務大臣のうち，議院における発言が許されるのは，国会議員でもある国務大臣に限られる。
② 国務大臣のうち，在任中の訴追に内閣総理大臣の同意を必要とするのは，国会議員でもある国務大臣に限られる。
③ 内閣総理大臣が行う国務大臣の罷免には，国会の同意を必要としない。
④ 国務大臣に支払われる報酬は，在任中減額されることはない。

（センター試験より）

正解は③

**スパッと解説!!** ①については，国務大臣は過半数が国会議員であればよく，民間人の国務大臣も発言する事はあり得るよね。②はすべての国務大臣が正しい。③は内閣総理大臣に任免権があるので問題なく正解。④については国務大臣ではなく裁判官にすれば正しい。勝手な思い込みで正解をつくらないようにしよう。

check
☐ 日本において，内閣総理大臣が欠けた場合に内閣が講じなければならない措置として正しいものを，次の①～④のうちから一つ選べ。

① 内閣は衆議院の緊急集会を要請し，新たな内閣総理大臣の指名を求めなければならない。
② 内閣は直ちに閣議を開き，閣僚の互選により新たな内閣総理大臣を選任しなければならない。
③ 内閣は総辞職をし，新たな内閣総理大臣が任命されるまで引き続きその職務を行わなければならない。
④ 事前に指定されている副総理大臣が直ちに内閣総理大臣に就任し，新内閣に対する信任決議案を衆議院に速やかに提出しなければならない。

（センター試験より）

正解は③

**スパッと解説!!** ①，②，④は全くの創作。③は職務遂行内閣というので覚えておきたい。

# 10 司法

爽快講義該当章▶ 政治分野 第4章

1回目 ／

2回目 ／

■ 以下の問に答えよ。空欄には適当な語句・数字を入れよ。また／がある場合は適当なものを選択せよ。

**Answer**

check ／ **問 1** 明治時代に司法権の独立を守ったが，司法内部の独立に問題点のある〔　　　〕事件。

問1 大津（湖南）

check ／ **問 2** 上司の裁判官が部下の判決内容に圧力をかけた〔　　　〕事件。

問2 平賀書簡

check ／ **問 3** 旧憲法下に存在した特別裁判所を三つ答えよ。

問3 行政裁判所，軍法会議，皇室裁判所（順不同。現在の憲法では司法権の独立を侵すとして特別裁判所の設置は禁止されている。）

check ／ **問 4** 再任の拒否が問題となった事件は〔　　　〕再任拒否事件。

問4 宮本判事補

check ／ **問 5** 現行憲法上は〔　　　〕でなければ行政機関が裁決を行う場合がある。

ex）公正取引委員会，人事院，労働委員会，海難審判所などの「審判」など

問5 終審

問6 6
（司法部ではなく行政機関の誤り。）

問 6 裁判官の身分保障に関係する事項として，誤っているものをすべて選べ。

1. 心身の故障（分限裁判による）
2. 国会の弾劾
3. 任期満了
4. 国民審査（最高裁判所裁判官のみ，罷免を可とする裁判官に×印）
5. 在任中の報酬減額の禁止
6. 司法部による懲戒

問7

1-指名
2-任命

3-任命
4-認証

5-名簿の作成
（※なお，下級裁判所裁判官において，天皇の認証職となるのは，高等裁判所長官のみである。）

問 7 裁判官の人事

●**最高裁判所長官**（1名）
⇒内閣「〔 1 〕」→ 天皇「〔 2 〕」
●**最高裁判所裁判官**（14名）
⇒内閣「〔 3 〕」→ 天皇「〔 4 〕」
●**下級裁判所裁判官**
⇒最高裁「〔 5 〕」→ 内閣「任命」

問8 性同一性障害特例法

問 8 2023年10月，最高裁大法廷は，法律上の性別変更にあたり，生殖機能をなくす手術を事実上の要件とする規定について，憲法13条が保障する「意思に反して身体への侵襲を受けない自由」に反するとして，違憲判断を示した。違憲判断が示された法律名を答えよ。

## ☐ 問 9 これまでの最高裁の法令違憲判決

| 判例 | 争点条項 | 判決 | その後 |
|---|---|---|---|
| 1973年<br>〔 1 〕重罰規定 | 14条<br>法の下の平等 | 刑法第200条は違憲 | 国会削除 |
| 1975年<br>〔 2 〕距離制限規定 | 22条<br>職業選択の自由 | 薬事法の距離制限違憲 | 国会削除 |
| 1976年, 1985年<br>衆議院〔 3 〕 | 14条, 44条<br>選挙の平等 | 公職選挙法の定数違憲 | 区割の改正 |
| 1987年<br>森林法〔 4 〕分割制限規定 | 29条<br>財産権の保障 | 森林法の分割制限違憲 | 国会削除 |
| 2002年<br>〔 5 〕免責規定 | 17条<br>国家賠償請求権 | 郵便法の賠償責任を紛失, 棄損のみに限定するのは違憲 | 国会改正 |
| 2005年<br>在外邦人選挙権制限規定 | 15条普通選挙の保障, 43条全国民の代表, 44条選挙人の資格と〔 6 〕 | 在外邦人の選挙権を比例区のみに限定していることは違憲 | 国会改正 |
| 2008年<br>婚外子の国籍取得制限規定 | 14条<br>法の下の平等, 〔 7 〕第3条1項 | 日本人の婚外子に対して出生後に認知した場合に国籍を取得できないのは違憲 | 国会改正 |
| 2013年<br>婚外子（非嫡出子）の相続格差 | 14条<br>法の下の平等 | 非嫡出子が嫡出子の〔 8 〕しか相続できないとの〔 9 〕上の区別は違憲 | 国会改正 |
| 2015年<br>女性の再婚禁止期間 | 14条<br>法の下の平等<br>24条<br>両性の本質的平等 | 離婚後6カ月がたたないと再婚できないと定めた〔 9 〕の規定のうち, 〔 10 〕日を超える部分について違憲 | 国会改正 |
| 在外邦人の最高裁判所裁判官の〔 11 〕 | 15条<br>公務員の選定罷免権<br>79条<br>国民審査 | 在外邦人が最高裁判所裁判官の〔 11 〕において投票できないことは違憲（2022） | 国会改正（在外邦人も投票可能に） |

問9

☐1-尊属殺人

☐2-薬事法

☐3-議員定数不均衡（一票の価値の不均衡）

☐4-共有林

☐5-書留郵便

☐6-公職選挙法

☐7-国籍法

☐8-2分の1

☐9-民法

☐10-100

☐11-国民審査

問10 付随的

check 問10 日本の場合〔付随的／抽象的〕違憲審査制

| 具体的(付随的)違憲審査制 | | 抽象的違憲審査制 |
|---|---|---|
| ⇒具体的事件の中で付随的審査<br>⇒日本や米国など | 開　始 | ⇒憲法裁判所などで法文を抽象的に審査<br>⇒独国や仏国など |
| ⇒当該事件内でのみ無効，削除はされず→削除は国会に委ねる | 違憲効力 | ⇒即時無効，削除行為としての立法権限をもつ |

問11
1-私人
2-検察官（検察）
3-行政機関

check 問11 裁判の種類について

民事裁判→原告が〔　1　〕で，私的利害関係を争う裁判　ex）相続，離婚問題など

刑事裁判→原告が国（公益）を代表する〔　2　〕（起訴便宜主義）　ex）殺人，放火など

行政裁判→〔　3　〕を相手取って行われる裁判　ex）公害訴訟や家永裁判など

問12
1-自白
2-代用監獄
3-再審
4-推定無罪
5-一事不再理
6-刑事訴訟
7-白鳥
8-免田

check 問12 冤罪事件について

⇒冤罪…「無実」のものが罪に問われる事。

⇒なぜ起こるのか→多くの場合〔　1　〕の強要により発生。

⇒その温床となる制度→〔　2　〕制度。

⇒ただし，「新たに無罪を証明する決定的証拠が発見された時」〔　3　〕請求が可能。

⇒「再審」とは…「疑わしきは被告人の利益に」〔　4　〕の原則に基づいて，再度裁判をやり直す制度，〔　5　〕の原則の例外　無罪を有罪にはできないが，有罪を無罪にはできる。憲法上の規定なく〔　6　〕法等の規定である。→「〔　7　〕事件」がその後の再審の道を開いた。

⇒1980年に，死刑囚として初めて再審が開始された「〔　8　〕事件」では，再審で無罪となった。

☐問13 司法制度改革の動向

①〔 1 〕(参審制)の導入

論述注意

〔 2 〕制⇨英米で発達した制度で，市民が有罪か無罪かを決定。裁判官は刑罰を決定する。日本でも大正時代に〔 3 〕事件において採用されたが，1943年から「停止」された。

〔 4 〕制⇨独仏で発達した制度で，市民が裁判官と共に罪状認否と，法定刑の判断（刑罰の決定）に参加。→日本でも裁判員制度として導入。

②〔 〕(ロースクール)の導入

③〔 〕(ADR)の強化 など

④審理期間を原則，第一審を2年以内で

⇨これに伴い2003年〔 〕法が成立した

問13

☐① 1-裁判員制度

☐2-陪審

☐3-刑事

☐4-参審

☐②-法科大学院

☐③-裁判外紛争解決手続

☐④-裁判迅速化

☐問14 日本は原則三審制であるが，高等裁判所からの二審制となるものは〔 〕。

問14 内乱罪

☐問15 違憲法令審査権について正誤判定せよ。

①米国には憲法上ある。
②英国には存在しない。
③日本は最高裁のみ。

問15

①×（1803年のマーベリー対マディソン事件の判例法として確立。）

②○

③×（すべての裁判所に存在する。）

☐問16 2021年の改正少年法により，少年法の適用範囲は引き続き20歳未満としたが，18歳以上の少年（18歳，19歳の少年）については〔 1 〕として，〔2 逮捕後／起訴後 〕の推知報道（氏名や顔写真などの報道）を可能とした。

問16

☐ 1-特定少年
☐ 2-起訴後

問17 2009年から始まった裁判員制度について誤っているものを三つ選べ。

①対象は「重大事件（懲役一年以上無期または死刑)」。
②刑事裁判の第一審と控訴審においてのみ。
③職業裁判官3人と裁判員6人の合議制。
④起訴事実に争いがない場合は職業裁判官1人と裁判員4人の合議制
⑤裁判員は18歳以上の衆議院議員選挙の有権者からくじで選出。
⑥裁判員には「守秘義務」があり反すれば罰則がある。
⑦裁判員裁判の終了までの間，私人が裁判員である旨の公の公表，裁判員裁判終了後の守秘義務はない。
⑧同法では表現の自由に配慮し「報道規制」は設けていない。
⑨意見が割れた場合は多数決であるが，評決には2人以上の職業裁判官の賛成が必要。裁判員のみでの評決はできない。
⑩「やむをえない理由」がある場合以外断る事はできない。
⑪70歳以上，学生，介護，育児，疾病，専門的な仕事などの場合は辞退可能。

問17 ②（第一審のみ）
⑦（裁判員裁判終了後も審理過程などの公表が禁じられる）
⑨（正しくは，1人以上の職業裁判官の賛成）

問18 2010年10月から金融商品関連で発生したトラブルに関しての裁判外紛争処理の方法を何というか。

問18 金融ADR
※ADR（Alternative Dispute Resolution）とは裁判外紛争解決手続のこと。

check 問19 2005年11月から導入された，公判前に弁護人と検察側がどのような証拠を持っているかを示して，事前に争点を絞り込む手続きを何というか。

問19 公判前整理手続

check 問20 2006年10月から導入された，軽微な事件（万引き，出入国管理法，薬物などで本人が容疑を認めた事件）について，原則一回で審理を終了する手続きを何というか。

問20 即決裁判手続

check 問21 2006年10月から開始された，無料で法律相談ができ，民事訴訟の裁判費用の立替なども行う，司法の民主化が期待される法律相談施設を何というか。

問21 日本司法支援センター（法テラス）

check 問22 2008年12月から導入され，刑事裁判における特定の事件（殺人，強姦，業務上過失致死，誘拐など）について被害者の遺族が法廷に出席し，意見を述べられる制度を何というか。

問22（犯罪）被害者（裁判）参加制度

check 問23 2016年5月の刑事司法改革関連法の成立によって，2018年から導入された，録画･録音によって取り調べ内容を目に見える形で記録することを何というか。

問23 可視化

check 問24 2016年5月の刑事司法改革関連法の成立によって，2018年から導入された，主に経済事件で，他人の犯罪解明に協力することで不起訴などの見返りを合意できる制度を何というか。

問24 司法取引

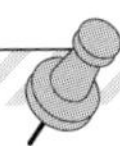

## スパッととける!! 正誤問題

check
☐ 国民審査についての記述として**適当でないもの**を，次の①～④のうちから一つ選べ。

① 最高裁判所裁判官に対する最初の国民審査は，その任命後初めて行われる衆議院議員総選挙の際に実施される。

② ×の記号を記入しない投票は，投票者が罷免の意思をもたないものとみなされている。

③ ×の記号を記入した投票数が有権者の過半数である場合に，裁判官の罷免が成立する。

④ 国民審査は，憲法で保障されている国民による公務員の選定罷免権を具体化するものである。　（センター試験より）

正解は ③

**スパッと解説!!** ③は有権者の過半数ではなく，有効投票数の過半数が正しい。但しこの制度は×印しかつけられないため，棄権の意思表示ができない，また国政選挙に比べてきわめて情報量が少ないことから，罷免例は一度もない。

---

check
☐ 陪審制の導入に賛成する立場からの主張として最も適当なものを，次の①～④のうちから一つ選べ。

① 裁判を国民に一層身近で開かれたものとし，また裁判に国民の多元的な価値観をとり入れることができる。

② 国民の中から選ばれた陪審員が裁判に参画しなければ，裁判の公開を実現することができない。

③ 裁判の中には，医療や原子力問題のように，裁判官に専門知識がないため，公正な裁判が期待できないものがある。

④ 判決が，感情に左右されるのではなく，憲法や法律に従って下されることにより，信頼される裁判が実現できる。　（センター試験より）

正解は ①

**スパッと解説!!** ②については，裁判公開の原則はすでに存在している。③は「専門知識がないため，公正な裁判が期待できない」としているので陪審制に対しては否定的である。④については「感情に左右される」こともありうる。

# 11 地方自治

爽快講義該当章 ▶ 政治分野 第4章

1回目 ／

2回目 ／

■ 以下の問に答えよ。空欄には適当な語句・数字を入れよ。また／がある場合は適当なものを選択せよ。

check
問1 「地方自治は〔1（7文字で）〕である」
〔2（人物名）〕『近代民主政治』
「地方自治制度の自由との関係は，小学校の学問との関係にも等しい」
〔3（人物名）〕『アメリカの民主政治』

check
問2 国からの独立した自治を表す〔　1　〕自治は〔2 イギリス／ドイツ〕で発達。

check
問3 住民の参加を表す〔　1　〕自治は〔2　イギリス／ドイツ〕で発達。

check
問4 次の直接請求制度表を完成せよ。

| 争点条項 | 署名数 | 提出先 | その後の扱い |
|---|---|---|---|
| 条例の制定・改廃請求 | 〔 1 〕分の1以上 | 〔 2 〕 | 首長が議会に付す |
| 監査請求 | 〔 1 〕分の1以上 | 監査委員 | その後報告 |
| 首長の解職請求 | 原則〔 3 〕分の1以上 | 選挙管理委員会 | 住民投票で過半数の賛成 |
| 議会の解散請求 | 原則〔 3 〕分の1以上 | 選挙管理委員会 | 住民投票で過半数の賛成 |
| 副知事，助役の解職請求 | 原則〔 3 〕分の1以上 | 〔 4 〕 | 議会の〔 5 〕以上の出席の下〔 6 〕以上の賛成 |

※これは〔7 憲法／地方自治法〕の規定である。

**Answer**

問1
☐1-民主主義の学校
☐2-ブライス
☐3-トックビル
（トックヴィル）

問2
☐1-団体　☐2-ドイツ

問3
☐1-住民　☐2-イギリス

問4
☐1-50　☐2-首長
☐3-3
（2002年の法改正ではリコールの必要署名数については，40万人までの自治体は「40万人の3分の1」であった。2012年の法改正により40万人以上80万人未満の自治体は「40万人の3分の1」と「40万人超80万人以下の6分の1」の合計。80万人以上の自治体は，「40万人の3分の1」と「40万人超80万人以下の6分の1」と「80万人を超える数の8分の1」の合計とすることとなった。これにより大都市のリコール要件が緩和されることになる。）
☐4-首長　☐5-3分の2
☐6-4分の3
☐7-地方自治法

問5

☐1-95
☐2-特別法

☐3-住民投票条例
☐4-ない
☐5-巻町
☐6-沖縄県
☐7-御嵩町
☐8-名護市
☐9-徳島市
☐10-刈羽村
☐11-岩国市
☐12-普天間
☐13-辺野古

check ☐ 問5 地方自治体の二つの住民投票⇨自治体が行う住民投票は大きく二つあるので注意

**憲法第〔 1 〕条による〔 2 〕の住民投票**

**→国会単独立法の例外**

**●これまで制定された特別法**

（その自治体のみに適用される法律）

広島平和記念都市建設法（1949）

京都国際文化観光都市建設法（1950）

長崎国際文化都市建設法（1949）

横浜国際港建設法（1950）　など

**自治体の〔 3 〕に基づく住民投票**

**→結果に「法的拘束力は〔4 ある／ない〕」**

1996年　新潟県〔 5 〕
「原子力発電所建設の是非」

1996年　〔 6 〕
「日米地位協定見直しと米軍基地の整理縮小の是非」

1997年　岐阜県〔 7 〕
「産業廃棄物処理施設の建設の是非」

1997年　沖縄県〔 8 〕
「在日米軍の代替ヘリポートの建設の是非」

2000年　徳島県〔 9 〕
「吉野川可動堰の建設の是非」

2001年　新潟県〔 10 〕
「プルサーマル計画の受け入れの是非」

2006年　山口県〔 11 〕
「米軍厚木基地からの空母艦載機移転の是非」

2019年　沖縄県
「〔 12 〕の〔 13 〕への移設の是非」

などが主なもの

☐ 問 6 自治体の住民投票権の拡大

⇒2002年1月，滋賀県〔　1　〕町で永住外国人に付与。

⇒2002年6月，愛知県〔　2　〕市で18歳以上の未成年に付与。

高浜市は2000年12月に全国で初めて〔　3　〕の住民投票制度を制度化。市議会の請求，市長の発議のほか，住民の3分1以上の署名によっても実施できる。

⇒2002年8月，秋田県岩城町で永住外国人と18歳以上の未成年に付与。

⇒また，2002年6月には，岡山県〔　4　〕市でタッチパネル式の「電子投票」が実施された。開票の効率化や疑問票がなくなるメリットがあるが，一方では「物的証拠が残らない」などの問題点もある。

問6

☐1-米原

☐2-高浜

☐3-常設型

☐4-新見

☐ 問 7 地方財源

⇒地方税は〔　1　〕財源である。もちろん使途自由な〔　2　〕財源である。

⇒地方交付税は〔　3　〕是正のために国から交付される〔　4　〕財源である。

⇒国庫支出金は特定の事業の補助金であるため〔　5　〕財源である。

⇒〔　6　〕税は，国税の一部を地方税に譲与し，地方財政の健全化に寄与する。

問7

☐1-自主

☐2-自由

☐3-地域格差

☐4-依存

☐5-特定

☐6-地方譲与

問8

☑1-補助金
☑2-税源
☑3-地方交付

check 問 8 三位一体の改革

⇒2003年6月に閣議決定された，地方自治改革。

①〔 1 〕の削減

② 地方への〔 2 〕移譲…補助金削減分を，国税（所得税）から地方税（住民税）へ〔 2 〕移譲する。

③〔 3 〕税の見直し…交付額の削減を検討する。

問9

☑1-地方分権一括
☑2-委任
☑3-団体
☑4-機関

check 問 9 地方分権一括法と地方公共団体の事務

⇒1999年の〔 1 〕法の成立まで，国からの〔2 固有/委任〕事務が6割以上を占めていた。これを受けて改革された。

※地方分権一括法は1995年の地方分権推進法（5年の時限立法）の後身。

**従来までは**

**固有事務（自治体本来の事務）**

①「公共事務」（サービスの提供）
ex）学校設置管理，病院の設置管理など

②「行政事務」（警察・消防等の権力の行使）
ex）警察事務，消防・水防など

③「〔 3 〕委任事務」（国が地方公共団体に委任）
ex）保健所の設置管理，失業対策など

④「〔 4 〕委任事務」（国が機関つまり首長に委任）
ex）戸籍，国政選挙，旅券（パスポート）の交付など

**2000年4月「地方分権一括法（1999年制定）」施行後は**

**委任事務（国から委任された事務）**

①②③を「〔 5 〕事務」に統合

⇒④の「〔 4 〕委任事務」は廃止

⇒新たに「〔 6 〕事務」（国の事務を法令の規定に基づいて自治体が行う事務）を設置

ex）戸籍，外国人登録，国政選挙，旅券交付，学校法人の認可など

⇒また，国の介入に不服がある場合は〔 7 〕へ審査を請求できる。

☐5-自治

☐6-法定受託

☐7-国地方係争処理委員会

check ☐ **問10** 地方交付税の財源動向

地域格差是正のため，国税の税収の一部を使途自由な一般財源として交付する〔 1 〕交付金の現在の財源は，国税の〔 2 〕，〔 3 〕の33.1%分，〔 4 〕の50%分，〔 5 〕の19.5%分，2014年度に創設された国税である〔 6 〕の全額分である。なお，〔 7 〕の税収25%分については，2015年度より〔 1 〕の財源から除外された。

問10

☐1-地方交付税

☐2, 3-所得税，法人税（順不同）

☐4-酒税

☐5-消費税

☐6-地方法人税

☐7-たばこ税

問11

☐1-市町村
☐2-府県制・郡
☐3-官選
☐4-中央集権

☐5-委任
☐6-3割（4割でも可）
☐7-地方分権
☐8-地方分権推進

☐9-機関委任

☐10-地方分権一括

## ☐問11 地方制度改革　総合問題

かつての大日本帝国憲法下における日本の地方制度は1888年の〔 1 〕制，1890年の〔 2 〕制に基づいて，〔 3 〕知事による〔 4 〕体制であった。当然ながら，地方自治の規定は憲法上はなかった。

戦後は日本国憲法によって地方自治の規定は設けられたものの，国からの〔 5 〕事務や，自主財源の乏しさなどから〔 6 〕自治と批判されていた。

このような体制から〔 7 〕を進めようと，1995年〔 8 〕法が制定され，〔 8 〕委員会がその方向性を議論した。この議論の中で焦点となったのは国が自治体の行政機関に委任する〔 9 〕事務の問題である。

こうした末，1999年〔 10 〕法を制定し，2000年より施行された。

**参考** 政令指定都市「札幌，仙台，さいたま，千葉，川崎，横浜，名古屋，京都，大阪，神戸，広島，北九州，福岡，静岡，堺，新潟，浜松，岡山，相模原，熊本」の20都市（2019年9月現在）で，法律上は人口50万人以上（実際は70万人以上で認定）

※中核市「人口30万人以上，1994年制度化」，特例市「人口20万以上，2000年制度化」，広域連合「地方組合の一種，1994年制度化」…これらは国から多くの権限が移譲され，国に対しても一定の要請ができる。つまり独立した行政業務が円滑に遂行できるメリットがある。

12 爽快講義該当章 ▶ 政治分野 第4・5章

1回目 ／

2回目 ／

# 日本の政治機構（総合問題）

■ 次の文章を読み各問に答えよ。

わが国の政治機構は，国会，内閣，裁判所，そして地方公共団体が行う地方自治が中心を成している。

①国会は国の唯一の〔 1 〕機関で，〔 2 〕を代表する国会議員で構成され，衆議院と参議院の二つの議院によって構成されている。国会の主な権限として法律の制定，〔 3 〕の承認，〔 4 〕の議決，〔 5 〕の指名，〔 6 〕の発議などがある。このうち，〔 3 〕の承認，〔 4 〕の議決，〔 5 〕の指名については，参議院が衆議院と異なる議決をした場合，〔 7 〕を開いてもなお意見が一致しないとき，または，参議院が衆議院の可決した議案を受け取った後，〔 3 〕の承認と〔 4 〕の議決は30日以内，〔 5 〕の指名は〔 8 〕日以内に参議院が可決しないときは，②衆議院の議決が国会の議決となる。

内閣は，国会で指名され天皇が〔 9 〕した〔 5 〕と，〔 5 〕が任命し天皇が〔 10 〕した国務大臣によって構成される。このとき，内閣の構成員の全員は〔 11 〕でなければならない。これを〔 12 〕の原則と呼ぶ。また2001年には〔 13 〕法が施行され，③〔 14 〕府〔 15 〕省庁体制へと移行した。

裁判所は，最高裁判所を頂点として④四つの下級裁判所からなり，憲法はかつて存在した，司法部以外の裁判所である〔 16 〕の設置を禁止している。

**Answer**

☐1-立法
☐2-全国民
☐3-条約
☐4-予算案
☐5-内閣総理大臣
☐6-憲法改正
☐7-両院協議会
☐8-10
☐9-任命
☐10-認証
☐11-文民
☐12-文民統制（シビリアン・コントロール）
☐13-中央省庁改革関連
☐14-1
☐15-12
☐16-特別裁判所

また公正な裁判を実施するために，⑤裁判公開の原則と，⑥裁判官の身分保障を憲法では定めている。

最後に地方自治についてだが，1999年に〔 17 〕が制定され，地方の事務が，自治事務と〔 18 〕の二つになった。こうして，戦前のような中央集権的な国家運営ではなく，〔 19 〕的な制度への第一歩を踏み出したといえよう。

☐17-地方分権一括法
☐18-法定受託事務
☐19-地方分権

check ☐ **問 1** 文章中の空欄に適当な語句・数字を入れよ。

問1（各空欄付近に表示）

check ☐ **問 2** 下線部①について，衆議院の解散中に開催されるものは何か。

問2 緊急集会

check ☐ **問 3** 下線部②について，このようにわが国では衆議院の優越を認めている。この理由を書け。

問3 任期が参議院よりも短く解散もあるため民意の反映が行われやすいから。

check ☐ **問 4** 下線部③について，この結果最も巨大な省庁となったのはどこか。

問4 国土交通省

check ☐ **問 5** 下線部④について，この四つの下級裁判所をすべて挙げよ。

問5 高等裁判所，地方裁判所，簡易裁判所，家庭裁判所（順不同）

check ☐ **問 6** 下線部⑤について，必ず公開としなければいけない場合を一つ挙げよ。

問6 政治犯罪，出版に関する犯罪，憲法第3章で保障する国民の権利が問題となっている事件，から一つ。

check ☐ **問 7** 下線部⑥について，裁判官が罷免される例外を一つ挙げよ。

問7 国会の弾劾，裁判により心身の故障で職務をとることができないと決定されたとき，国民審査（最高裁判所判事のみ），から一つ。

check
問 8 衆議院比例区選挙において，あるブロックの政党得票数がA党13000，B党9800，C党8500，D党5500だとし，定数が6とした場合，各党は何議席獲得することになるか。

問8
A党が2議席
B党が2議席
C党が1議席
D党が1議席

| | A党 | B党 | C党 | D党 |
|---|---|---|---|---|
| 1 | ①13000 | ②9800 | ③8500 | ⑤5500 |
| 2 | ④6500 | ⑥4900 | 4250 | 2750 |
| 3 | ⋮ | ⋮ | ⋮ | ⋮ |

→得票数を整数で割っていき，大きい数の順に6番目までが獲得の議席となる。ドント式計算は以上のとおり。

check
問 9 議院の自律権を一つ挙げよ。

問9 議員資格争訟裁判権，議員懲罰権，規則制定権，役員選任権から一つ。

check
問 10 1993年に55年体制が崩壊するが，このとき不信任案を提出された，内閣総理大臣の名前を答えよ。

問10 宮沢喜一

check
問 11 本会議の定足数は総議員のいくつか。

問11 3分の1

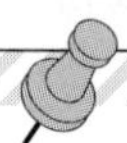

## スパッととける!! 正誤問題

check
日本国憲法が規定する統治についての記述として**適当でないもの**を，次の①～④のうちから一つ選べ。
① 天皇は，内閣総理大臣を任命する。
② 内閣は，最高裁判所長官を指名する。
③ 裁判官は，独立して職権を行使することができる。
④ 国会は，国務大臣を弾劾することができる。（センター試験より）

正解は④
**スパッと解説!!** ④については国務大臣そのものを国会は弾劾することはできない。①，②，③は常識なので取りこぼさないように注意したい。

check
☐ 日本における民主政治の在り方や問題点に関する記述として**適当でないもの**を，次の①～④のうちから一つ選べ。

① いわゆる強行採決を繰り返すことは，法的に問題が生じないとしても，討論による合意形成を基本とする議会制民主主義の精神に合致しない。

② 企業・団体が政治家個人に献金をすることは禁じられているが，政党交付金という形で政党に献金をすることは禁じられていない。

③ 政権交代に備えるとともに，より充実した国会審議を行うために，イギリスの影の内閣を範とした仕組みを導入した政党が現れた。

④ 投票率の低迷が長年続くことは，国民の参加を基礎とする選挙の形骸(けいがい)化(か)につながる。

（センター試験より）

正解は ②

**スパッと解説!!** ②については前半部は問題ないが，政党交付金（政党助成金）は1994年に成立した政党助成法によるものであり，献金とは別の制度である。混同しないように注意しよう。政党交付金は企業団体献金と違い，公費から支給されるためその透明性と中立性の両面から「民主主義のコスト」となることが期待されているんだ。

---

check
☐ 1946年に公布された日本国憲法に関する記述として**適当でないもの**を，次の①～④のうちから一つ選べ。

① 天皇又は摂政及び国務大臣，国会議員，裁判官その他の公務員は，憲法を尊重し擁護する義務を負う。

② 内閣は行政権の行使に関して国会に対する連帯責任を負い，他方，国会は各国務大臣を罷免する権限を有する。

③ 国政は，国民の信託によるものであり，その権威は国民に由来し，その権力は国民の代表者が行使する。

④ 裁判所は違憲立法審査権を有しており，最高裁判所はその終審裁判所である。

（センター試験より）

正解は ②

**スパッと解説!!** ①は憲法第99条の規定。②は前半部は第66条の規定だが，先ほどの問題でも出てきたように後半部の事実はない。③は憲法の前文。④は憲法第81条の規定である。政経の基本的な学習方法としては憲法の通読が挙げられる。軽く目を通すだけでも正誤判定がしやすくなるので是非実行しよう。

13 爽快講義該当章 政治分野 第5章

1回目 ／

2回目 ／

# 政党と選挙

■ 以下の問に答えよ。空欄には適当な語句・数字を入れよ。

Answer

check ／ 問 1 18世紀の一部の資本家などの制限選挙制の下の政党を〔　　〕政党という。

問1 名望家

check ／ 問 2 20世紀以降の普通選挙制の実現とともに台頭した政党を〔　　〕政党という。

問2 大衆

check ／ 問 3 政府・政党などに圧力をかけ政策決定において自らの利益を実現しようとする集団を〔 1 〕といい，米国では〔 2 〕と呼ばれている政治的な働きかけを行う人々がこの機能を果たしている。

問3
／1-圧力団体
／2-ロビイスト

check ／ 問 4 戦前の日本では自由民権運動の高まりの中，1881年に板垣退助が〔 1 〕党を，1882年に大隈重信が〔 2 〕党をつくり活動していた。また初の政党内閣は1914年の〔 3 〕内閣に始まり，これ以降政党内閣による政治が1930年代前半まで続く。これを一般には〔 4 〕の常道という。

問4
／1-自由
／2-立憲改進
／3-原敬
／4-憲政

check ／ 問 5 戦時中の1940年には，すべての政党が解散し〔　　〕に統一された。

問5 大政翼賛会

**問6** 戦後55年体制について，正誤判定せよ。

①自民党と社会党を軸とした二大政党制であり，東西冷戦の縮図でもあった。
②自民党は1993年の55年体制崩壊まで，一貫して単独政権を維持した。
③1970年代には，公明党や民社党などが台頭し，多党化傾向となった。
④1980年代には，河野洋平らが自民党から離脱し，二院クラブを結成した。
⑤1970年代には，ロッキード事件によって田中角栄内閣は総辞職した。
⑥1980年代には佐川急便事件，1990年代にはリクルート事件などが，政界を震撼させた。

問6 ①×（二大政党ではなく1と2分の1政党制が正しい。）
②×（1983年にも新自由クラブと一度連立を組んでいる。）
③×（1970年代ではなく1960年代が正しい。）
④×（河野洋平らは1976年に二院クラブではなく新自由クラブを結成した。）
⑤×（田中角栄内閣は金脈問題で1974年に総辞職した，とするのが正しい。1976年に田中角栄元首相はロッキード事件で逮捕された。）
⑥×（佐川急便事件とリクルート事件が逆。）

**問7** 1993年に不信任決議案可決を受け退陣した内閣総理大臣と，38年ぶりに非自民政権として誕生した内閣総理大臣をフルネームで書け。

問7 宮沢喜一，細川護煕（もりひろ）

**問8** 選挙制度の特徴として適当なものを2つ選べ。

①小選挙区制度は多党制を促進し，比例代表制度は二大政党制を促進する傾向がある。
②小選挙区制度は，死票が多くなり，議席占有率に対して，得票率が大きくなる。
③比例代表制度は，少数政党も議席を確保することが比較的容易である。
④比例代表制度は，ドント式議席配分で，衆議院で非拘束名簿式，参議院で拘束名簿式が採用されている。
⑤日本の選挙制度は，衆議院，参議院ともに選挙区中心型である。

問8 ③と⑤
①×（正しくは小選挙区制度が二大政党化を促進し，比例代表制度が多党化を促進する。一般にこのような法則を「デュベルジェの法則」という。）
②×（正しくは得票率の方が小さくなる傾向がある。）
③○
④×（正しくは衆議院と参議院が逆。）
⑤○

check
☐問 9 近年の政治改革関連法について正誤判定せよ。

①連座制の規制が新設された。
②金権政治になるとの批判から，中選挙区比例代表並立制から小選挙区比例代表並立制へと公職選挙法が改正された。
③政治家個人への企業・団体献金が，政治資金規正法により禁止された。
④5名以上の国会議員，もしくは国会議員を有し直近の国政選挙で2%以上の得票数を得た政党が，公職選挙法により，助成金をうけられることになった。

問9
①×（正しくは強化された。）
②×（中選挙区比例代表並立制ではなく中選挙区制が正しい。）
③○
④×（公職選挙法ではなく，政党助成法が正しい。）

check
☐問 10 民主的選挙の四つの原則を挙げよ。

問10 普通選挙，平等選挙，直接選挙，秘密選挙（順不同）

check
☐問 11 日本の選挙権の拡大について，以下の表を穴埋めせよ。

| 実施年 | 資格 | 選挙区 | 人口比 |
|---|---|---|---|
| 第1回<br>1890 | 男子制限選挙25歳以上の男子<br>直接国税〔 1 〕円以上 | 小選挙区 | 約〔 2 〕% |
| 第7回<br>1902 | 直接国税10円以上に改正 | 大選挙区<br>小選挙区併用 | 約2% |
| 第14回<br>1920 | 直接国税3円以上に改正 | 小選挙区 | 約5% |
| 第16回<br>1928 | 男子普通選挙に<br>〔 3 〕年男子普通選挙法<br>同年〔 4 〕法制定 | 中選挙区 | 約〔 5 〕% |
| 第22回<br>1946 | 男女普通選挙 | 大選挙区 | 約〔 6 〕% |

問11
☐1-15
☐2-1
☐3-1925
☐4-治安維持
☐5-20
☐6-50

check 問12 日本の公職選挙法について，正誤判定せよ。

①政治家は選挙期間中，選挙区内での寄付行為が禁止されている。
②事前活動については禁止規定であるが，戸別訪問は認められている。
③1994年の改正で，連座制が拡大され，候補者と一定関係にある親族，秘書，出納責任者などが選挙違反をした場合，その候補者自身の当選が無効となり，かつ10年間の当該選挙区からの立候補が禁止されることとなった。
④近年，インターネット投票が解禁された。

check 問13 議員定数不均衡問題について正誤判定せよ。

①最高裁が，一票の格差を理由として選挙を違憲かつ無効として判決を出したことはない。
②近年，高裁が，一票の格差を理由として違憲かつ無効の判決を出した。
③近年，最高裁が，参議院で採用されていた一人別枠方式について，違憲状態の判決を出した。
④近年，参議院の徳島と高知，鳥取と島根の選挙区が合区された。

check 問14 近年の選挙をめぐる動向について，正誤判定せよ。

①インターネット選挙運動が解禁されたが，18歳，19歳の未成年の選挙運動は解禁されていない。
②インターネット選挙運動として，有権者が電子メールによる投票の呼びかけが可能となった。
③近年，投票率は上昇傾向にあり，衆議院総選挙，参議院通常選挙ともに60%を超えている。
④一票の価値は，有権者が多い都市部よりも，有権者が少ない地方の方が重たく扱われる。

問12
① ×（選挙の有無なく禁止。）
② ×（戸別訪問は禁止されている。）
③ ×（10年間ではなく5年間が正しい。）
④ ×（正しくは投票ではなくインターネット選挙運動。）

問13
① ○
② ○（2012年実施の衆議院総選挙について広島高裁と広島高裁岡山支部は「選挙無効」判決（2013年3月），2013年実施の参議院通常選挙について，広島高裁岡山支部は「選挙無効」判決（2013年11月）を出した。）
③ ×（2011年に，最高裁は，参議院ではなく，衆議院で採用されていた一人別枠方式について，違憲状態とした。）
④ ○（2015年の公職選挙法改正で，徳島と高知，鳥取と島根が合区された。）

問14
① ×（公職選挙法に抵触しない限り解禁されている。）
② ×（ただし，X(Twitter)，Facebook，LINEでは可能。）
③ ×（2014年の衆議院総選挙での投票率は52.66%と過去最低，2019年の参議院通常選挙の投票率は44.8%と60%に至っていない。）
④ ○

# 14 行政機能の拡大と民主化



1回目 ／

2回目 ／

■ 次の文章を読み各問に答えよ。

現代国家は必然的にその機能の拡大から〔 1 〕国家と呼ばれ，立法権限の萎縮が指摘されている。また，かつて〔 2 〕は現代社会を組織化の時代と位置づけ，その典型的な形態である①〔 3 〕についての批判を行った。

こうした中で今日，行政を国民に開かれたものにするために，行政の〔 4 〕への動きが活発化している。1999年，〔 5 〕個の関連法からなる〔 6 〕が制定され，それに伴い2001年1月から，1府12省庁体制がスタートした。この中での最大の省庁である〔 7 〕省は，〔 8 〕の四つの省庁が合併したメガ省である。また，この関連法では首相に閣議での提案権・発言権を認めたり，閣僚ポストを20名から〔 9 〕名（現在は16名）以内（3名まで増員可）へと削減するなどの〔 10 〕法の改正も行った。

さらには，1999年に制定され2001年に施行された②〔 11 〕法は，ガラス張りの行政を目指し，主権者たる国民の「知る権利」に貢献しようとする法律である。ただし，この法律の中では，知る権利の明記はない。

このようにわが国において，行政改革という新しい風が吹いているのだ。

**Answer**

- ☐1-行政
- ☐2-マックス・ウェーバー
- ☐3-ビューロクラシー（官僚制）
- ☐4-民主化
- ☐5-17
- ☐6-中央省庁改革関連法
- ☐7-国土交通
- ☐8-建設省，運輸省，国土庁，北海道開発庁（順不同）
- ☐9-14
- ☐10-内閣
- ☐11-情報公開

問1（各空欄付近に表示）

check ☐ **問 1** 文章中の空欄に適当な語句・数字を入れよ。

問2 セクショナリズム，文書主義，慣例主義，テクノクラート（官僚）の台頭，などから二つ。

check ☐ **問 2** 下線部①について，この弊害を二つ書け。

問3

☐1-スウェーデン，1766年

☐2-情報自由法，1966年
サンシャイン法，1976年

☐3-③
（情報公開・個人情報保護審査会ではなく，情報公開請求を受けた省庁が決定する。）

☐4-行政手続法

☐5-アカウンタビリティ

check ☐ **問 3** 下線部②について，次の各問いに答えよ。

1. この法律が最初に制定された国名とその年を答えよ。

2. この法律に関連して，アメリカにおいての法律名称とそれが制定された年，そして，その後会議の公開をも定めた法律名称と制定された年を答えよ。

3. この法律について誤っているものを一つ選べ。

①行政内部会議と特殊法人情報は非公開である。
②個人情報と，企業情報，そして外交・国防・捜査情報は非公開である。
③公開か非公開かは行政機関ではなく，情報公開・個人情報保護審査会が決定する。
④非公開の場合は，情報公開・個人情報保護審査会，もしくは情報公開請求訴訟での救済がある。

4. 1993年に制定された，行政指導や許認可について統一基準を設けた法律を何というか。

5. 政府などの説明責任をカタカナで一般に何というか。

行政の民主化

■ 以下の問に答えよ。空欄には適当な語句を入れよ。また／がある場合は適当なものを選択せよ。

check
□問1 18世紀の〔 1 〕国家から，20世紀の〔 2 〕国家への変容により，行政機能が拡大した。

問1
□1-夜警
□2-福祉

check
□問2 〔 1 〕は専門官僚の台頭した，非人間的組織を〔 2 〕として批判した。

問2
□1-マックス・ウェーバー
□2-ビューロクラシー（官僚制）

check
□問3 現在，〔議員立法／内閣提出立法〕の成立率が著しく高くなっている。

問3 内閣提出立法

check
□問4 法律が政令などに具体的内容を委任する〔 〕が近年増大している。

問4 委任立法

check
□問5 行政指導には法的拘束力が〔ある／ない〕。

問5 ない

check
□問6 政界，官界，財界，が互いに利権を求めてつながりあう「政官財の癒着」を，鉄の〔 〕と呼ぶ。

問6 トライアングル

check
□問7 スウェーデンで発達した，市民の立場から行政を監視する制度を〔 1 〕制度といい，日本では〔 2 〕市が初めて導入した。現在国レベルでは〔3 存在する／存在しない〕。

問7
□1-オンブズマン（行政監察官）
□2-川崎
□3-存在しない

check
□問8 いわゆる高級官僚が退職後に，在職行政機関と関連の深い民間企業や公益法人などの幹部職に就くことを一般に何というか。

問8 天下り

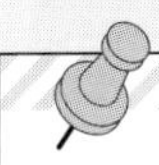

## スパッととける!! 正誤問題

check
☑ 日本の行政活動をめぐる法制度に関する次の記述ａ～ｃのうち，正しいものはどれか。当てはまる記述をすべて選び，その組合せとして最も適当なものを，下の①～⑦のうちから一つ選べ。

ａ　行政手続法は，行政運営における公正の確保と透明性の向上を図ることを目的としている。

ｂ　情報公開法は，行政機関の非開示決定に対する国民の不服申立てを審査するために，オンブズマン（行政監察官）制度を定めている。

ｃ　特定秘密保護法は，行政機関による個人情報の適正な取扱いを通じた国民のプライバシーの保護を目的としている。

①　ａ　②　ｂ　③　ｃ　④　ａとｂ　⑤　ａとｃ　⑥　ｂとｃ
⑦　ａとｂとｃ　（共通テストより）

正解は ①

**スパッと解説!!** bの情報公開法は，行政情報の公開を行政機関に対して求めるものである。一方，個人情報保護法は1988年に制定され，行政が保有する個人情報を適切に収集管理したり，個人情報の訂正開示を求めたりするものである。2005年に民間事業者を加え本格施行された。両者は内容が全く異なる。不適切。情報公開法において，行政機関の非開示決定に対する国民の不服申立てを審査するのは「情報公開・個人情報保護審査会」であり，なおも不服の場合は，裁判所に対して「情報公開請求訴訟」を起こすことが可能である。cの特定秘密保護法は，外交・防衛・スパイ活動防止・テロ防止に関する４分野の情報について特定秘密として指定し，国民の安全を守るためのものである。一方で，非公開となる期限は一部を除き最長で60年となっており，情報公開や知る権利の観点から問題も指摘されている。

---

check
☑ 日本におけるNPOやボランティア活動についての記述として**誤っているもの**を，次の①～④のうちから一つ選べ。

①　NPO法（特定非営利活動促進法）が制定され，NPOによる法人格の取得が容易となった。

②　NPOはボランティアを基礎としているので，有給の職員を雇うことは禁じられている。

③　NPOは知事の指定を受けて，介護保険法に基づく在宅介護サービスを提供することができる。

④　阪神・淡路大震災はボランティア活動の重要性を認識させる大きな出来事となった。　（センター試験より）

正解は ②

**スパッと解説!!** 有給の職員を雇うことは禁じられてはいない。また収益事業も行うことができる。1998年にNPO法が成立し，現在日本では特定非営利法人として活動する法人が多くなってきている。多元的市民の意見を集約する新しい民主主義の役割を期待されているんだ。

15 爽快講義該当章▶政治分野 第5章

1回目 ／

2回目 ／

# 世論とマスメディア

■以下の問に答えよ。空欄には適当な語句を入れよ。また／がある場合は適当なものを選択せよ。

Answer

check 問1 世論形成指導者を〔　　〕という。

問1 オピニオンリーダー

check 問2 以下を正誤判定せよ。

①情報通信技術の進歩により，以前よりリアルタイムに戦場の様子の真実を知ることができるようになった。
②現代戦争は軍事技術の飛躍的進歩により，対象を限定的に攻撃し，民間人の死者を少なくすることに成功した。
③現在人々は，メディアの多様化により，ある程度の合理的判断を下せる環境にあるといってよい。
④高度なメディアの発達は，特定の権力者が自らの政治的イデオロギーを固定化し，人々にそれを押し付けている。

問2
①×（マスメディアが報道する戦争の様子は切り取られた現実であり，真実であるとは限らない。）
②×（大量破壊兵器などの出現により，逆に民間人被害も大きい。）
③×（メディアの多様化により，逆に合理的判断が下しにくくなっている。）
④×（この文章は実証的に説明できない。）

check 問3 人々がメディアなどによって形成された，固定化した思考の形を何というか。

問3 ステレオタイプ

check 問4 アクセス権は現在判例で〔認められている/認められていない〕。

問4 認められていない

check 問5 情報の受け手が，主体的に情報を選別する能力を何と呼ぶか。

問5 メディアリテラシー

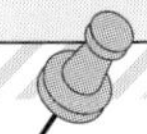

問6 第四の権力

check 問 6 現代社会において，権力の監視を行うマスメディアの役割を一般に〔　　　〕と呼ぶ。



## スパッととける!! 正誤問題

check マスメディアや世論についての記述として**適当でないもの**を，次の①～④のうちから一つ選べ。

① ファシズムの経験に示されているように，マスメディアが世論操作に利用される危険がある。

② 公正な報道を確保するために，日本国憲法の下で新聞，雑誌には各政党の主張を同じ量だけ紹介する法的義務が課されている。

③ 世論調査は十分な情報が提供されずに行われることがあるなど，政策決定に際して世論調査に頼ることには問題点もある。

④ 世論の形成のためには，多様な意見が広く知られる必要があり，日本国憲法の下で報道の自由など表現の自由が保障されている。　（センター試験より）

正解は ②

**スパッと解説!!** ②の「新聞，雑誌には各政党の主張を同じ量だけ紹介する法的義務」は権力による報道の自由の侵害となるため民主的ではない。ただし選挙の公示期間などは，各メディアが自主規制を行い，候補者報道については中立性をもつ努力をしている。

---

check 政治的無関心を助長する要因に関する記述として**適当でないもの**を，次の①～④のうちから一つ選べ。

① 政治が，政治家の仲間内の論理でしか行われておらず，私たちにとって切実な問題を解決する姿勢や力がないのではないかとの失望感。

② 政治に熱心なのは，利権を求める特定の業者や人々だけであるという意識や，政治の腐敗などを背景とする政治への嫌悪感。

③ 自分の政治的立場にふさわしい党派を見出せず，選挙のたびに，各政党の政策や実績，候補者の人柄を見て支持政党を変える態度。

④ 政治はお上がするもの，お上に逆らうべきではないとして，自らの生活に政治は関係ないと考える姿勢。　（センター試験より）

正解は ③

**スパッと解説!!** ③の「選挙のたびに，各政党の政策や実績，候補者の人柄を見て支持政党を変える態度」は，むしろ民主主義に基づいた基本的な行動様式だ。毎回同じ政党，同じ候補者に無批判に同調することのほうが，民主的とはいえないよね。市民による吟味的姿勢・合理的判断能力が民主主義を支える上で必要不可欠なんだ。

# 16

爽快講義該当章 ▶ 政治分野　第6章

1回目 ／

2回目 ／

# 国際社会と国際法

■ 以下の問に答えよ。空欄には適当な語句・数字を入れよ。また／があるる場合は適当なものを選択せよ。

check ☐ **問 1** 〔　1　〕年に，三十年戦争の講和会議として開催され，相互の〔　2　〕の承認を行った，世界初の国際会議は〔　3　〕会議である。

check ☐ **問 2** 国際法の父〔　1　〕は自然法の父でもあり，著書に侵略戦争の禁止を記した『〔2 戦争と平和の法／海洋自由論〕』がある。

check ☐ **問 3** 以下穴埋めせよ。

**安全保障体制（戦争を未然に防止するシステム）の必要性**

**〔　1　〕方式**

⇒軍事的勢力を均衡にすることで未然に戦争を防止

例　三国協商VS三国同盟

⇒結果として第一次世界大戦へ

**軍拡競争と第一次世界大戦に！**

**第一次世界大戦以降…〔　2　〕体制**

⇒敵対国も含めて戦争を禁止する条約に加盟し，条約に違反して武力攻撃を行う国があらわれると，その違反国に対して他のすべての加盟国が共同制裁する体制　例・国際連盟や国際連合等

**Answer**

問1
☐1-1648
☐2-主権
☐3-ウェストファリア

問2
☐1-グロティウス
☐2-戦争と平和の法

問3
☐1-勢力均衡
☐2-集団安全保障

問4
1-カント
2-『永久平和のために』

check 問 4 国際連盟の設立に影響を与えたのはドイツの哲学者〔 1 〕である。著書は〔 2 〕。

## スパッととける!! 正誤問題

check 国際社会についての記述として最も適当なものを，次の①～④のうちから一つ選べ。

① グロティウスによれば，国家間関係においては，国家の行為を拘束する自然法は存在しない。

② 1648年のウェストファリア条約は，ヨーロッパ内において，対等な主権国家からなる国際社会を形成する端緒となった。

③ アメリカのウィルソン大統領の提唱により，国際連盟は国際法を統一的に立法する機関として発足した。

④ 国際連合は，そのすべての加盟国の主権平等の原則に基礎をおいているため，安全保障理事会の決議は，全会一致で採択される。（センター試験より）

正解は ②

**スパッと解説!!** ① は基本問題。グロティウスは自然法の父でもあり国際法の父でもあるよね。② 1648年のウェストファリア条約はローマ帝国が各国に主権の移譲を行い，主権国家の誕生を促した条約でした。よって正解。③ 国際連盟は国際法を統一的に立法する機関ではなく，集団安全保障体制に基づく国際平和の維持が目的でしたよね。④ については全会一致ではなく，非手続事項（実質事項）が5常任理事国を含む9理事国以上の賛成，手続事項が9理事国以上の賛成での議決が正しい。

check 国際刑事裁判所において裁かれる行為とは**言えないもの**を，次の①～④のうちから一つ選べ。

① 暴力や暴力による脅迫などによって，航空機を支配する行為

② 国際的な武力紛争で捕らえた敵国の戦闘員に対して，拷問する行為

③ 国民的・民族的・人種的または宗教的な集団を破壊するために，その集団の構成員を殺すという，ジェノサイド（集団殺害）行為

④ 一般住民に対する広範なまたは組織的な攻撃の一部として，奴隷の状態におくという，非人道的な行為（センター試験より）

正解は ①

**スパッと解説!!** 国際刑事裁判所は，個人の「戦争犯罪」，「ジェノサイドに対する罪」，「人道に対する罪」，「侵略犯罪」を裁くものであり，① のハイジャックに対する罪は含まれていません。『爽快講義』のp192～193で確認しよう。

# 17

爽快講義該当章 ▶ 政治分野 第6章

1回目 ／

2回目 ／

# 国際連盟の設立

■ 空欄に適当な語句・数字を入れよ。

| | | Answer |
|---|---|---|
| **設立過程** | 1914年～18年　第一次世界大戦 | |
| | 1918年　アメリカ合衆国大統領〔　1　〕「平和原則14カ条」→国際連盟設立のきっかけへ | ☑1-ウィルソン |
| | 1919年　〔　2　〕条約→国際連盟設立に関する条約 | ☑2-ベルサイユ |
| | 1920年　国際連盟設立　本部　スイスのジュネーブ | |
| **組　織** | ①総会…全会一致制（原加盟国〔　3　〕カ国） | ☑3-42 |
| | ②理事会…常任理事国〔　4　〕後にドイツ | ☑4-イギリス，日本，フランス，イタリア（順不同） |
| | ③常設国際司法裁判所…本部・オランダのハーグ | |
| | ④国際労働機関（ILO） | |
| **問題点** | ①大国の不参加（〔　5　〕の不参加と〔　6　〕の除名） | ☑5-アメリカ<br>☑6-ソ連 |
| | ②経済制裁のみで〔　7　〕制裁措置がとれない | ☑7-軍事（軍事的） |
| | ③総会での〔　8　〕の採用 | ☑8-全会一致制 |

⇨しかし，第二次世界大戦を防げず！この反省から1945年国際連合設立！

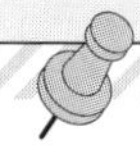

## スパッととける!! 正誤問題

check

20世紀に設立された国際機構として，国際連盟と国際連合がある。これらについての記述として正しいものを，次の①～④のうちから一つ選べ。

① 侵略国に対する制裁として，国際連盟では武力制裁が規定されたが，国際連合では経済制裁に限定された。

② 国際連盟でも国際連合でも，集団安全保障体制が十分に機能するように，総会では全会一致制が採用された。

③ 国際連盟の理事会では全会一致制が原則とされていたが，国際連合の安全保障理事会では，五大国に拒否権を認めつつも多数決制を採用した。

④ 国際連盟の時代には常設の国際裁判所はなかったが，国際連合には国際紛争を解決するための常設の裁判所として国際司法裁判所が設立された。（センター試験より）

正解は ③

**スパッと解説!!** ① は武力制裁と経済制裁が逆になっていますよね。② については国際連盟での全会一致による議決の困難を反省して，国際連合では多数決制が採用されているよ。④ 国際連盟にも1921年に常設国際司法裁判所が設立されている。1945年からは国際司法裁判所となっている。また2002年のローマ規程発効により設立された国際刑事裁判所についても各自チェックしておこう。

---

check

国際社会の法と秩序について述べたものとして**適当でないもの**を，次の①～④のうちから一つ選べ。

① 国際法とは，諸国家の慣行を通じて成立した国際慣習法と，国家間の合意を文章化した条約とから成り，条約には日米安全保障条約のように二国間で結ばれるものと，国連憲章のように多数国間で結ばれるものとがある。

② 第一次世界大戦後，国際連盟規約や不戦条約が結ばれ，戦争の違法化が試みられるようになり，第二次世界大戦後は国連憲章によって武力不行使の原則が定められた。

③ 国際法は主権国家の個別の利益を守ることを主たる目的としていたが，現代では国際社会の共通利益を確保することも目的とするようになり，地球環境問題や宇宙利用に関してもルールが作られている。

④ 国連が創設されてからは，国連の機関として国際司法裁判所が設置されているので，国連の加盟国間で紛争が起こったときは，紛争当事国の合意がなくても，国際司法裁判所による紛争の解決手続が開始される。（センター試験より）

正解は ④

**スパッと解説!!** ① と ② は基本だね。③ については1967年に宇宙の平和利用を定めた「宇宙条約（月その他の天体を含む宇宙空間の探査及び利用における国交活動を律する原則に関する条約）」が発効しているんだ。環境については，1992年の「気候変動枠組み条約」や，1997年の「京都議定書」などがある。④ は当事国の同意がないと審理が始まらない。これを「強制的所轄権がない」と表現する。よって ④ が不適当。

# 18 国際連合の設立

爽快講義該当章▶ 政治分野 第6章

1回目 ／

2回目 ／

■ 以下の問に答えよ。空欄には適当な語句・数字を入れよ。また／があるる場合は適当なものを選択せよ。

check ／ 問1

| 設立過程 | | Answer |
|---|---|---|
| | 1939～45年　第二次世界大戦 | 問1 |
| | 1941年 | |
| | 〔　1　〕<br>→米ローズベルトと英チャーチルによる，戦後国際構想 | ／1-大西洋憲章 |
| | 1944年 | |
| | 〔　2　〕会議⇨国際連合憲章の原案作成 | ／2-ダンバートン・オークス |
| | 1945年　2月 | |
| | 〔　3　〕会談→5大国の拒否権の保有を合意 | ／3-ヤルタ |
| | 1945年　4月 | |
| | 〔　4　〕会議⇨国際連合憲章の採択 | ／4-サンフランシスコ |
| | 1945年　10月 | |
| | 国際連合発足<br>→本部・ニューヨーク，原加盟国数〔　5　〕カ国 | ／5-51 |
| | →2019年現在193カ国 | |
| | →1956年に〔　6　〕が国連に加盟 | ／6-日本 |
| | →1973年に〔　7　〕が国連に加盟 | ／7-東西ドイツ |
| | →1991年に〔　8　〕が国連に同時加盟 | ／8-南北朝鮮 |
| | →2002年に〔　9　〕と〔　10　〕が国連に加盟 | ／9-スイス<br>／10-東ティモール<br>（9と10は順不同） |
| | →2006年に〔　11　〕が国連に加盟 | ／11-モンテネグロ |
| | →2011年に〔　12　〕が国連に加盟 | ／12-南スーダン共和国 |

| | |
|---|---|
| 組　織 | 総会，安全保障理事会，経済社会理事会，信託統治理事会，事務局，国際司法裁判所　2006年から国連〔 13 〕委員会が〔 13 〕理事会に格上げ |
| 問題点 | ①冷戦下の5大国の〔 14 〕の発動による安保理の機能不全<br>②〔 15 〕の未納による財政難 |

☐13-人権

☐14-拒否権

☐15-分担金（国連分担金）

☐ 問 2 国連安全保障理事会は，5大国の〔 1 〕の発動により，機能不全に陥ることがある。そこで，1950年に勃発した朝鮮戦争の際には，〔 2 〕を総会が決議し，機能不全に陥った安保理の代わりに，緊急特別総会が強制行動などの措置・勧告をできるようになった。

問2

☐1-拒否権

☐2-平和のための結集決議

☐ 問 3 現在，国家を裁く国際裁判所に〔1 国際司法裁判所／常設国際司法裁判所 〕がある。また1998年には〔2 ローマ／ハーグ 〕規程が採択され2002年に発効し，個人を裁く〔3 仲裁裁判所／国際刑事裁判所 〕が発足した。最高刑は〔4 終身刑／死刑 〕で米国は〔5 批准／批准していない 〕。なお，2007年7月に〔 6 〕が加盟した。

問3

☐1-国際司法裁判所

☐2-ローマ

☐3-国際刑事裁判所

☐4-終身刑

☐5-批准していない

☐6-日本

☐ 問 4 PKOは国連憲章上に明確な規定が〔1 存在し／存在せず 〕，〔 2 〕活動と定義される。

| 第6章<br>紛争の〔 3 〕解決 | ⟷<br>中間的活動 | 第7章<br>〔 4 〕措置 |
|---|---|---|

問4

☐1-存在せず

☐2-6章半の（6章半的）

☐3-平和的

☐4-強制

☐ **問 5** PKO活動の種類

PKO
- 〔 1 〕（国連平和維持軍，㊞1956年の第一次国連緊急軍）
- 〔 2 〕
  - 停戦監視団（㊞1948年のパレスチナ停戦監視団）
  - 選挙監視団（㊞1989年のナミビア独立支援団）

⇨PKO要員の派遣は停戦の合意と受け入れ国の同意の上に〔 3 〕が決定

問5
☐1-PKF
☐2-監視団
☐3-安全保障理事会

☐ **問 6** PKO5原則

①〔 1 〕の合意
②〔 2 〕の受け入れ同意
③〔 3 〕立場
④武器使用は〔 4 〕
⑤〔 5 〕のみでの撤退

⇨2001年，それまでのPKFの参加凍結を解除する法改正が行われた

問6
☐1-停戦
☐2-当事国
☐3-中立的
☐4-必要最小限
☐5-自国の（独自）判断

☐ **問 7** 2015年に，平和安全法制（安全保障関連法）の一環として，PKO（国連平和維持活動）協力法（国際平和協力法）が改正され，新たに武器使用が可能となった警護任務を一般に何というか。

問7 駆け付け警護

**要確認**

☐ 日本がPKO部隊を派遣した，主な国5カ国を答えよ。

カンボジア（1992年），モザンビーク（1993年），ルワンダ（1994年，ザイール・ケニアも可），イスラエル・シリア・レバノン（1996年，ゴラン高原も可），インドネシア（1999年，東ティモールも可），アフガニスタン（2001年），インドネシア（2002年），スーダン（2008年），ハイチ（2010年），南スーダン（2011年）などから5つ。

## スパッととける!! 正誤問題

☐ 次の文章は自衛隊の海外派遣に関する記述である。文章中の［A］～［C］に入る国名の組合せとして最も適当なものを，以下の①～⑥のうちから一つ選べ。

1992年の国連平和維持活動協力法（PKO協力法）の成立により，長期にわたる戦乱と国内混乱が続いていた［A］へ初めて自衛隊が派遣され，停戦監視などの業務に当たった。翌年には，アフリカ大陸の東にある［B］で輸送業務などを行い，その後も，ルワンダ難民救援，ゴラン高原停戦監視，東ティモール避難民救援などへ，その活動範囲を広げた。これらは国連安全保障理事会の決議に基づくものであった。

さらに，2001年9月に起こったアメリカ同時多発テロを受けて，テロ対策特別措置法が制定され，それに基づいて自衛隊は同年秋から［C］に展開するアメリカ軍の後方支援を行うようになった。

① A ミャンマー B エチオピア C アフガニスタン
② A ミャンマー B エチオピア C イラク
③ A ミャンマー B モザンビーク C イラク
④ A カンボジア B モザンビーク C アフガニスタン
⑤ A カンボジア B モザンビーク C イラク
⑥ A カンボジア B エチオピア C アフガニスタン

（センター試験より）

正解は④

***スパッと解説!!*** 基本問題なので取りこぼしのないように注意したい。湾岸戦争が始まった1991年，海部内閣は「ペルシャ湾」に自衛隊の掃海艇を派遣したことが問題となった。その後1992年にはPKO協力法に基づき，「カンボジア，モザンビーク，ルワンダ（ザイール・ケニア），ゴラン高原，東ティモール，アフガニスタン」などに自衛隊（一部民間要員も含む）を派遣している。またテロ対策特別措置法（2001年制定）に基づき，「インド洋」にイージス艦を派遣した。そして2003年にはイラク人道復興支援特別措置法が成立し，2004年にイラク南部のムサンナ州の「サマワ」に自衛隊を派遣した。ここでは何の法律に基づいて，どこに派遣されたのかが一致できるようにしよう。自衛隊はまさしく「国際貢献」の名の下に海外展開する部隊へと変質したんだね。ちなみに1954年には自衛隊の海外派兵を禁止する国会決議が出されている。憲法第9条との整合性を緻密に議論していかなくてはならない。このことも忘れないようにしたいですね。

# 19 冷戦関連

爽快講義該当章 ▶ 政治分野　第6章

1回目 ／

2回目 ／

■ 空欄に適当な語句・数字を入れよ。

**Answer**

## 冷戦の大きな流れ

**成立期**〔1940年代〕

→チャーチルの〔　1　〕演説を皮切りに政治・経済・軍事的対立組織が形成

☐1-鉄のカーテン（フルトン）

**雪解け期**〔1950年代〕

→〔　2　〕会談（1955年）
→フルシチョフによる〔　3　〕批判（1956年）
→初の〔　4　〕会談（1959年）による雪解け

☐2-ジュネーブ4巨頭
☐3-スターリン
☐4-米ソ首脳

**多極化期**〔1960年代〕

→東側〔　5　〕対立，仏の〔　6　〕軍事部門からの脱退，AA地域の台頭，二極化～多極化へ

☐5-中ソ
☐6-NATO（北大西洋条約機構）

**新冷戦期**〔1970年代〕

→ソ連の〔　7　〕侵攻による米ソの緊張，米ソ軍縮交渉の中断

☐7-アフガニスタン

**終結期**〔1980年代〕

→ソ連書記長に〔　8　〕就任，〔　9　〕会談で冷戦終結

☐8-ゴルバチョフ
☐9-マルタ

**ポスト冷戦期**〔1990年代〕

→冷戦崩壊後，東西ドイツ統一，地域・民族紛争の激化

## 1. 成立期〔1940年代〕の対立

☐1-トルーマン・ドクトリン
☐2-コミンフォルム
☐3-ギリシャ，トルコ
☐4-マーシャル・プラン
☐5-COMECON
☐6-NATO
☐7-WTO

| 西側陣営 | | 東側陣営 |
|---|---|---|
| ●〔 1 〕1947年〔共産主義封じ込め政策〕〔 3 〕への支援 | 政治戦略 | ●〔 2 〕1947年〔国際共産党情報局〕1956年解散 |
| ●〔 4 〕1947年〔欧州復興援助計画〕⇒米国の西欧諸国への経済援助 | 経済戦略 | ●〔 5 〕1949年〔経済相互援助会議〕⇒ソ連の東欧諸国への経済援助 |
| ●〔 6 〕1949年〔北大西洋条約機構〕 | 軍事戦略 | ●〔 7 〕1955年設立 1991年解散〔ワルシャワ条約機構〕 |

☐1-ベルリン
☐2-1989
☐3-1990

■ **盲点事項「ベルリン封鎖」**

⇒1948年〔 1 〕封鎖事件（ソ連が西側の通貨改革を理由に西ベルリンと西側ドイツへの陸上交通を封鎖。戦争勃発の一歩手前まで緊張が高まった。）

⇒1949年…東西ドイツ分断

⇒1961年…〔 1 〕の壁建設（ソ連が西側への亡命者の流出を懸念し建設。）

⇒〔 2 〕年…〔 1 〕の壁崩壊⇒〔 3 〕年東西ドイツ統一

## 2. 盲点の1960年代

### ①米国のベトナムへの介入

1961年　ケネディが大統領に就任　〔　1　〕を国連総会で提唱

1962年　〔　2　〕危機勃発（ソ連のミサイルが〔　2　〕に配備されそうになる）
→ケネディ大統領は海上封鎖で対抗，後に危機は回避

1963年　〔　3　〕調印
→ケネディ大統領暗殺（ジョンソンが大統領に昇格）

1964年　〔　4　〕湾事件勃発（米軍が北ベトナムから攻撃されたとの偽事件）

1965年　〔　5　〕戦争勃発（米軍による北爆開始）

1973年　米国，〔　5　〕戦争敗北
1976年　〔　5　〕社会主義共和国

1995年　〔　5　〕と米国が国交正常化
→〔　5　〕が〔　6　〕に加盟

☑1-国連開発の10年
☑2-キューバ
☑3-PTBT（部分的核実験禁止条約）
☑4-トンキン
☑5-ベトナム
☑6-ASEAN（東南アジア諸国連合）

### ②多極化する世界

**○西側の動き**

1966年　〔　1　〕が〔　2　〕の軍事部門から脱退
「経済の三極化」⇨米国・EC（1967年発足）・日本（1968年GNP西側世界第2位へ）

☑1-フランス（2009年フランスはNATOに復帰した）
☑2-NATO（北大西洋条約機構）

**○東側の動き**

1968年　〔　3　〕⇨〔　4　〕の民主化運動
指導者は〔　5　〕
⇨ソ連軍などが武力制圧

☑3-プラハの春
☑4-チェコスロバキア
☑5-ドプチェク

| 答え | 年 | 内容 |
|---|---|---|
| ☐6-ブレジネフ | | →制限主権論（〔　6　〕・ドクトリン） |
| ☐7-ダマンスキー（珍宝） | 1969年 | 中ソ国境紛争⇒〔　7　〕島，アムール川流域での国境紛争〔中ソ対立〕 |
| ☐8-ニクソン | | ⇒これを受け1972年〔　8　〕訪中<br>1979年米中国交正常化 |

**○AA地域（アジア・アフリカ地域）の台頭**

| 答え | 年 | 内容 |
|---|---|---|
| ☐9-アフリカ | 1960年 | 「〔　9　〕の年」⇒独立した17カ国が国連に一括加盟 |
| ☐10-非同盟諸国 | 1961年 | 第一回〔 10 〕首脳会議（ベオグラードで開催　25カ国首脳，3カ国オブザーバーが参加） |

## 3. 盲点の「非同盟主義」の動きと資源ナショナリズムの台頭

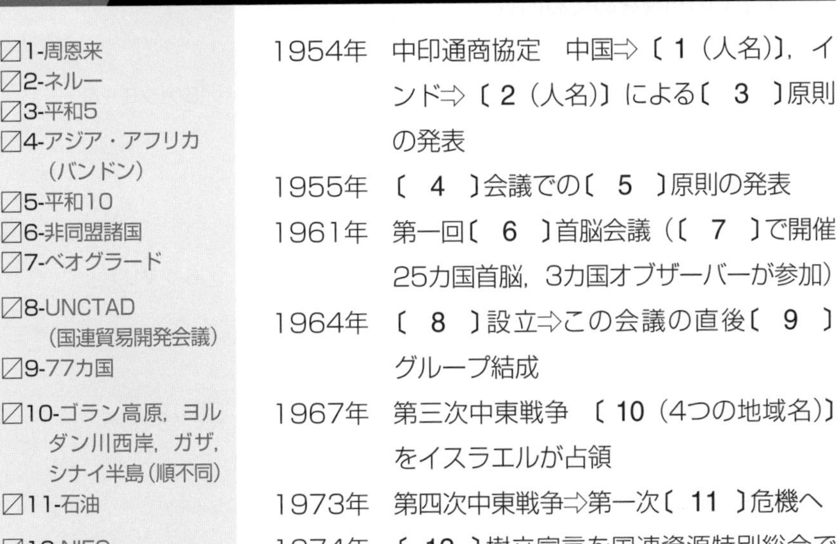

| 答え | 年 | 内容 |
|---|---|---|
| ☐1-周恩来<br>☐2-ネルー<br>☐3-平和5 | 1954年 | 中印通商協定　中国⇒〔1（人名）〕，インド⇒〔2（人名）〕による〔　3　〕原則の発表 |
| ☐4-アジア・アフリカ（バンドン）<br>☐5-平和10 | 1955年 | 〔　4　〕会議での〔　5　〕原則の発表 |
| ☐6-非同盟諸国<br>☐7-ベオグラード | 1961年 | 第一回〔　6　〕首脳会議（〔　7　〕で開催 25カ国首脳，3カ国オブザーバーが参加） |
| ☐8-UNCTAD（国連貿易開発会議）<br>☐9-77カ国 | 1964年 | 〔　8　〕設立⇒この会議の直後〔　9　〕グループ結成 |
| ☐10-ゴラン高原，ヨルダン川西岸，ガザ，シナイ半島（順不同） | 1967年 | 第三次中東戦争　〔10（4つの地域名）〕をイスラエルが占領 |
| ☐11-石油 | 1973年 | 第四次中東戦争⇒第一次〔 11 〕危機へ |
| ☐12-NIEO（新国際経済秩序） | 1974年 | 〔 12 〕樹立宣言を国連資源特別総会で採択 |

## 4. 重要「地域紛争」

1.〔　　　〕紛争

⇒トルコ系住民（北キプロス）と,ギリシャ系（南キプロス）住民の対立

2.〔　　　〕紛争

⇒聖地エルサレムの所有をめぐりユダヤ人とアラブ人が対立

3.〔　　　〕内戦　1994年

⇒ツチ（少数派）をフツ（多数派）が虐殺

4.〔　　　〕内戦　1991～2002

⇒ダイヤの利権をめぐる内戦

5.〔　　　〕紛争

⇒インドとパキスタンの対立

⇒1998年，両国は核実験を実施

6.〔　　　〕内戦　1992

⇒国連がPEUを派遣

7.〔　　　〕紛争

⇒スペインとフランスの間にあるバスクの分離独立を求める問題

8.〔　　　〕紛争

⇒カトリック（北アイルランド）とプロテスタント（イングランド）の対立

☐1-キプロス

☐2-パレスチナ

☐3-ルワンダ

☐4-シエラレオネ

☐5-カシミール

☐6-ソマリア

☐7-バスク

☐8-北アイルランド

⇨1998年和平合意，ヒュームとトリンブルが，ノーベル平和賞

☑9-コソボ

9.〔　　　〕紛争⇨旧ユーゴ領内の自治州の分離独立運動をセルビアが阻止

⇨1999年にNATOが安保理決議なしに空爆。

⇨2008年に独立を宣言した。

☑10-チェチェン

10.〔　　　〕紛争

⇨独立運動をロシアが阻止

☑11-クルド

11.〔　　　〕人問題

⇨トルコ，イラン，イラク，シリアなどに居住する少数民族への弾圧

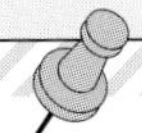

## スパッととける!! 正誤問題

check ☑ 世界における紛争や対立をめぐる1990年代以降の出来事についての記述として**誤っているもの**を，次の①～④のうちから一つ選べ。

① 1993年には，パレスチナ問題において，暫定自治の原則に関する合意が成立した。

② チェチェン問題では，独立を求めるチェチェン人勢力とイラク政府との間で和平協定が成立したが，その後，再び武力衝突が起こった。

③ コソボ紛争におけるNATO（北大西洋条約機構）軍の空爆をめぐって人道的介入の是非に関する議論が起こった。

④ 2000年には，大韓民国と朝鮮民主主義人民共和国との間で，最高首脳による初めての会談が開催された。（センター試験より）

正解は ②

**スパッと解説!!** まずは『爽快講義』p228～230の国際紛争の動向を読んでおこう。解説が重複しないように，ここではポイントだけを整理しますね。① についてはオスロ合意の内容なので正しいよね。② はイラクとの対立ではなくロシアとの対立が正しく，未だチェチェンの独立の見通しはついていない。よって誤り。③ は1999年3月にNATOが空爆を行ったが安保理決議を得ておらず，「人道的介入」という大義は議論を呼んだ。④ についてはそのまま正しく，韓国側の金大中は1998年に北朝鮮との融和政策（太陽政策）を発表し，2000年にノーベル平和賞を受賞している。

# 20 国際政治　総合問題①

爽快講義該当章 ▶ 政治分野　第6章

1回目 ／

2回目 ／

■ 次の文章を読み各問に答えよ。

1648年の〔　1　〕会議は世界初の国際会議として知られている。ここに国際社会が成立した。国際社会とは〔　2　〕国家のつながりあいを基礎とする社会をいう。〔　2　〕を初めて体系化した学者として有名なのが〔　3　〕である。

さて，国際社会における最大の問題は国際紛争である。国家は①国際法が破られたとき，この国際紛争という手段に出るかもしれない。これを未然に防止するために安全保障体制が必要となる。この安全保障には二つの形があるといわれる。まず〔　4　〕方式と呼ばれる制度である。これは互いの軍事的レベルを同一にすることで未然に紛争を防止するもので，19世紀末ごろから採用された。しかし軍拡競争になるなどの問題点もあり〔　5　〕を防止することができなかった。この反省から〔　6　〕体制という方法が用いられることになる。これは敵対国も含めてある条約を批准し，〔　7　〕自衛権を基礎として集団制裁をとるものである。

この理論に基づいて〔　8　〕年に②国際連盟が設立された。ただし国際連盟は多くの欠陥があったため，〔　9　〕を防ぐことができず，その反省から〔 10 〕年に③国際連合が設立されることになる。この国際連合は，④総会，安全保障理事会などの六つの主要機関からなり，それぞれが国際政治における重要な役割を

**Answer**

- ☐1-ウェストファリア
- ☐2-主権
- ☐3-ボーダン（ボダン）
- ☐4-勢力均衡
- ☐5-第一次世界大戦
- ☐6-集団安全保障
- ☐7-集団的
- ☐8-1920
- ☐9-第二次世界大戦
- ☐10-1945

担っている。

とりわけ安全保障理事会は国際紛争解決のために〔 11 〕を組織する権限を与えられており，国際連合のなかでも重要な地位にあるといってよい。安全保障理事会は5カ国の常任理事国と，10カ国の任期〔 12 〕年の非常任理事国からなり，〔 11 〕の組織などの重要事項については5大国の〔 13 〕を認めている。ただし，〔 13 〕の発動により機能不全に陥ることもしばしばあった。例えば〔 14 〕年の〔 15 〕の際，米ソ両国間が激しく対立したため，こうした事態を招いた。これを受けて同年国連は特別総会を招集し，〔 16 〕を採択。これにより，加盟国の過半数の要請，または安全保障理事会の9理事国以上の賛成で〔 17 〕を開催し，紛争解決のための具体的な強制措置を勧告できるようになった。

☑11-国連軍
☑12-2
☑13-拒否権
☑14-1950
☑15-朝鮮戦争
☑16-平和のための結集決議
☑17-緊急特別総会

check☑ **問 1** 文章中の空欄に適当な語句・数字を入れよ。

問1（各空欄付近に表示）

check☑ **問 2** 下線部①について，国際法の父と呼ばれる人名と主著を一つ書け。

問2 グロティウス，『戦争と平和の法』または『海洋自由論』

check☑ **問 3** 下線部②について，この組織の三つの欠陥は何か。

問3 米ソの不参加，経済制裁のみで軍事制裁なし，議決が全会一致制（順不同）

check 問 4 下線部③について，正しいものをすべて番号で答えよ。すべてが誤りの場合は5を記せ。

1 ダンバートン・オークス会議で国連憲章が採択された。
2 原加盟国は52カ国である。
3 この組織での国連軍はかつて3回組織されている。
4 事務総長の任期は4年である。

問4 5
（1はダンバートン・オークス会議ではなくサンフランシスコ会議の誤り。2は51の誤り。3は一度も組織されたことはない。4は4年ではなく5年が正しい。）

check 問 5 下線部④について，他の四つの機関を答えよ。

問5 経済社会理事会，信託統治理事会，国際司法裁判所，事務局（順不同）
（「人権理事会」は2006年に国連総会決議により設置された総会の下部機関。従来の「国連人権委員会」に代わる組織。）

check 問 6 1992年わが国ではPKO協力法が可決されたが，その最初の派遣先を答えよ。

問6 カンボジア

check 問 7 2011年に新たに国連に加盟した国家を答えよ。

問7 南スーダン共和国

check 問 8 国連憲章第53，77，107条の差別的な条項を何というか。

問8 旧敵国条項（敵国条項でも可）

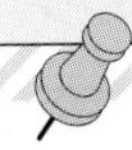

## スパッととける!! 正誤問題

check
☐ 軍縮に関する記述として**適当でないもの**を，次の①～④のうちから一つ選べ。

① PTBTが結ばれた背景には，米ソが核戦争寸前の事態に陥ったキューバ危機をきっかけに，平和共存の気運が高まったことがある。

② NPTに加盟する非核保有国は，核兵器の保有を禁じられ，国際原子力機関（IAEA）の査察を受ける義務を負っている。

③ CTBTは，核実験の禁止を目的としており，核爆発を伴わない未臨界実験もその対象としている。

④ CTBTの採択時にNPTに加入していなかったインドとパキスタンは，CTBTにも反対し，同条約の採択後に核実験を実施した。 （センター試験より）

正解は ③

**スパッと解説!!** PTBTは部分的核実験禁止条約と呼ばれ，1963年に調印された。これは地下核実験以外の「大気圏内・海中・宇宙空間」での核実験を禁止している。CTBTは1996年に採択されたものの，未だ発効はしていない。両者共に臨界前核実験については禁止していない。④のインド，パキスタンは1998年に核実験を強行した。また2019年12月現在，北朝鮮が6回の核実験を行っている。

check
☐ 核兵器に関する条約についての記述として**誤っているもの**を，次の①～④のうちから一つ選べ。

① 部分的核実験禁止条約では，大気圏内核実験や地下核実験が禁止された。

② 包括的核実験禁止条約は，核保有国を含む一部の国が批准せず未発効である。

③ 核拡散防止条約によれば，核保有が認められる国は5か国に限定されることとなる。

④ 第一次戦略兵器削減条約では，戦略核弾頭の削減が定められた。

（共通テストより）

正解は ①

**スパッと解説!!** 部分的核実験禁止条約（1963年）では，「地下核実験」は禁止していない。ちなみに，包括的核実験禁止条約は1996年に採択された。核拡散防止条約は1968年に採択された。第一次戦略兵器削減条約は1991年に米ソで署名された。

# 21 爽快講義該当章 ▶ 政治分野 第6章

1回目 ／

2回目 ／

# 国際政治　総合問題②

■ 次の文章を読み各問に答えよ。

1930年代に始まる〔　1　〕は，1929年の米国ニューヨークの〔　2　〕街から始まった。全世界での失業者は2000万人に上った。この失業は後にケインズにより，自ら望まない失業「非自発的失業」と表現された。こうした社会状況の変化はこれまでの国家観を大きく変えたといっても過言ではない。18世紀以降の国家観は①〔　3　〕と呼ばれ，国家の役割は司法や外交などに限定されていた。できるだけ国家の介入を避けようとした国家観である。もちろん権利も〔　4　〕が主張され徹底的な国家の介入の排除こそが18世紀の大きな価値観だったことも言うまでもない。しかし19世紀以降②労働運動が勃発。こうして一部のブルジョア階級のみに限定されていた〔　5　〕は労働者階級にも拡大していく。

そして，その〔　1　〕により国家の役割は格段と広がった。なぜならば国家が作為しなければ自由を手にできない人々が溢れたのだから。そして，③国家の作為･介入を求める〔　6　〕という権利が主張され，国家観も〔　7　〕へと変容していった。また，経済政策も国家が主導して行うようになる。とりわけ，米国の〔　8　〕大統領による〔　9　〕政策は有名であろう。

しかし，この〔　1　〕は，国家構造の変化にとどまらず，ナショナリズムの台頭による第二次世界大戦へと拡大していった。

**Answer**

☑1-世界恐慌
☑2-ウォール
☑3-夜警国家
☑4-自由権
☑5-参政権
☑6-社会権
☑7-福祉国家
☑8-F.ローズベルト
☑9-ニューディール

実は，この〔　1　〕に伴い世界各国はブロック経済の形成や，為替ダンピングを行い，自国の経済を保護していった。また新たな生産地を求めて植民地を開拓しようと，日本やドイツなどは侵略戦争を行った。またこの状況を欧米はすかさず批判し，1939年のドイツの〔　10　〕侵攻を契機にして第二次世界大戦が勃発したのである。ただし一方で，この戦争により各国は，経済が好景気に傾いたのは言うまでもない。

☐10-ポーランド

1945年8月6日・9日，④広島・長崎に二つの原子爆弾が投下された。

このようにして第二次世界大戦は終結。しかし,ファシズムという共通の敵を失った米ソ両国は，その後の国際政治での主導権を争い，〔　11　〕という新たな緊張が作り出されていった。

☐11-冷戦

戦後の国際秩序を巡る，1945年2月の〔　12　〕会談，そして7月に行われた，ドイツ分割や対日方針を決定したポツダム会談において両者は激しく対立した。

☐12-ヤルタ

1946年．イギリスの元首相〔　13　〕の〔　14　〕演説により東西冷戦の歴史は始まった。1947年には，米国大統領〔　15　〕が〔　15　〕・ドクトリンを発表し，世界が自由主義と，その敵とに二分されていると演説。米国はすぐさまギリシャとトルコに経済援助を決めた。とりわけ1949年に西側諸国によって設立された〔　16　〕と，1955年に東側諸国によって設立された〔　17　〕の軍事的対立は，両者がある国を支援することで行われる代理戦争，核拡散，軍拡へとエスカレートし，世界を脅威の緊張の渦へと巻き込んでいった。こうして米ソ両国の対立が明確化した1940年代の後，1950年代は少しずつ両者が歩み寄る〔　18　〕

☐13-チャーチル
☐14-鉄のカーテン
（フルトンでも可）
☐15-トルーマン
☐16-NATO
（北大西洋条約機構）
☐17-WTO
（ワルシャワ条約機構）
☐18-雪解け

と呼ばれる緊張緩和の時期に入る。

1953年には〔 19 〕の休戦協定が結ばれた。さらに1954年には〔 20 〕の休戦協定が結ばれた。こうして1955年には〔 21 〕会談が開催され，米・ソ・英・仏の首脳が参加した。まさしく〔 18 〕を世界に印象付けた。

そして，1959年には〔 22 〕会談が行われ一旦は緊張緩和に向かう。この会談の米国大統領は〔 23 〕，ソ連書記長は〔 24 〕である。〔 23 〕は退任演説の際にこう言った。「米国の⑤軍産複合体が自由を危機にさらしてはならない」と。この緊張緩和の流れは，1961年，史上最年少で米国大統領となった，〔 25 〕に受け継がれていくことになる。〔 25 〕は，平和への理想を高く掲げた。

「我々が望む平和とは，アメリカの力による平和ではない。」この彼の理想は全人類が今もって止まない恒久の理想であろう。

しかし，この年，〔 26 〕では社会主義革命が成功し，米国の隣に社会主義国ができた年でもあった。1962年には，ソ連が〔 26 〕にミサイルを搬入する〔 26 〕危機が勃発。〔 25 〕はこれを〔 26 〕不侵攻の約束と引き換えに回避。核戦争という最大の危機は免れた。翌1963年8月には〔 27 〕が米英ソの三国で調印された。こうして平和への階段を着実に歩み続けたかに見えた，米国や世界にとって悲劇が襲ったのだ。

1963年11月22日，テキサス州ダラスにて，〔 25 〕が暗殺された。この後，副大統領である〔 28 〕が大統領に昇格する。しかし，〔 28 〕政権の下で1964年，〔 29 〕事件が勃発。北ベトナムか

☑19-朝鮮戦争
☑20-インドシナ戦争
☑21-ジュネーブ4巨頭
☑22-米ソ首脳
☑23-アイゼンハワー
☑24-フルシチョフ
☑25-ケネディ
☑26-キューバ
☑27-PTBT（部分的核実験禁止条約）
☑28-ジョンソン
☑29-トンキン湾

ら攻撃を受けたとするこの事件を口実に，米国は1965年から本格的な北爆を開始した。これがいわゆる〔 30 〕戦争である。1970年の米国上院外交委員会の報告によれば，この〔 29 〕事件は，米国のでっち上げであることが判明した。この〔 30 〕戦争は「正義なき戦争」と呼ばれ，アメリカ自身の虚偽と欺瞞に満ちた政治的姿勢が問い直される結果となった。この間，1968年4月に〔 31 〕，6月にはカリフォルニアの大統領予備選挙に勝利したロバート・ケネディなど，この動きに抵抗した人々が次々と暗殺されていく。人々は「正義なき時代」を嘆き，真実と自由を求め，学生達はシカゴ暴動などで国家権力と闘っていったのである。

☐30-ベトナム

☐31-キング牧師

この「正義なき戦争」は1973年に米国が撤退。1975年にはサイゴンが陥落し，米国は敗北。〔 30 〕は民族統一を果たした。この〔 30 〕と米国との国交正常化は1995年に行われたのだった。一方でこの戦争はメディアが生々しい戦場を伝えたことにより，反戦の声が拡大し終結したとの見方もある。実に毎日戦場を目にした人々は，当然ながら反戦へと傾いていった。つまりこの戦争は「テレビに始まりテレビに終わった戦争」ということができる。

さて，この戦争の結果米国は財政赤字を抱えた。こうして1970年代は，米ソ両国は財政上の都合から軍縮交渉を始めていくことになる。

一方で，1960年代は「多極化」という時代に突入していく。1966年にはフランスが〔 16 〕の軍事部門から脱退。また，1968年にはチェコスロバキアでドプチェクが「人の顔した社会主義」を標榜し，「〔 32 〕」と呼ばれる民主化運動を行っていく（後

☐32-プラハの春

にソ連軍などが制圧)。また1960年はアフリカの17カ国が国連に加盟し独立を果たすなど，AA地域も台頭してきた。とりわけ1969年からのいわゆるダマンスキー島事件では，中国とソ連が対立し，この結果1972年に米国大統領〔 33 〕が訪中。1979年には米中国交正常化を実現した。これに伴い日本も，1972年，時の首相〔 34 〕と，中国の首相〔 35 〕との間で〔 36 〕を調印。日中国交正常化を実現した。

1970年代後半になると，再び米ソ間が緊張していく。〔 37 〕年，ソ連が〔 38 〕に侵攻することで両者の緊張はよりいっそう深いものとなる。またこの年は〔 39 〕で〔 39 〕革命が勃発し，中東に反米政権が樹立された。これに伴い原油価格が高騰，第〔 40 〕次〔 41 〕危機が発生した。

しかし〔 42 〕年，ソ連書記長に〔 43 〕が就任することで一気に動きは逆転する。〔 43 〕は東西冷戦にとらわれない新思考外交や，〔 44 〕による市場経済の導入や情報公開などを積極的に行った。〔 45 〕年には地中海の〔 46 〕島で〔 46 〕会談が行われ，東西冷戦は終結した。

東西冷戦終結後，世界は平和になったかに見えた。しかしそれは偶像でしかなかった。相次ぐ民族紛争，宗教の対立はよりいっそう国際政治を複雑にし，ポスト冷戦と呼ばれる時代が到来したのである。確かに1945年以降の国際社会は，東西冷戦という大きな力によって動いていた。だが現在は「グローバリズム」に対する「反グローバリズム」運動や「テロリズム」という新しい問題が出現している。そしてこれらの背景には，貧困問題やそれを受け入れたがための大きな格差問題が指摘されている。またテロを実行したと

☑33-ニクソン
☑34-田中角栄
☑35-周恩来
☑36-日中共同声明
☑37-1979
☑38-アフガニスタン
☑39-イラン
☑40-2
☑41-石油
☑42-1985
☑43-ゴルバチョフ
☑44-ペレストロイカ
☑45-1989
☑46-マルタ

☐47-アルカイダ

目される〔 47 〕などのトランスナショナルなネットワークによる攻撃であることが新しい。この意味で「国家」対「国家」という領域はもはや意味を持たず，その領域を特定し攻撃するアメリカ主導の戦争は事態を益々悪化させかねない。

2001年9月11日。それは起こった。イスラム原理主義組織〔 47 〕による，ニューヨーク世界貿易センタービルへの自爆テロである。この指導者である〔 48 〕がブッシュ政権により首謀者とされ，10月アメリカは同氏をかくまっているとされるアフガニスタンの〔 49 〕政権への空爆を開始。12月にはカルザイを議長とする新政権が発足した。

☐48-オサマ·ビン·ラディン

☐49-タリバン

2003年3月には，米国は〔 50 〕に侵攻。4月9日には〔 50 〕の首都バクダットは陥落した。この〔 50 〕戦争を歴史的に考えてみると，実に不可解なことが多い。もともと，米国は〔 37 〕年の〔 39 〕革命の際，〔 39 〕を封じ込めるという名目で，〔 50 〕を軍事的に支援していた。こうして1980年には〔 39 〕·〔 50 〕戦争が勃発。1988年には〔 50 〕の勝利で幕を閉じた。しかしこの段階で⑥〔 50 〕は中東一の軍事大国になっていた。そして1990年，〔 50 〕は〔 51 〕に侵攻。同年国連は「〔 50 〕の即時無条件の〔 51 〕からの退去」と「これがなされない場合，必要なあらゆる手段(軍事制裁)」を決議した。こうして1991年1月には〔 52 〕軍が組織され，〔 53 〕戦争が勃発したのである。実はここにもメディア操作が顕在した。〔 51 〕から命からがら逃げてきたという少女の証言は，いつしか米国内の反戦の声をかき消した。また，〔 50 〕がペルシャ湾に大量の原油を流して起こったとする「油まみれに

☐50-イラク

☐51-クウェート

☐52-多国籍

☐53-湾岸

なった海鳥」の映像は，〔 53 〕戦争の以前に撮影されていたものであり，全く関係のないことが後日明らかになった。

そして2003年3月，〔 50 〕に「⑦大量破壊兵器が存在する」との名目で米国は〔 50 〕を攻撃した。日本政府は即日この戦争を支持した。だが，今日現在それは発見されていない。言い換えれば「正義なき戦争」ではあるまいか。

更に同年，イラクの「人道復興支援」を目的視する〔 54 〕法を制定し，2004年1月には陸上自衛隊を〔 50 〕の〔 55 〕に派遣した。この法律での活動範囲は〔 56 〕に限定されているが，果たしてイラク国内が〔 56 〕なのか，疑問の声も聞かれた。

☐54-イラク人道復興支援特別措置
☐55-サマワ
☐56-非戦闘地域

一方で，イラク戦争後のイラクは内戦が泥沼化している。また2011年初めの〔 57 〕の〔 58 〕革命を発端に，アラブ16カ国に拡大した民主化運動である「〔 59 〕」であるが，〔 60 〕では現在も内戦などが泥沼化し，UNHCRの発表によれば，2022年末時点の難民と国内避難民の合計は〔 61 5950／1億840 〕万人を超えている。また2021年末時点の難民発生国1位は〔 60 〕で〔 62 388／650 〕万人が住む場所を奪われている。こうした中，イラクの北部からシリアの南部にかけて，IS（日本語名「〔 63 〕」）などのイスラム過激派がテロ活動を行い，益々内戦は泥沼化している。

☐57-チュニジア
☐58-ジャスミン
☐59-アラブの春
☐60-シリア
☐61-1億840万人（ちなみに，5950万人は2014年末時点）
☐62-650（ちなみに，388万人は2014年末時点）
☐63-イスラム国

対して，〔 58 〕革命が起こった〔 57 〕では，〔 58 〕革命後の混乱の中，国民対話運動による政治的コンセンサスを模索する動きが見られた。2013年頃より活動したこの団体は，〔 64 〕と呼ばれ，2015年にノーベル平和賞を受賞した。

☐64-国民対話カルテット

⑧武力と対話。両者ともに，政治の手段として対極をなすものである。

check 問1 文章中の空欄に適当な語句・数字を入れよ。また／がある場合は適当なものを選択せよ。

問1 （各空欄付近に表示）

check 問2 下線部①について，この国家観を名づけたのは誰か。

問2 ラッサール

check 問3 下線部②について，1838年から1848年に英国で起こった最も著名な運動を答えよ。

問3 チャーチスト運動

check 問4 下線部③について，この権利をいち早く明記した憲法を答えよ。

問4 ワイマール憲法

check 問5 下線部④について，この計画名を何というか。

問5 マンハッタン計画

check 問6 下線部⑤について，この意味を簡潔に書け。

問6 軍需産業にたよる経済・政治の構造
※このようなことが書いてあればOK

check 問7 下線部⑥に関連して，当時の政権政党とその大統領（2006年12月に死刑が施行された）を答えよ。

問7 バース党(バアス党)，フセイン

問 8 下線部⑦について，この説明として適当なものを一つ選べ。

1．日本は現在，地域的非核化条約には加入していない。
2．トラテロルコ条約（ラテンアメリカ及びカリブ核兵器禁止条約）は発効していない。
3．ペリンダバ条約（アフリカ非核兵器地帯条約）は発効していない。
4．バンコク条約（東南アジア非核兵器地帯条約）は発効していない。

問8 1
（2は，1968年に発効済み。3は2009年に発効済み。4は1997年に発効済み。）

## スパッととける!! 正誤問題

国連憲章に関連する記述として正しいものを，次の①～④のうちから一つ選べ。

① 国連事務総長は，安全保障理事会常任理事国の代表から選ぶと規定されている。
② PKO（平和維持活動）についてはその根拠となる明確な規定はないが，国連の活動として定着している。
③ 加盟国はたとえ自衛のためにであれ武力を行使することを禁じられると規定されている。
④ 集団安全保障の方式を採用しており，加盟国には，友好国と同盟関係を結び，対立関係にある諸国との間で軍事的均衡を保つ義務がある。（センター試験より）

正解は ②

**スパッと解説!!** ① 国連の事務総長は中立性を守る観点から，大国ではなく小国からの選出が慣例になっている。② については国連憲章上の規定はなく，国連憲章第６章の「平和的解決」と第７章の「強制措置」の「6章半的活動」と慣例的に位置づけられています。③ は国連憲章第51条に加盟国の自衛権行使は，安保理への速やかな報告を条件に認められています。④ については，すべての国と友好的関係に立つことが前提です。

問9　4
（ポイントは交渉を「協力」，攻撃を「非協力」として考えること。1と2と3について。正しくは，お互いに話し合うことができず，XとY自身だけにとって，利益の最大化をはかる（自国にとって犠牲の最も少ない選択）とすれば，攻撃（非協力）をお互いが選択するはずであるから，お互いに損害は7万となる。）

check 問9 下線部⑧について，2つの国（XとY）に，安全保障政策について，「攻撃」もしくは「交渉」を選んだ際の結果が示されている。このような状況下で，2つの国はどのような態度をとるだろうか（数は自国の損害の規模の単位）。

| | | X | |
|---|---|---|---|
| | 態度 | 交渉 | 攻撃 |
| Y | 交渉 | X…3万，　Y…3万 | X…1万，Y…10万 |
| | 攻撃 | X…10万，Y…1万 | X…7万，Y…7万 |

1．お互いに話し合うことができず，XとY自身にとって，利益の最大化をはかるとすれば，お互いに損害は3万となる。
2．お互いに話し合うことができず，XとY自身にとって，利益の最大化をはかるとすれば，お互いに損害は1万となる。
3．お互いに話し合うことができず，XとY自身にとって，利益の最大化をはかるとすれば，お互いに損害は10万となる。
4．お互いに話し合うことができず，XとY自身にとって，利益の最大化をはかるとすれば，お互いに損害は7万となる。

## オリジナル 共通テスト直前注意 重要正誤問題

check 問1 国際裁判に関する説明として**誤っているもの**を，次の1～4のうちから一つ選べ。

1. 国際司法裁判所は，国家を裁く，国際連合の機関の裁判所であり，当事国双方の同意により裁判が開始される。
2. 国際司法裁判所は，法的拘束力のない，勧告的意見を出すことがあり，過去には核兵器の使用は国際法に反するとした勧告的意見がある。
3. 国際刑事裁判所は，個人を裁く常設の国際裁判所であり，国連の機関として，ジェノサイドに対する罪などを裁く。
4. 国際刑事裁判所は，判事を地域毎に合計18名選出し，二審制で裁判が行われ，最高刑は死刑ではなく終身刑である。

問1 3
（正しくは国連の機関ではなく，「国際刑事裁判所設立条約（ローマ規程）」によって2003年に設立された。なお，本部は国際司法裁判所と同じく，オランダのハーグにある。）

check 問2 冷戦とその後に関する説明として**誤っているもの**を，次の1～4のうちから一つ選べ。

1. 米ソの間でINF（中距離核戦力）全廃条約が締結され，その後冷戦終結へと向かった。
2. マルタ会談が開催され，米ソ冷戦は終結した。
3. 東西ドイツは統一後にベルリンの壁が崩壊し，統一ドイツはNATOに加盟した。
4. ソ連は崩壊し，かつてより緩やかなCIS（独立国家共同体）へと移行した。

問2 3
（正しくは，「ベルリンの壁崩壊（1989年11月）」→「東西ドイツ統一（1990年）」である。）

2019年8月：
アメリカのINF全廃条約の脱退を受けて，同条約は失効した。

☑問3 核軍縮に関する説明として最も適切なものを，次の1～4のうちから一つ選べ。

1. PTBT（部分的核実験禁止条約）は，地下核実験と未臨界核実験を禁止した。
2. NPT（核拡散防止条約）の加盟国は，IAEA（国際原子力機関）の査察を受け入れることになっている。
3. カットオフ条約（兵器用核分裂物質生産禁止条約）は，オバマ大統領のプラハ演説により発効した。
4. CTBT（包括的核実験禁止条約）は，オバマ大統領のプラハ演説以降，アメリカの批准により発効した。

問3 2
（1は，正しくは，地下核実験と未臨界核実験を除く核実験を禁止した。3は，正しくは，未発効。4は，2009年に，オバマ大統領のプラハ演説は「核兵器なき世界」を目指すとしたが，CTBTは未だ未発効である。）

☑問4 PKO（国連平和維持活動）に関する説明として最も適切なものを，次の1～4のうちから一つ選べ。

1. PKOは，国連憲章に明記された強制措置の一部である。
2. PKOは，冷戦崩壊後，米ソの協力関係によって展開された監視活動である。
3. 日本のPKOは，総会の決定により，各国が任意で参加を決定する。
4. 日本のPKOは，停戦中立活動のみならず，難民支援や駆けつけ警護にも従事可能である。

問4 4
（1は，明記はない。2は，冷戦崩壊後，活動が増えたことは確かだが，1948年のパレスチナ停戦監視団や，1956年のスエズ緊急軍（初のPKF）などがある。3は，正しくは，総会ではなく「安全保障理事会」である。）

check 問 5 戦後日本外交の歩みに関する記述として，最も適切なものを，次の1～4のうちから一つ選べ。

1．サンフランシスコ講和条約において，連合国は日本に対する賠償を部分的に請求した。
2．日ソ共同宣言において，北方四島は，日本固有の領土として両政府は合意した。
3．日韓基本条約において，竹島の帰属については，両政府は明記しなかった。
4．日中平和友好条約において，中国は日本への賠償請求権を放棄した。

問5 3
（1は，正しくは，連合国は日本に対する賠償を放棄した。2は，正しくは，北方四島の一部（歯舞群島と色丹島）を平和条約締結後に返還するとした。4は，正しくは，日中共同声明。）

# 第2章

# 経済編

Economic field

01 爽快講義該当章▶経済分野 第1章

1回目 ／

2回目 ／

# 経 済 史

問1 次の文章の空欄に適当な語句を入れ，各問に答えよ。

人間社会の経済体制は，原始時代から現代まで様々に変化をしてきた。

原始は自給自足を中心とした〔 1 〕であり，貨幣には〔 2 〕が用いられた。古代になると奴隷制へと移行し，この段階において人類史上初の〔 3 〕が発生したことになる。中世になると，古代の自由民と奴隷という支配・被支配関係は，領主と①農奴という関係へと移行する。特に中世は農業中心の経済であった。

しかし，イギリスでは16世紀から農業・農村は大きく変貌した。農奴たちは，領主からの〔 4 〕に遭い，一部は〔 5 〕に，多くは都市労働者になり，16世紀に始まる〔 6 〕資本主義を支えていくことになる。この資本主義の初期段階の生産形態は，〔 7 〕であったが，後期からは分業制を軸とした〔 8 〕へと移行し，生産性が向上した。

時は18世紀後半，ジェームス・ワットが蒸気機関を改良したことによりイギリスにおいて〔 9 〕が始まる。こうして②大量生産・消費により③〔 10 〕資本主義へと発展した。このときの国家観は〔 11 〕である。

しかし，19世紀に入ると一部の金融資本家が企

**Answer**

問1

1-共産制（共同社会）

2-物品貨幣

3-階級

4-エンクロージャー（囲い込み運動）

5-ヨーマン（独立自営農民）

6-商業

7-問屋制家内工業

8-工場制手工業（マニュファクチュア）

9-産業革命

10-産業

11-夜警国家

□12-資本の集中・集積

□13-独占（金融）

□14-世界恐慌

□15-ニューディール政策

□16-有効需要

業集団を形成し，富が公平に配分されない〔 12 〕による貧富格差が拡大する。このときの資本主義を〔 13 〕資本主義と呼ぶ。

時は1929年．ウォール街の株価大暴落に始まる〔 14 〕は，とりわけアメリカ経済に深刻な状況をもたらした。また失業者の数はどんどんと加速していった。こうした中，当時の大統領F.ローズベルトは〔 15 〕を実施していった。

こうして現在の資本主義は，政府が一部経済に介入し，〔 16 〕の創出を政府が行うという，④修正資本主義へと変容したのだった。

問2 奴隷はものを言う道具とされ人格権が否定されていたのに対して，農奴は人格権が認められていたため，一定の労働報酬を保有できたし，婚姻もできた。

check□ **問 2** 下線部①について，農奴と奴隷の相違を書け。

問3 工場制機械工業

check□ **問 3** 下線部②について，このときの生産形態を何というか。

問4 アダム・スミス

check□ **問 4** 下線部③について，この時代「自由放任主義」を唱えた学者は誰か。

問5 ケインズ，『雇用・利子及び貨幣の一般理論』

check□ **問 5** 下線部④について，これを唱えた学者名と著書を答えよ。

02 爽快講義該当章▶経済分野 第1・2章

1回目 ／

2回目 ／

# 資本主義と市場経済

check ／ **問 1** 次の空欄に適当な語句を入れ，図を完成させよ。

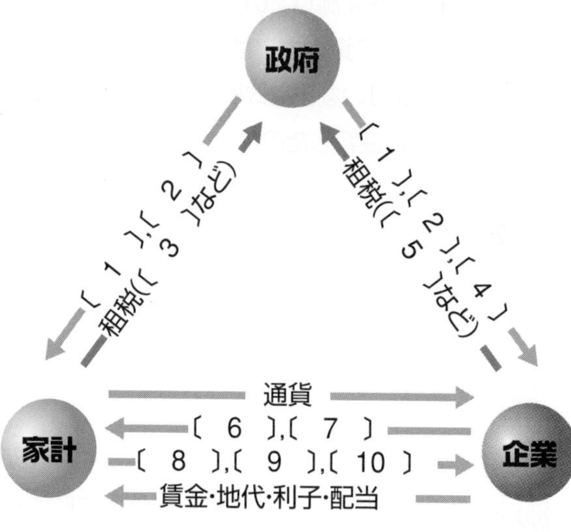


check ／ **問 2** 次の文章の空欄に適当な語句を入れ，各問に答えよ。

20世紀まで，経済体制は主として三つの大きな形を経験してきたと言うことができる。

まず，18世紀後半に始まる〔 1 〕により，生産手段を所有する〔 2 〕と，労働力を商品とする〔 3 〕によって構成される〔 4 〕が飛躍的に発展した。

このときの政府の理想は，なるべくならば市場に政府が介入しないほうが良いとされていた。こ

**Answer**

問1
／1-公共財
／2-公共サービス
（1と2は順不同）
／3-所得税
／4-補助金
／5-法人税
／6-財
／7-サービス
（6と7は順不同）
／8-労働力
／9-土地
／10-資本
（8, 9, 10は順不同）

問2
／1-産業革命
／2-資本家
／3-労働者
／4-産業資本主義

☐5-アダム・スミス
☐6-自由放任
☐7-夜警国家
☐8-マルクス
☐9-社会主義（社会主義経済）
☐10-世界恐慌
☐11-F.ローズヴェルト
☐12-ニューディール政策
☐13-ケインズ
☐14-有効需要
☐15-修正資本主義

の考え方を，古典派経済学の父である〔 5 〕がその著書①『国富論』の中で〔 6 〕主義と呼んだことは有名である。一方でドイツのラッサールはこの国家観を〔 7 〕として皮肉った。

時は19世紀。この〔 4 〕は猛烈な勢いで発展していく。その半面で貧しきものたちはますます貧しくなる。この状況を憂いた②〔 8 〕は，政府が計画経済により経済に介入して貧富の差をなくそうと考えた。この経済体制を〔 9 〕と呼ぶ。

一方で〔 4 〕の側も変化を余儀なくされていた。そう1929年のウォール街の株価大暴落に始まる〔 10 〕の到来である。このとき当時のアメリカには大量の失業者があふれていた。

こうした状況の中で，アメリカ大統領の〔 11 〕が③〔 12 〕を実行した。イギリスの経済学者〔 13 〕は，政府が経済に介入し，人びとの購買力をつけるために，公共投資などを通して〔 14 〕を創出するという，〔 15 〕のモデルを提唱，理論化した。

問3 諸国民の富

check ☐ **問 3** 下線部①の別名を答えよ。

問4『資本論』など

check ☐ **問 4** 下線部②について，この人物の著書を書け。

問5 テネシー渓谷開発公社，農業調整法，全国産業復興法，ワグナー法（全国労働関係法），社会保障法（順不同）

check ☐ **問 5** 下線部③について，このときの五つの政策をすべて日本語で書け。

# 03 爽快講義該当章 ▶ 経済分野 第1・2章

1回目 ／

2回目 ／

# 市場メカニズム①

☐問 1 次の文章の空欄に適当な語句を入れよ。また／がある場合は適当なものを一つ選べ。

市場において価格は，その商品の取引量をはかる上で重要な指標となっている。市場において価格は，需要と供給のバランスで決定される。この価格のことを〔 1 〕と呼んでいる。

例えば，チューインガムの価格を例にとりながら〔 1 〕がどのように推移するのか考えていう。ある日この価格が「150円」に設定されたとする。このとき需要は〔 2 減少／増加 〕する。一方供給量は〔 3 減少／増加 〕すると考えられるので，〔 4 〕が発生している。そこで企業は価格を「100円」に設定する。このとき需要は〔 5 減少／増加 〕し，供給は〔 6 減少／増加 〕するので，〔 7 〕が発生している。こうして企業は「120円」という価格を設定する。すると需要と供給は一致し，〔 8 〕が実現する。このときの価格を〔 9 〕とも呼ぶ。

このように市場において価格は，〔 9 〕に導かれる。これを〔 10 〕と呼び，18世紀の古典派経済学の父〔 11 〕は，「〔 12 〕」と表現した。

**Answer**

問1

☐1-市場価格

☐2-減少

☐3-増加

☐4-超過供給

☐5-増加

☐6-減少

☐7-超過需要

☐8-資源の最適配分

☐9-均衡価格

☐10-価格の自動調整作用

☐11-アダム・スミス

☐12-見えざる手

問2

☐1-需要
☐2-増加
☐3-上昇
☐4-供給
☐5-増加
☐6-下落
☐7-均衡

問3

☐1-寡占
☐2-下方硬直
☐3-プライスリーダー（価格先導）
☐4-依存
☐5-デモンストレーション
☐6-シャーマン（反トラスト）
☐7-独占禁止
☐8-財閥
☐9-独占禁止
☐10-公正取引委員会

問4 市場の失敗

問5 カルテル

check ☐ **問 2** 次の空欄に適当な語句を入れよ。

ある日，米不足により，パンの〔 1 〕が〔 2 〕した。このとき一時的に価格は〔 3 〕する。そこで企業は〔 4 〕を〔 5 〕させるから，価格は〔 6 〕する。こうして価格は〔 7 〕価格へと推移していく。

check ☐ **問 3** 次の空欄に適当な語句を入れよ。

市場が完全競争市場でなくなった場合，すなわち数社の企業により市場が支配された〔 1 〕市場などを不完全競争市場という。この場合価格は〔 2 〕化し，均衡価格ではなく，市場占有率の高い企業が価格を先導する〔 3 〕制となる。また消費者側も企業の広告活動に消費行動が左右される〔 4 〕効果や，他者の消費行動に同調する〔 5 〕効果という心理状態に陥る。このように不完全競争市場では市場原理が働きにくいという問題点がある。1890年にはアメリカで〔 6 〕法が制定され，いち早く〔 7 〕政策がとられた。わが国でも，1947年にGHQの三大経済民主化政策の一環として〔 8 〕解体が実施される中，1947年に〔 9 〕法が制定され，その運用機関として〔 10 〕が設置された。

check ☐ **問 4** 市場メカニズムが働かなかったり，市場そのものが成立しないことを一般に何というか。

check ☐ **問 5** 企業が価格協定などを結び，企業連携をとることをカタカナで何というか。

☐ **問 6** 1997年に独占禁止法が改正されたが，この主たる内容は何か。

問6 純粋持株会社の解禁

☐ **問 7** 日本の会社企業について以下空欄を埋めよ。
4つの会社企業，【合名，合資，合同，株式】

| 会社名 | 責任社員 | 資本金 |
|---|---|---|
| 合名会社 | 1名以上の<br>〔 1 〕責任社員 | 規制なし |
| 合資会社 | 〔 2 〕責任社員と<br>〔 3 〕責任社員を<br>1名以上 | 規制なし |
| 合同会社 | 1名以上の<br>〔 4 〕責任社員 | 規制なし |
| 株式会社 | 1名以上の<br>有限責任〔 5 〕<br>⇒『爽快講義』p.262で確認 | 規制なし |

問7

☐1-無限
☐2-有限
☐3-無限
（2と3は順不同）
☐4-有限
☐5-株主

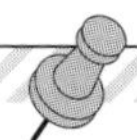

## スパッととける!! 正誤問題

☐ 不完全市場についての記述として**適当でないもの**を，次の①～④のうちから一つ選べ。

① 価格競争よりも，デザインや宣伝などの非価格競争が重視されるようになることがある。
② 技術の進歩や生産の合理化などによって生産費が下落しても，価格が下がりにくくなる。
③ 企業の市場占有率（マーケット・シェア）が流動的で，市場占有率第一位の企業が頻繁に変わりやすくなる。
④ 有力な企業がプライス・リーダー（価格先導者）として価格を決定し，他の企業がそれに従うことがある。

（センター試験より）

正解は ③

**スパッと解説!!** ① については，独占・寡占市場になれば当然こうした傾向も見られますよね。② についても不完全競争市場においては，価格が下方硬直化するためこうした傾向になりやすい。③ については，むしろ市場占有率第一位の企業は固定化される傾向になる。よって不適当。④ についてはプライスリーダー制の説明だよね。

check
☐ アダム・スミスについての記述として**適当でないもの**を，次の①〜④のうちから一つ選べ。

① 政府の支出は，国防，司法，治安，外交などに限定すべきであると主張した。

② 「見えざる手」という用語で，市場における政府の調整能力を表現した。

③ 『国富論』（『諸国民の富』）を著して，保護貿易などの重商主義政策を批判した。

④ 産業革命初期のイギリス資本主義の発達を背景にして，経済学体系を構築した。

（センター試験より）

正解は②

**スパッと解説!!** 彼の考え方は，徹底した市場への政府の不介入だったよね。政府は，国防，治安維持，外交，司法に限定されるべきだと考えた。これを19世紀の社会主義者であるラッサールが「夜警国家」と皮肉って批判した事は有名だ。②は「政府の調整能力」ではなく「市場の調整能力」が正しい。①，③，④はそのまま正しい。

---

check
☐ 規制緩和を支持する考え方の中には，「政府による規制を廃止もしくは緩和すれば経済全体の効率化が実現する」というものがある。この考え方に沿った主張の例として最も適当なものを，次の①〜④のうちから一つ選べ。

① 公共工事の入札において，参加企業が話し合って落札価格を引き上げることは経済成長に資するので，規制を緩和すべきである。

② 競争に参加する企業が多数存在する場合，価格低下などを促進するために，料金などの規制を緩和すべきである。

③ ある業種の企業が製品の生産量や価格に関する協定を結ぶことについては，企業所得を増大させるために，規制を廃止すべきである。

④ 産業廃棄物の処理に対する規制や課税は，コスト増大による製品価格上昇を招いて国民生活を圧迫するので，政府の関与を廃止すべきである。

（センター試験より）

正解は②

**スパッと解説!!** ①はテレビなどでよく聞く「談合」であり，経済全体の効率化どころか公共工事の建設業者間のたらいまわしとなり，非効率化する。③の協定を結ぶ事はカルテルとなり自由競争を阻害するため，経済の効率化が阻まれてしまう。④については産業廃棄物の処理に対する規制や課税は，市場の失敗である外部不経済を内部化（つまり解決）させたり，国民の生活の環境改善につながるため，非効率的なものではないよ。

# 04 爽快講義該当章 ▶ 経済分野 第2章

1回目 ／
2回目 ／

# 市場メカニズム②
## 市場の失敗を中心に

■ 次の文章を読み各問に答えよ。

需給関係による市場メカニズムは必ずしも適切に働くとは限らない。この①市場メカニズムが働かなくなる状態を〔 1 〕という。〔 1 〕の代表的なものに独占・寡占が挙げられる。

このような状態に市場が陥ったとき，価格の〔 2 〕が発生する。また価格はその市場におけるマーケットシェアの高い企業が価格を決定する〔 3 〕制となる。このような価格を〔 4 〕価格とよぶ。

さらに，独占・寡占市場においては〔 5 〕競争が激化し，②アフターサービスやデザインなどの側面，あるいはそれらを誇張する広告戦略で企業は商品の〔 6 〕をはかっていくことになる。しかし価格は依然として〔 2 〕するため，需要者側としては好ましい事態ではない。

こうした事態を避けるために，日本では③1947年に〔 7 〕が制定され，〔 8 〕がその監視・監督に当たっている。

check ／ **問 1** 文章中の空欄に適当な語句を入れよ。

check ／ **問 2** 下線部①について，ある経済主体が対価を支払わずに他の経済主体にマイナスの経済効果を与える現象を何というか。

**Answer**

／1-市場の失敗
／2-下方硬直化
／3-プライスリーダー（価格先導）
／4-管理
／5-非価格
／6-差別化
／7-独占禁止法（私的独占の禁止及び公正取引の確保に関する法律）
／8-公正取引委員会

問1（各空欄付近に表示）

問2 外部負経済（外部不経済）

問3 依存効果

問 3 下線部②について，こうした側面を消費者が重視する傾向を何効果というか。

問4 コンツェルン

問 4 下線部③について，1997年に合法化となった独占形態を何というか。

問5 需要者，供給者が多数存在すること。市場への参入退出が自由であること。需要者，供給者が価格支配力を持たないこと（プライステイカーであること）。同質な商品が供給されていること。正確な情報が提供されていること。から三つ。

問 5 完全競争市場の条件を三つ答えよ。



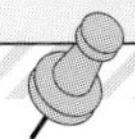

## スパッととける!! 正誤問題

経済の効率性を損なう「市場の失敗」を補正するために政府が実施する政策として**適当でないもの**を，次の①～④のうちから一つ選べ。

① 公害を発生させる企業に対して，公害税を課したり，公害防止装置の設置を義務づけたりすることで公害の発生を抑制する。
② 国際競争力を十分に持つ産業が海外との競争の中で大きな利益を上げられるように，その産業分野の製品の輸入に対して高率の関税を掛ける。
③ 公共財としての性質を持つ消防などのサービスは，民間企業に任せるのではなく，政府が提供する。
④ ある市場が独占や寡占状態になり，製品価格が不当に高くなる恐れがある場合，企業間競争を促進させるため独占禁止法を適用する。 （センター試験より）

正解は②

**スパッと解説!!** 市場の失敗とは，「市場メカニズムが機能しにくく」なったり，「市場自体が存在しない」ことを意味するんだったよね。この意味から政府の補正・介入が求められるんだ。①は公害防止のための社会的費用が，第三者に転嫁されるのを防ぐ「PPP（汚染者負担の原則）」の説明であり，市場の失敗を補正する役割を持つことになりますよね。②については「産業分野の製品の輸入に対して高率の関税を掛ける」ことは逆に自由競争を阻害し市場メカニズムを機能させにくくするため不適当。③，④は基本事項でそのまま正しい。

# 05 国民経済

爽快講義該当章▶ 経済分野 第3章

1回目 ／

2回目 ／

☐問 1 次の文章の空欄に適当な語句・数字を入れよ。

その国の経済には，〔 1 〕の概念でみた国富と，〔 2 〕の概念で見た国民所得とがある。前者の方には金融資産は計上されない。

さて，国民所得は次のように計算される。まず，〔 3 〕から〔 4 〕を差し引く。この値をGDP，日本語では〔 5 〕と呼ぶ。次にこのGDPから機械の磨耗である〔 6 〕を差し引く。この値を〔 7 〕と呼び，日本語では〔 8 〕である。さらにこの値から，〔 9 〕を差し引き，〔 10 〕を足し合わせたものが（狭義の）国民所得・DIとして計上されるのである。

また国内ベースではなく，国民ベースでの付加価値指標としてGDPではなく〔 11 〕，日本語では〔 12 〕という指標も存在する。これはGDPに〔 13 〕を加えたものである。日本は1968年に〔 11 〕が西側世界第〔 14 〕位となった。

しかし，上記の値は経済的な豊かさを表したものに過ぎず，真の豊かさを表したものではないとの指摘がある。こうした中，ボランティアや環境，公害などの度合いを計上する〔 15 〕，日本語では〔 16 〕という指標も存在する。

**Answer**

問1

☐1-ストック
☐2-フロー

☐3-総生産額
☐4-中間生産物
☐5-国内総生産
☐6-固定資本減耗（減価償却費）
☐7-NDP
☐8-国内純生産
☐9-間接税
☐10-補助金

☐11-GNP
☐12-国民総生産
☐13-海外からの純所得
☐14-2（2010年に中国は日本のGDPを抜き，世界第2位となり日本は世界第3位へと後退した。2023年にはドイツが日本を抜き世界第3位となり，日本は世界第4位へと後退した。）
☐15-NNW
☐16-国民純福祉

問2

☐1-三面等価の原則

☐2-雇用者
☐3-企業
☐4-財産

☐5-民間
☐6-国内総資本形成
（国内資本形成）

check ☐ **問 2** 次の文章の空欄に適当な語句を入れよ。

〔 1 〕とは生産国民所得と分配国民所得，そして支出国民所得が原則同じ額になることである。分配国民所得の内訳は，〔 2 〕報酬，〔 3 〕所得，利子や配当などへの分配である〔 4 〕所得，となっている。また支出国民所得の内訳は，〔 5 〕最終消費支出，政府最終消費支出，〔 6 〕と輸出と輸入の差額である純輸出である。



問3

☐1-キチンの波
☐2-ジュグラーの波
☐3-クズネッツの波
☐4-コンドラチェフの波
☐5-建設投資
☐6-技術革新

check ☐ **問 3** 次の空欄に適当な語句を入れ表を完成せよ。

| 波の名称 | 周　期 | 要因（根拠） |
|---|---|---|
| 〔 1 〕 | 40カ月 | 在庫投資 |
| 〔 2 〕 | 8年～10年（主循環） | 設備投資 |
| 〔 3 〕 | 15年～25年 | 〔 5 〕 |
| 〔 4 〕 | 50年～60年 | 〔 6 〕，戦争 |

## スパッととける!! 正誤問題

check ☐ 景気循環と経済活動の変化との関係を，模式的に示す図として最も適当なものを，次の①～④のうちから一つ選べ。

①
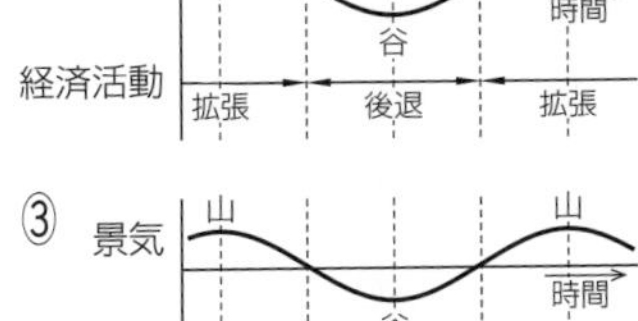


②
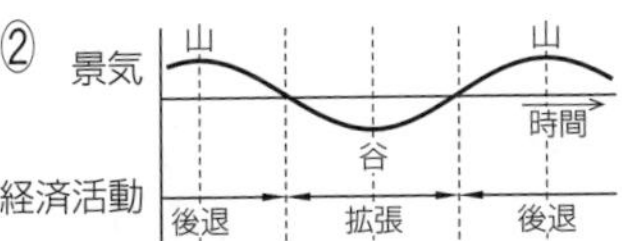


③
景気
山
山
谷
時間
経済活動
後退
拡張

④
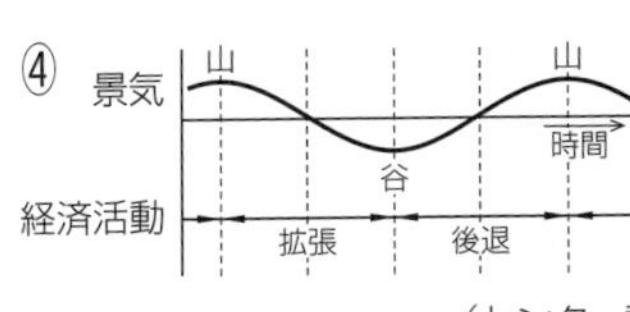


（センター試験より）

正解は③

***スパッと解説!!*** 山から谷に向かう局面が「後退」。逆に谷から山に向かう局面が「拡張」という基本事項がわかっていれば即答できたはず。

# 06 金融

爽快講義該当章 ▶ 経済分野 第4章

1回目 ／
2回目 ／

■ 次の文章を読み各問に答えよ。

日銀は我が国の中央銀行である。日銀には主に①三つの役割があり，また日銀は主として物価の安定政策である〔 1 〕も行う。〔 1 〕とは，日銀による景気調整政策である。

例えば日銀は，市場に通貨が出回りすぎているとき，②政策金利を〔 2 〕，または預金準備率を〔 3 〕。こうすることで市場の通貨量は〔 4 〕する。これを〔 5 〕政策と呼ぶ。

また，日銀は有価証券の売買である〔 6 〕という方法で通貨量を調整する場合がある。例えば今，不況だったとする。この時日銀は〔 7 〕を行い，通貨量を〔 8 〕させるのである。この政策を〔 9 〕政策と呼ぶ。

さて，③現在ほとんどの国は1930年代の〔 10 〕をきっかけに〔 11 〕へと通貨体制を切り替えた。この制度の特徴は，中央銀行が金の保有量に関係なく通貨を発行し景気調整が行える点である。しかしこの制度はインフレとなる危険性をはらんでいる。この制度を提唱した学者は〔 12 〕であることは有名な話である。この制度で用いられる紙幣は〔 13 〕である。

check ／ **問1** 文章中の空欄に適当な語句を入れよ。

check ／ **問2** 下線部①について，この役割をすべて書け。

**Answer**

／1-金融政策
／2-引き上げる
／3-引き上げる
／4-減少
／5-金融引き締め
／6-公開市場操作（オープン・マーケット・オペレーション）
／7-買いオペレーション
／8-増加
／9-金融緩和（量的緩和）
／10-世界恐慌
／11-管理通貨制度
／12-ケインズ
／13-不換紙幣

問1（各空欄付近に表示）

問2 発券銀行，銀行の銀行，政府の銀行（順不同）

問3 日銀当座預金金利

check 問3 下線部②について，2016年から金融政策の一環として一部にマイナス金利が取られている現在の日本の政策金利を答えよ。

問4 金本位制（金本位制度）

check 問4 下線部③について，これ以前の通貨体制の名称を答えよ。

問5 2，3
（1は間接金融ではなく直接金融の誤り。2はアメリカは直接金融が主流である。一方日本はかつては間接金融が主流であったが，2000年代より直接金融が主流である。4は利子が高いのではなく無利子である。5は通知性預金という引き出しの事前通知が必要な預金も存在する。）

check 問5 次の文のうち，正しいものを二つ選べ。

1. 間接金融とは株式，社債などを通して行われる。
2. 直接金融は日本やアメリカなどで主流となっている金融方法である。
3. 現在，日本銀行券は日本銀行の判断により日本銀行が発行している。
4. 当座預金は，決済性預金であり，普通預金よりも利子は高い。
5. 預金の引き出しには事前の通知は必要ない。

問6 ②
（設定ではなく廃止が正しい。）

check 問6 次の「金融ビッグバン」についての内容のうち，誤っているものを一つ選べ。

①銀行・証券・信託・保険の相互参入（垣根撤廃）
②株式売買の手数料の上限設定
③有価証券取引税の廃止
④外国為替業務の自由化
⑤持株会社の解禁（1997年独占禁止法改正）

問7 護送船団方式

check 問7 政府が金融機関を競争させずに保護してきた方式を何というか。

check 問 8 2002年より定期預金で，2005年4月以降からは決済用預金（無利息，要求払い，決済サービスを提供できることという3条件を満たすもの）を除く，普通預金などでも解禁された，預金が1000万円とその利子までしか保護されなくなる制度を何というか。

問8 ペイオフ

check 問 9 金融業務に関する，自己資本比率に関する国際的規制を一般に何というか。

問9 BIS規制
（BISとは国際決済銀行の略。スイスのバーゼルにあり，中央銀行間の決済を行う銀行）

check 問 10 次のうち通貨が支払手段の役割を果たしていないものを一つ選べ。すべてが支払手段だと思われる場合は，5を選べ。

1. プリペイドカードによる決済。
2. クレジットカードによる決済。
3. 携帯電話の通話料の支払い。
4. ガス料金のコンビニ決済。

問10 1
（1は交換手段）

**関連問題「金融動向」**

日本の銀行はバブル崩壊後から増え続ける〔 1 〕問題に悩まされている。こうした中，山一證券や北海道拓殖銀行をはじめ数々の金融機関が破綻を続けた。

1998年〔 2 〕内閣は，こうした金融機関の保護のために〔 3 〕の安定に乗り出し，預金者保護の観点から，金融機関の保護政策に乗り出した。これにより政府は，①破綻した金融機関を一時的に特別公的管理し，その後引取金融機関が見つかるまでの間〔 4 〕が経営を行う。こうした銀行には新生銀

1-不良債権

2-小渕（小渕恵三）

3-金融システム

4-ブリッジバンク

☑5-預金保険機構
☑6-ペイオフ
☑7-1000
☑8-決済用
☑9-金融ビッグバン
☑10-金利の自由化
☑11-護送船団方式
☑12-サブプライムローン
☑13-リーマン・ショック
☑14-コールレート
☑15-ゼロ金利
☑16-2
(2018年に日銀は明確な達成時期を明示しないこととした)
☑17-物価目標
☑18-日銀当座預金
☑19-マイナス金利

行やあおぞら銀行などがある。また，1971年に金融機関が，相互に保険金を拠出し設立された〔 5 〕を中心に預金者保護に乗り出した。ただし，これらの預金も2002年からは定期預金での〔 6 〕解禁によって元本〔 7 〕万円とその利子までしか保護されなくなり，2005年からは〔 8 〕預金を除く普通預金などでも解禁された。つまりは預金者にも責任が求められる時代に入ったことになる。

一方，1997年からは金融の大改革である②〔 9 〕も始まり，日本の金融機関は新たな体制が求められている。

1994年の〔 10 〕に始まる金融の自由化の動きは，金融業務の自由化というところにまでこぎつけた。この改革の背景には，従来型の政府の保護による競争なしの〔 11 〕ではなく，新しい国際競争力に打ち勝つための強い金融機関の存在を必要視したためである。

また，2008年頃より，低所得者に対する高い金利の住宅ローンである〔 12 〕が焦げ付く問題に端をなす〔 13 〕を受けて，〔 14 〕を事実上0にする〔 15 〕政策が実施された（政策は1999年から2000年，2001年から2006年，2010年から2016年）。その後，景気後退感が払拭できない状態が続いたため，2013年4月から日銀は，2年以内に，〔 16 〕%のインフレを目指すという〔 17 〕を発表した。このため，市中銀行が日銀に保有する，自由に引き出し可能な〔 18 〕の残高は増え続けている。2016年2月には，〔 18 〕の一部金利において，〔 19 〕政策が導入されたが，2024年3月に解除された。

check 問1 文章中の空欄に適当な語句･数字を入れよ。

check 問2 下線部①について，このことは何という法律で規定されているか。

check 問3 下線部②について，金融ビッグバンのモデルとなった国はどこか。またその国の社会全体の改革は，当時の首相の名前を取って何と呼ばれているか。

check 問4 金融ビッグバンに伴って金融機関の経営統合の規制を緩和するため，1997年に改正された法律とその内容を書け。

check 問5 リストラについて日本と欧米との相違を指摘しながら説明せよ。

check 問6 銀行の三大業務を答えよ。

問1 （各空欄付近に表示）

問2 金融再生法

問3 イギリス，サッチャリズム

問4 独占禁止法，純粋持株会社の解禁（コンツェルンの解禁）

問5 リストラとはリストラクチャリングの略語で事業の再構築を意味する。欧米では企業合併などが主流であるが，日本では解雇を意味することが多い。（アメリカではレイオフ（一時解雇）も手段として用いられている）

問6 与信業務・受信業務･為替業務（順不同）

## 時事動向　「日本の経済動向の確認」

問1

☐ a-金融政策決定

☐ b-1

☐ c-インフレ・ターゲット（インフレ目標）

☐ d-2

☐ **問 1** **次の文章中の空欄に適当な語句・数字を入れよ。**

2012年2月，日銀の〔　a　〕会合で，中長期的な物価安定の目途を発表し，当面「〔　b　〕%」を目途とすると明記した。このような政策を〔　c　〕という。2013年4月には「〔　d　〕%」とした（2018年に日銀は明確な達成時期を明示しないこととした）。

問2

☐ a-日銀当座預金

☐ b-マイナス金利

☐ c-イールドカーブ・コントロール

☐ d-増加

☐ e-上昇

☐ f-下落

☐ **問 2** **次の文章中の空欄に適当な語句を入れよ。また／がある場合は適当なものを選択せよ。**

2016年1月，日本銀行は，〔　a　〕口座の一部金利における〔　b　〕政策の導入を発表し，同年2月16日から開始した。また9月から長期国債（10年物国債）の利回りを調整する〔　c　〕政策を開始した。日本銀行の買いオペによって国債の需要が〔 d　増加／減少 〕することで，国債の市場価格が〔 e　上昇／下落 〕し，長期国債などの利回りが〔 f　上昇／下落 〕する。これらの金融政策は2024年3月に解除された。

問3　社会保障と税の一体改革

☐ **問 3** 2012年8月に関連法案が成立した，「消費税の増税」や「厚生年金への加入条件の拡大」などを包括的に改革する政策を何というか。

check ☐ **問 4 次の文章中の空欄に適当な語句・数字を入れよ。**

2012年8月に改正〔 a 〕法が成立し，〔 a 〕が，2014年4月から〔 b 〕%（国税は〔 c 〕%，地方〔 a 〕は〔 d 〕%）へと増税された。2015年10月からは，〔 e 〕%（国税は〔 f 〕%，地方〔 a 〕は〔 g 〕%）へと増税される予定であったが，その後2019年10月に増税された。

問4
☐ a-消費税
☐ b-8
☐ c-6.3
☐ d-1.7
☐ e-10
☐ f-7.8
☐ g-2.2

check ☐ **問 5** 2000年に発足した，民間金融機関に対する検査や，監視を行う行政機関を答えよ。

問5 金融庁

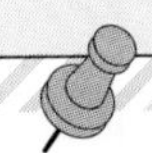

## スパッととける!! 正誤問題

check
□ 日本銀行の役割についての記述として**誤っているもの**を，次の①～④のうちから一つ選べ。(一部改)

① 国庫金の管理を行うなど，政府の銀行としての役割を果たす。
② 政策金利操作や公開市場操作を行い，通貨供給量を適切に保つ。
③ 市中銀行の預金の一定割合を預かり，信用秩序の維持を図る。
④ 公共事業を通じて，道路や港湾などを建設する。 (センター試験より)

正解は④

**スパッと解説!!** ①は政府の銀行の役割。②は日本銀行による金融政策の説明。③は預金準備率操作（支払準備率操作）の説明だ。④は政府の行う財政投融資の説明となる。日銀の行う政策（金融政策）と，政府の行う政策（財政政策）の相違を，もう一度『爽快講義』を読みながら確認しておこう。頻出分野ですよ。

check
□ 金本位制についての記述として最も適当なものを，次の①～④のうちから一つ選べ。

① 金本位制を採用している国では，国際収支が悪化すると，自国通貨の為替レートは下落し，金の国外からの流入が増加する。
② 金本位制を採用している国では，中央銀行は自己の裁量によって自由に通貨の発行量を調節することができる。
③ 金本位制は，金貨との兌換（だかん）が約束されていない不換紙幣を発行するシステムであり，管理通貨制よりもデフレーションが起こりやすい。
④ 金本位制は，通貨価値の安定性が保たれるシステムであり，管理通貨制よりもインフレーションが起こりにくい。 (センター試験より)

正解は④

**スパッと解説!!** 1930年代に崩壊した金本位制は，金の保有量に応じて兌換紙幣（金との交換性を保証した紙幣）を発行する。このため物価は安定するんだったよね。①については国際収支の悪化は，金の流出を意味するので不適当。②については管理通貨制度の説明であり，不適当だね。③については兌換が約束されているので不適当。よって正解は④となる。基本事項なので取りこぼさないように注意しましょう。

# 07 爽快講義該当章 ▶ 経済分野 第4章

1回目 ／

2回目 ／

# 財 政

**■ 次の文章を読み以下の問に答えよ。**

財政とは政府による経済活動である。この財政の必要性は，市場のみでは解決できない問題，すなわち〔 1 〕の解決を政府が担うという意味から捉えられる。

第一に「所得の不公平」への対策である。政府はこれを〔 2 〕による社会保障費への移転支出という形で，所得の〔 3 〕を行う。第二に道路・水道・港湾などの社会資本や，警察・消防などのサービスすなわち，〔 4 〕が市場のみでは提供されない。よって政府はこれらを提供する役割を担っている。第三に景気の調整である。これはもっとも大切である。この政府による景気調整政策を〔 5 〕と呼ぶ。これには二つの種類がある。

一つ目は，〔 6 〕と呼ばれるもので，これは別名〔 7 〕装置とも呼ばれている。これは，〔 2 〕により，自動的に好況時は税収が〔 8 〕，不況時は〔 9 〕する。また失業者の増減などにより，〔 10 〕も自動的に増減する。

二つ目は，伸縮的財政政策，すなわち〔 11 〕である。これは政府がいわば意図的に政策を実行する。例えば不況時は公共投資を増加させる。また，税金に対しては〔 12 〕政策を実施する。現在では，この政府による景気調整と，日銀による〔 13 〕を同時に行う〔 14 〕が主流である。

一方でわが国の財政状況はどのようになっているのだろうか。

**Answer**

☐1-市場の失敗

☐2-累進課税（累進課税制度）

☐3-再分配

☐4-公共財（社会資本）

☐5-財政政策

☐6-ビルト・イン・スタビライザー

☐7-財政の自動安定

☐8-増加

☐9-減少

☐10-社会保障給付金

☐11-フィスカル・ポリシー

☐12-減税

☐13-金融政策

☐14-ポリシー・ミックス

☑15-一般会計
☑16-財政投融資
☑17-租税・印紙
☑18-公債金
☑19-国債依存度
☑20-建設
☑21-赤字
☑22-特例
☑23-市中消化
☑24-クラウディング・アウト

日本の国家予算は①〔 15 〕と，②「第二の予算」と呼ばれる〔 16 〕，そして特別会計の三つに大別される。〔 15 〕の歳入は，約62%が〔 17 〕収入，約32%が〔 18 〕収入である（2019年度）。

この〔 19 〕の上昇は，特に著しい問題である。国債の発行は，財政法第4条により〔 20 〕国債のみに限定されている。しかし1965年以来，これ以外の〔 21 〕国債を，③毎年財政特例法を制定し，〔 22 〕国債として発行しているのである。

また財政法第5条では国債の日銀による直接引き受けを禁止しており，これを〔 23 〕の原則という。さらに，国債の発行は資金需要の増加による市中金利の上昇を招き民間資金を圧迫する〔 24 〕という問題も指摘されている。

問1（各空欄付近に表示）

check☑ **問 1** 文章中の空欄に適当な語句を入れよ。

問2 社会保障関係費，国債費，地方交付税交付金，防衛関係費

check☑ **問 2** 下線部①について，この2023年度当初予算の歳出項目上位4項目を答えよ。

問3 4
（2023年度の財政投融資計画は約16.3兆円となっている。）

check☑ **問 3** 下線部②について，2001年4月以降の運用方法として誤っているものを一つ選べ。

1. 郵便貯金などの資金運用部への預け入れ義務が廃止された。
2. この資金により国債引受も行っている。
3. 特殊法人などは財投機関債を発行し投融資を受ける。
4. この財政規模は2023年度の当初予算では約20兆円を超えている。

問4 1994年度

check☑ **問 4** 下線部③について，これは近年では，何年度より発行されているか。年号を書け。

check ☐ **問 5** 歳入から公債金収入を差し引いた額と，歳出から国債費（元利払い費）を差し引いた額の差額を何というか。

問5 プライマリー・バランス（基礎的財政収支）

check ☐ **問 6** 一国の経済の基礎的条件のことで，経済成長率，物価上昇率，失業率，国際収支などの経済の内実を表す条件を指し示す用語を何というか。

問6 経済のファンダメンタルズ

check ☐ **問 7** 財務省発表の，2022年度末の，日本のおよその国債残高を答えよ。

問7 約1026兆円

check ☐ **問 8** 日本の租税制度について，以下空欄を埋めよ。

租税制度には様々な問題点がある。例えば所得税の捕捉率の不公平問題，通称〔 1 〕である。これは，サラリーマンに〔 2 〕制度，自営業者，農業者に〔 3 〕制度を採用していることにより発生するものである。〔 4 〕年，政府はこの問題を解決すべく消費税を導入した。また1997年には，国税税率が〔 5 〕%に引き上げられ，地方消費税〔 6 〕%が導入された。2012年8月には改正消費税法が可決し，2014年4月から〔 7 〕%へ増税された。2015年からは〔 8 〕%へと増税することが決定されていたが，その後2019年10月に増税された。

問8

☐1-クロヨン
☐2-源泉徴収
☐3-申告納税
☐4-1989

☐5-4
☐6-1
☐7-8
☐8-10

check ☐ **問 9** 日本の租税制度について，次の文章のうち正しいものを一つ選べ。

1. 間接税は累進税率が適用されている。
2. 直接税はすべて源泉徴収制が適用されている。
3. 消費税は逆進課税であり，垂直的公平を保つ。
4. 所得税は累進課税であり，その税率幅は0%から60%である。
5. 所得税・法人税・相続税はすべて直接税である。

問9 5

（1の間接税は基本的に比例課税であり累進課税ではない。2の源泉徴収制度は主としてサラリーマンに適用されていて，税区分によるものではない。3の消費税は水平的公平を保つ。4の所得税の税率は2015年からは5～45%の7段階である。）

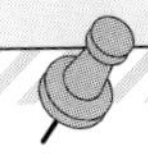

## スパッととける!! 正誤問題

check
☑ 税制と税収構造に関する記述として**適当でないもの**を，次の①～④のうちから一つ選べ。

① 税率一定の付加価値税は，累進所得税と比べ，ビルト・イン・スタビライザー機能が比較的大きいという特徴をもっている。

② 累進所得税は，税率一定の付加価値税と比べ，税負担の垂直的公平が達成されるという特徴をもっている。

③ 日本の所得税では，給与所得者，自営業者，農業従事者の間で所得捕捉（ほそく）率に差があり，税負担の不公平の一因とされてきた。

④ シャウプ勧告では，直接税を中心に据えた税体系が提唱され，その後の日本の税制に大きな影響を与えた。 （センター試験より）

正解は①

**スパッと解説!!** 付加価値税とは消費税などの間接税と読み替えてくれればいい。当然累進所得税のほうが，ビルト・イン・スタビライザー機能が比較的大きいので不適当だね。②説明は特に要らない基本事項でしょう。③については一般に「クロヨン（トーゴーサンピン）問題」の説明ですね。④のシャウプ勧告は，1949年ドッジ・ラインの際に直間比率（直接税と間接税の比率）を「7:3」にするという勧告だった。それまでの日本は間接税中心だったので，その後の日本の税制に大きな影響を与えたのは間違いない。ただし1989年の消費税導入から，間接税の比率が徐々に増えているため，現在の直間比率は「6:4」くらいになってきていることも押さえておこう。

check
☑ 政府や自治体の財源や税負担に関する記述として最も適当なものを，次の①～④のうちから一つ選べ。

① 公共投資は，現在より将来の世代の生活水準を高めるので，国家予算においては国債の発行で，都道府県と市町村の予算においては地方債で賄うことが義務づけられている。

② 国民年金(基礎年金)の財源には，被保険者が納入する保険料とその積立金の運用収入に加え，国庫負担も含まれている。

③ 郵便貯金や郵便年金などを財源とする財政投融資は，第二の予算と呼ばれるように公共性が高く，その使用目的は社会資本整備に，投融資先は国・地方公共団体に限定されている。

④ 政府は，税負担の公平性を確保するために累進課税を避ける政策をとっており，税率は直接税でも税の種類ごとに一定である。 （センター試験より）

正解は②

**スパッと解説!!** ①については「義務づけ」はない。②は現在の国庫負担は「3分の1」で正しい。ただし自民党案では保険料負担を軽減させる目的から，国庫負担を「2分の1」に引き上げるとしている。③については主として特殊法人に投融資されているので不適当。④の所得税の税率は，現在7段階の超過累進課税となっているよ。

08 爽快講義該当章 ▶ 経済分野 第3・5章

1回目 ／

2回目 ／

# 戦後日本経済

## ①戦後復興期

戦後日本経済の歩みは，まさに激動であった。

1945年9月，終戦を迎えた日本の経済はGHQによる経済民主化のもとにスタートする。先ずGHQが行ったのは〔 1 〕である。1946年〔 2 〕を制定し，日本の農業の封建的体質を改革し，農村の民主化を図ろうとした。次にGHQは財閥の解体に着手した。1946年に〔 3 〕委員会を組織し，更には翌年，①独占禁止法を制定した。またGHQは②労働の民主化を断行し，労働者の保護に努めた。こうしてGHQは日本の経済体質を根本から民主化することで戦後の経済復興を行おうとしたのである。

一方で日本政府は〔 4 〕方式により基幹産業の重点的な発展によって経済復興を行おうとした。具体的には〔 5 〕が基幹産業に資金を重点融資するものである。

しかし，日本はこのとき，戦後4年間で物価が100倍以上という③猛烈なインフレに悩まされていた。理由は，物不足，戦前の赤字公債，戦後の〔 6 〕の濫発とその日銀引き受けなどが挙げられる。この対策として1949年〔 7 〕が実施されたが，その結果インフレは収束したものの，その反動として〔 8 〕恐慌が発生した。更に，経済復興に関する資金として，④米国の対日援助資金を受けることになる。

**Answer**

☑1-農地改革
☑2-自作農創設特別措置法
☑3-持株会社整理
☑4-傾斜生産
☑5-復興金融金庫
☑6-復興金融金庫債
☑7-ドッジ・ライン
☑8-安定（ドッジ安定）

問1（各空欄付近に表示）

check 問 1 文章中の空欄に適当な語句を入れよ。

問2 私的独占の禁止及び公正取引の確保に関する法律，過度経済力集中排除法

check 問 2 下線部①についてこの法律の正式名称と，この年に制定されたもう一つの財閥解体に関係のある法律名を答えよ。

問3 労働組合法，労働関係調整法，労働基準法

check 問 3 下線部②について，労働三法を答えよ。

問4 ハイパー・インフレ

check 問 4 下線部③について，このようなインフレを何と呼ぶか，カタカナで答えよ。

問5 エロア（占領地域経済復興援助資金）

check 問 5 下線部④について，この対日援助資金のうち産業復興に充てられたものを何というか。



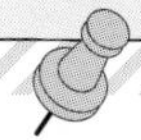

## スパッととける!! 正誤問題

check 日本の戦後復興期にとられた政策についての記述として最も適当なものを，次の①～④のうちから一つ選べ。

① 傾斜生産方式が採用され，石炭・鉄鋼などの重要産業に，生産資源が重点的に配分された。

② 農地改革の一環として，米の生産過剰に対処するために，他の作物への転作が奨励された。

③ 厳しい不況を克服するため，マーシャル・プランに基づき，マネーサプライの増加を図った。

④ 財閥解体を進めるため，持株会社方式の強化を通じて，巨大企業の分割や企業集団の再編を行った。（センター試験より）

正解は①

**スパッと解説!!** 正解は当然①。②は農地改革の説明ではなく，1970年代に実施された総合農政における「減反政策」の説明ですね。③は1949年に実施された「ドッジ・ライン」が正しく，マネーサプライの減少を図ったとすれば正しくなる。④については持株会社の解体を通じて，巨大企業の分割や財閥の解体を行った，とするのが正しい。

## ②高度経済成長期

1950年代半ばから1970年代初めの①高度経済成長の前提となったのは，〔　1　〕年の朝鮮戦争による〔　2　〕景気である。日本はこれにより1953年頃には戦後復興を完了した。〔　2　〕景気も終わった後，1956年の経済白書には〔　3　〕と記された。

1950年代後半から高度経済成長が始まった。企業の積極的な技術革新と設備投資活動に支えられて，〔　4　〕景気，②岩戸景気，〔　5　〕景気，③〔　6　〕景気，という順に4大景気が続くことになる。

また日本は〔　7　〕年，GNPが西側世界第2位となった。

☑1-1950
☑2-特需
☑3-もはや戦後ではない
☑4-神武
☑5-オリンピック
☑6-いざなぎ
☑7-1968

check ☑ **問1** 文章中の空欄に適当な語句・数字を入れよ。

問1（各空欄付近に表示）

check ☑ **問2** 下線部①について，この期間の年平均実質経済成長率を答えよ。

問2 約10%

check ☑ **問3** 下線部②について，ちょうどこのときに政府が策定した経済計画名と，そのときの首相を漢字で答えよ。ただし首相名はフルネームとする。

また，この景気時の1960年の経済白書には何と記されたか答えよ。

問3 国民所得倍増計画，池田勇人，「投資が投資を呼ぶ」

check ☑ **問4** 下線部③について，この景気を境に日本政府の経済政策は〔　1　〕型から〔　2　〕型へと転換した。空欄に適当な語句を入れよ。

問4
☑1-民間設備投資
☑2-公共投資主導

問5
「三種の神器」
白黒テレビ，電気洗濯機，電気冷蔵庫
「3C」
クーラー，自動車，カラーテレビ

check 問 5 「三種の神器」と「3C」を答えよ。

問6 民間設備投資の拡大，農村部からの安価な豊富な労働力，輸出の拡大，政府の経済成長優先政策⇨産業関連社会資本の拡大の中から三つ

check 問 6 高度経済成長を支えた主な要因を三つ書け。



## ③高度経済成長終焉期

1-第四次中東戦争
2-石油危機（オイル・ショック）
3-1974
4-公害国会
5-イラン革命

高度経済成長の終焉は，1973年に勃発した〔 1 〕により第一次〔 2 〕が発生し，経済がインフレーションにより混乱したことに起因する。これにより〔 3 〕年には戦後初のマイナス成長を記録した。

また，高度経済成長の陰には様々な問題も起こっていた。特に公害問題は深刻であった。1970年の国会は〔 4 〕とまで名づけられた。1979年には〔 5 〕が勃発したことにより第二次〔 2 〕が発生した。

問1（各空欄付近に表示）

check 問 1 文章中の空欄に適当な語句・数字を入れよ。

問2 スタグフレーション

check 問 2 下線部について，この時期の経済は不況とインフレーションが併発したが，このような状況をカタカナで何というか。

問3 市場の失敗

check 問 3 公害問題などの原因による外部負経済効果など，市場メカニズムが機能しなくなることを何というか。

check 問 4 四大公害を答えよ。

問4 熊本水俣病，新潟水俣病，イタイイタイ病，四日市ぜんそく（順不同）

## ④バブル期とその終焉

日本経済は，1985年の〔 1 〕による①円高誘導によって輸出が〔2 増加／減少 〕し，〔 3 〕不況となっていた。この状況を受けて1987年，日銀は公定歩合を〔 4 〕%に〔5 引き下げ／引き上げ〕，金融〔 6 〕政策を実施した。この結果日本経済の景気は一気に過熱し，土地や株式に投資する〔 7 〕ブームをもたらした。こうして②株価も連日高騰し，地価も軒並み上がり続けた。このとき「地価は絶対下がらない」という〔 8 〕も信じられていたのである。

しかし，この神話も崩壊することとなる。

1989年から日銀は，③この景気の抑制政策を実施した。この反動として④株価·地価は連日暴落を続けた。さらに円高が進み1995年には一時〔9 77／78／79／80〕円台を付けるまでに進行し，輸出が〔10 伸び／落ち込み〕複合不況をもたらしたのである。

☐1-プラザ合意
☐2-減少
☐3-円高
☐4-2.5
☐5-引き下げ
☐6-緩和
☐7-財テク
☐8-土地神話
☐9-79
☐10-落ち込み

check 問 1 文章中の空欄に適当な語句・数字を入れよ。また／がある場合は適当なものを一つ選べ。

問1（各空欄付近に表示）

check 問 2 下線部①について，このような複数国の政府などによる為替介入を何というか。漢字4字で書け。

問2 協調介入

check 問 3 下線部②について，このような資産効果を何というか。

問3 キャピタルゲイン

問4 バブル景気

check 問 4 下線部③について，この景気を何景気というか。

問5 キャピタルロス（逆資産効果）

check 問 5 下線部④について，このような資産効果を何というか。

問6 骨太の方針

check 問 6 2001年9月に小泉内閣が発表した経済財政運営の基本方針の名称を答えよ。

問7 不良債権

check 問 7 担保価値の下落などにより担保を接収しても金融機関が回収できない資金を何というか。

**スパッととける!! 正誤問題**

check バブル期の日本経済についての記述として最も適当なものを，次の①～④のうちから一つ選べ。

① この時期，多くの都市銀行は不動産向け融資を拡大したが，その後これらの融資は不良債権問題の原因の一つになった。
② プラザ合意以降の急激な円安の下で，金融が緩和されたため，株式や不動産などに対する投資が拡大し，資産インフレが生じた。
③ バブル経済崩壊の直接的契機は，急速な円高による輸入品価格の下落であり，これによって地価の下落が始まった。
④ この時期，土地などの資産価格が上昇する一方，高価格の消費財への需要は低下した。

（センター試験より）

正解は①

**スパッと解説!!** ①については1991年のバブル崩壊以降銀行の「不良債権」が増加し，「貸し渋り」に陥ったため，経済がデフレ化していった。当然適当だね。②は円安ではなく「円高」が正しい。③はバブル経済崩壊の直接的契機は「円高」ではなく，日銀による金融引き締め政策（公定歩合の引き上げ）や，政府の経済抑制政策（土地基本法による不動産融資の総量規制や消費税の導入）だったはず。④については，「高価格の消費財への需要は増加した」が正しい。

## ⑤バブル崩壊後の日本経済

1991年のバブル崩壊以来，日本経済の先行きは依然として不透明である。特に政府民間共に増大を続けている「借入金」は深刻な問題である。

まず，政府の借入金である①国債の発行残高の累積額や，地方債の残高などを合わせた国の借金は2022年末で約1244兆円以上になる見込みである。

小泉内閣は2001年9月に発表した経済財政運営の基本方針である〔 1 〕のなかで，「聖域なき〔 2 〕」の一環として新規公債発行残高30兆円以下として予算案を組んだ。また，国から地方への道路補助金の一つである道路特定財源の見直しや，さらには2003年②「郵政事業の公社化」が実施され，業務が郵政事業庁から〔 3 〕公社へと移行した。2007年には〔 4 〕会社へと移行し郵政の民営化が実現した。

☑1-骨太の方針
☑2-構造改革
☑3-日本郵政
☑4-日本郵政株式

check ☑ 問 1 文章中の空欄に適当な語句・数字を入れよ。

問1（各空欄付近に表示）

check ☑ 問 2 下線部①についてこの問題点を三つ挙げよ。

問2 クラウディング・アウト，財政の硬直化，将来世代への負担，インフレの可能性から三つ

問3
三公社
⇒「電電公社，国鉄，専売公社」（現在すべて民営化）
五現業
⇒①郵政
（参考…総務省郵便局，貯金局，簡易保険局）
②造幣
（参考…財務省造幣局）
③印刷
（参考…財務省印刷局）
④林野
（参考…林野庁）
⑤アルコール専売
（参考…通産省基礎産業局アルコール課）
⇒82年より民営化

問4 需要不足で物価が下落し，企業の収益も下落する。その結果，雇用・所得環境が悪化し，さらに物価下落を引き起こすという悪循環。（60字）

問5 中国
イグサ・生シイタケ・長ネギの3品目
参考 2003年には，輸入牛肉に対するセーフガードも発動，2004年3月末まで

check 問 3 下線部②について，1980年代まであった国営企業の総称である「三公社五現業」を答えよ。

check 問 4 デフレスパイラルとは何か。60字以内で説明せよ。

check 問 5 2001年12月にWTOに加盟した国名と，同年6月にその国に対して日本が行った緊急輸入制限の対象品目を答えよ。

# 09　中小企業問題

爽快講義該当章▶ 経済分野　第5章

1回目 ／

2回目 ／

check ☐ **問1** 次の表を完成せよ。

| 業　種 | 資本金 | 従業員数 |
|---|---|---|
| 製造業・運輸業 | 〔　1　〕億円以下 | 〔　2　〕00人以下 |
| 卸売業 | 〔　3　〕億円以下 | 〔　4　〕00人以下 |
| サービス業 | 〔　5　〕000万円以下 | 〔　6　〕00人以下 |
| 小売業 | 〔　7　〕000万円以下 | 〔　8　〕0人以下 |

check ☐ **問2** 中小企業と大企業の大きな格差で成り立っている産業構造を何というか。また製造業に占める中小企業の事業所数は2022年時点で約何%か。

check ☐ **問3** 中小企業が大企業に部品などの注文に応じてこれを納入する関係を何というか。

check ☐ **問4** 中小企業が大企業から資本や人材の提供を受けることを何というか。

check ☐ **問5** 大企業は不況期，中小企業を〔　　　〕として利用する。

check ☐ **問6** 1963年に中小企業基本法と同時に制定された法律を何というか。

check ☐ **問7** 1973年に中小企業の保護を目的に制定され，2000年に廃止された法律を何というか。

check ☐ **問8** ベンチャー企業に資金を供給する個人投資家を一般に何というか。

**Answer**

問1
☐1-3　☐2-3
☐3-1　☐4-1
☐5-5　☐6-1
☐7-5　☐8-5

問2　二重構造，99%

問3　下請け

問4　系列化

問5　景気の調整弁

問6　中小企業近代化促進法

問7　大規模小売店舗法

問8　エンジェル

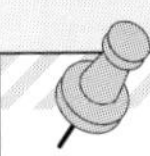

## スパッととける!! 正誤問題

check

□ 1990年代の日本の中小企業をめぐる状況についての記述として最も適当なものを，次の①～④のうちから一つ選べ。

① アジア諸国の急成長と90年代前半の円高傾向は，繊維や金属加工などの競合する分野において中小企業の経営を厳しくした。

② 独自のアイデアをもつ新興企業の資金調達は，金融機関による情報・新技術分野向けの豊富な融資によって支えられた。

③ バブル経済の崩壊によって，中小企業の再編が加速したため，中小企業数は全企業数の9割を割り込んだ。

④ バブル経済の崩壊によって，大企業の業績が著しく悪化したため，大企業と中小企業との間に存在した経済の二重構造はほぼ解消された。（センター試験より）

正解は①

**スパッと解説!!** 1995年には1ドルが「79円台」になったように，日本の生産拠点は海外に移動した。これを「産業の空洞化」といったよね。こうして日本国内の中小企業の経営は厳しさを増したんだ。②はベンチャービジネスの説明だけど，資金や人材不足に悩まされていた。③現在，中小企業の事業所数（製造業）は「99.7%」と依然高い。④二重構造は解消されるどころか益々拡大している。

---

check

□ 日本の中小企業についての記述として最も適当なものを，次の①～④のうちから一つ選べ。

① 先端産業分野では，大企業以外にも，独自の知識や技術を用いて新商品を開発する中小企業が現れ，これはベンチャービジネスと呼ばれている。

② 中小企業と大企業の間には，機械設備や従業員数の面でこそ大きな格差が見られるが，従業員一人当たりの生産性はほぼ同じである。

③ 中小企業の事業所数は，徐々に増えてきているとはいえ，まだ大企業の事業所数よりは少ない。

④ 銀行融資に依存して経営の大規模化を図っている大企業に比べて，中小企業では金融引締めによる影響は現れにくい。（センター試験より）

正解は①

**スパッと解説!!** ②については，資本装備率（一人当たりの労働者に割り当てられている固定資本）の割合が大企業に比べ中小企業は低いため，生産性にも大企業との間に大きな格差がある（製造業では事業所数の約99%が中小企業で出荷額ではわずか約50%。事業所数1%の大企業が出荷額の約50%を占めている）。③少ないのではなく，多いのが現状ですよね。④金融機関は中小企業に対して「貸し渋り」を行うため（これを金融の二重構造という），金融引締めによる影響は大企業よりも中小企業の方が受けやすいってことになりますね。

# 10 消費者問題

爽快講義該当章 経済分野 第5章

1回目 ／

2回目 ／

問1 消費者が商品生産のあり方を最終的に決定するとする考え方を何というか。

問2 ケネディの「4つの権利」に含まれないものを一つ選べ。

①知る権利　②選ぶ権利
③安全である権利　④意見を反映させる権利
⑤商品を政府に検査させる権利

問3 次のうち誤りを一つ選べ。

1. 独占禁止法（1947年制定）
⇒公正取引の確保，公正取引委員会が監視
2. 消費者保護基本法（1968年）
⇒安全性確保のため計量・表示の義務付け
3. クーリングオフ制度
⇒訪問販売等は8日以内に無条件に契約が解除できる
4. 製造物責任法（PL法）（1994年制定　1995年施行）
⇒欠陥商品の場合，企業の過失を立証しなくても損害賠償請求ができる。ただし，商品の欠陥証明をする必要がある。
5. 消費者契約法（2000年制定　2001年施行）
⇒食品安全委員会の設置

問4 2009年5月に「消費者庁設置関連3法」により，消費者行政を一元化する目的で，内閣府の外局に置かれた行政機関を答えよ。

**Answer**

問1 消費者主権

問2 ⑤

問3 5
（食品安全委員会は，2003年に食品安全基本法によって，内閣府に設立されたもの。具体的には価格的なリスク評価などにより，食品の安全性を確保する行政機関。一方の，消費者契約法の内容は，消費者と事業者の対等な契約を目指すもの。具体的には，虚偽などの不当勧誘や，違約金の課題請求などの不当契約について，無効とすることなどが盛り込まれている。なお2の消費者保護基本法は，2004年から消費者基本法となっており，消費者を「権利の主体」として位置づけている。）

問4 消費者庁

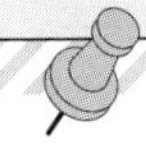

## スパッととける!! 正誤問題

check
□ 消費者が不利益を被るのを防止するために，日本で現在実施されている制度についての記述として**適当でないもの**を，次の①～④のうちから一つ選べ。

① 訪問販売などで，消費者が購入申込みをして代金を支払った後でも，一定期間内なら契約を解除できるクーリング・オフ制度がある。

② 製造物の欠陥により消費者が損害を被った場合，製造業者が消費者に対して責任を負うPL法（製造物責任法）が制定されている。

③ 米の価格を安定させるため，政府が消費者米価を決定する食糧管理制度が実施されている。

④ 消費者への情報提供などを目的として，国民生活センターや消費生活センターが設立されている。（センター試験より）

正解は③

**スパッと解説!!** ①は正しい。②は1995年に制定されたPL法の説明。③の食糧管理制度は戦前の1942年から始まり，1995年に廃止されたんだ。よって不適当。④は基本的知識なので必ず確認しておこう。

check
□ 日本の消費者保護制度についての記述として最も適当なものを，次の①～④のうちから一つ選べ。

① 最高裁判所は，日本国憲法第25条を根拠として，消費者の権利を新しい人権の一つとして認めた。

② PL法（製造物責任法）は，国内で製造された製品については，製造業者だけでなく，卸売業者や小売業者にも責任を負わせている。

③ 消費者保護基本法が制定されたことにより，企業の側でも，苦情処理の窓口をつくるなど，消費者を重視する姿勢が求められることになった。

④ 会社の不正行為に関する情報の内部告発を受け付けて，会社を指導し消費者を保護するため，国民生活センターが設立された。（センター試験より）

正解は③

**スパッと解説!!** ①のような事実はない。②の製造物責任法は，製造業者（メーカー）に責任を負わせているものであり，卸売業者や小売業者にも責任を負わせているという事実はない。③は正しい。発展知識として，2004年から「消費者保護基本法」は「消費者基本法」と改正され，消費者を「保護される立場」から「消費者の権利」と「自立支援」をその柱としている。時事的動向として確認しておきましょう。④は「会社の不正行為に関する情報の内部告発」ではなく，1970年に設立された「商品テスト（全販売物ではない）」や「商品に対する苦情処理」を消費生活センター（消費センター）とともに行っている。

# 11 都市問題

爽快講義該当章▶経済分野　第5章

1回目 ／

2回目 ／

■ 次の正誤を判定せよ。

1. 都市公害の発生→騒音，悪臭，大気汚染，ゴミ問題など
2. 地方の「過疎」化の進展→地方財政の逼迫（ひっぱく）
3. 土地・住宅問題→地価の高騰，核家族化による住宅不足

   ※1989年，土地基本法により地価税導入，1998年以降地価税課税を当面停止することとなった
4. ドーナツ化現象→都市周辺部の虫食い状の乱開発→劣悪な居住環境へ
5. スプロール現象→都市部の居住人口が減少し都市周辺部の居住人口が増加
6. 三大都市圏→東京・名古屋・大阪で約50%の人口集中がおこっている

**Answer**

1-○
2-○
3-○
4-×
5-×
6-○
（4と5の説明が逆である）

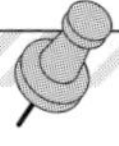

## スパッととける!!　正誤問題

check ／ 世界の都市問題に関する一般的記述として**適当でないもの**を，次の①～④のうちから一つ選べ。

① 先進国の大都市では，ホームレスの存在が社会問題となっており，行政やボランティア団体が雇用，福祉，保健医療などの分野で支援を行っている。

② 先進国の大都市では，公的な保護が得られず，路上生活を余儀なくされているストリート・チルドレンが多数存在し，人権問題にもなっている。

③ 開発途上国の大都市では，貧困問題が深刻で，定職に就けない人々が不衛生なスラムに居住するなどしている。

④ 開発途上国の大都市では，都市基盤の整備が不十分なまま，短期間に大量の人口が流入し，住宅不足や交通渋滞，環境問題等が生じている。（センター試験より）

正解は②

**スパッと解説!!**　①については格差の拡大からニューヨークなどでの「マンション・スラム（廃墟となったマンションがスラム化）」が問題となっている。②は先進国ではなく，途上国にすれば正しい。③と④は常識として判断できるはずだ。

check
☐ 全国総合開発計画に関する次の記述A～Dと，それらの計画が策定された時代背景を示す次の記述ア～エとの組合せとして最も適当なものを，以下の①～⑥のうちから一つ選べ。

A　全国総合開発計画では，全国各地に新産業都市と呼ばれる生産拠点を指定して，地域間の均衡ある経済発展を目指した。

B　新全国総合開発計画では，全国に高速交通網を張りめぐらして，全国土の開発可能性の向上を目指した。

C　第三次全国総合開発計画では，工業開発よりも生活環境を優先して，人間居住の総合的環境の創造を目指した。

D　第四次全国総合開発計画では，政治の中心や経済の中心などを地方に分散させて，地域間で相互に補完し合うような国土構造の構築を目指した。

ア　日本列島改造ブーム
イ　国民所得倍増計画の発表
ウ　国際化・情報化に対応した諸機能の東京一極集中
エ　石油危機の発生やエネルギーの枯渇に対する危惧（きぐ）

① A—ア　C—ウ　② B—イ　D—エ　③ A—ア　C—エ
④ B—ウ　D—ア　⑤ A—イ　C—エ　⑥ B—ウ　D—イ

（センター試験より）

正解は⑤

**スパッと解説!!**　ややややっかいな問題ですね。「全国総合開発計画」は2005年の法改正により「国土形成計画」となっているので注意しましょう。

Aは1962年に池田勇人内閣が策定したもの。よってイの国民所得倍増計画とリンクするよね。Bは1969年に佐藤栄作内閣が策定したもの。よって特にリンクするものはない。Cは1977年に福田赳夫内閣が策定したもの，よってエの70年代の石油危機とリンクするね。Dは1987年の中曽根康弘内閣が策定した。よってリンクするものはない。従って答えは⑤となる。先にア～エの年代を規定してから，A～Dに当てはめるとわかりやすいですよ。

**参考「全国総合開発計画」の実施（第五全総まで）**

| 計画 | 内容 |
|---|---|
| 1962年 池田内閣策定<br>全国総合開発計画（旧全総） | 15の新産業都市を指定し「拠点開発方式」を採用。 |
| 1969年 佐藤内閣策定<br>新全国総合開発計画（新全総） | 全国を7つの地域ブロックに分け，高速交通ネットワーク（ネットワーク方式）により一体化。 |
| 1977年 福田内閣策定<br>第三次全国総合開発計画（三全総） | 生活環境の整備に重点をおく「定住圏構想」を打ち出す。→全国に200以上の定住圏を設ける。 |
| 1987年 中曽根内閣策定<br>第四次全国総合開発計画（四全総） | 東京一極集中を是正し，「多極分散型国土」の建設を目指す。首都機能の移転も議論。 |
| 1998年 橋本内閣策定<br>第五次全国総合開発計画（五全総） | 北東・日本海・太平洋新・西日本の4つの国土軸を設け，「多軸型国土」の形成を目指す。 |

12 爽快講義該当章 ▶ 経済分野 第5章

1回目 ／

2回目 ／

# 農業問題

■ 以下の各問に答えよ。

Answer

check 問1 第二次世界大戦中に施行され，戦後も長期にわたって維持された，農業保護のしくみとなった制度を何というか。

問1 食糧管理制度（※1995年に廃止された）

check 問2 1960年代に「農業基本法」の中で実施された政策を一つ書け。

問2 自立経営農家の育成，生産の選択的拡大，農工間格差の是正の中から一つ

check 問3 1970年代に実施されたコメの生産調整政策を何というか。

問3 減反政策

check 問4 1990年代に実施されたコメ市場の部分開放をカタカナで何というか。

問4 ミニマム・アクセス

check 問5 1999年に制定された「食料・農業・農村基本法」の中で指摘されている，食糧供給以外の機能を何というか。

問5 多面的機能

check 問6 1995年に廃止された日本の食糧に関する制度と，これにかわり制定された法律名を答えよ。

問6 食糧管理制度，新食糧法

check 問7 食料安保論について15字以内で説明せよ。

問7 自国の食料は自国で賄うこと。(14字)

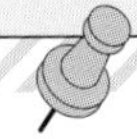

## スパッととける!! 正誤問題

check
☐ 1990年代における日本の農畜産物輸入の自由化についての記述として最も適当なものを，次の①～④のうちから一つ選べ。

① 日本は，APEC（アジア太平洋経済協力会議）で，牛肉とオレンジの輸入自由化に合意した。

② 日本は，ガットの多国間協議で，コメの輸入自由化に合意した。

③ 日本は，サミット（主要国首脳会議）で，牛肉とオレンジの輸入自由化に合意した。

④ 日本は，日米包括経済協議で，コメの輸入自由化に合意した。

（センター試験より）

正解は②

**スパッと解説!!** ①はAPECではなく，「日米農業交渉（1988）」にすれば正しい。②は1993年に合意し，1995年から国内消費量の4%～8%を輸入することとなった（1999年にはコメの自由化・関税化）。③もサミット（主要国首脳会議）ではなく，「日米農業交渉（1988）」にすれば正しい。1991年から自由化されている。④は日米包括経済協議ではなく，やはり「ウルグアイ・ラウンド交渉（1986～1994）」にすれば正しい。

check
☐ 日本における農業の現状についての記述として**誤っているもの**を，次の①～④のうちから一つ選べ。

① 農業以外の所得が農業所得を超えている農家が，全農家の5割を上回っている。

② 農業以外からの転職者などがいるものの，農家の後継者問題は依然として深刻である。

③ 総合的にみた日本の食料自給率は，1960年代から上昇傾向を示したが，依然としてアメリカ，ドイツを下回っている。

④ コメ輸入について関税化が決定されたため，農家は従来以上に生産性の向上という課題に直面している。

（センター試験より）

正解は③

**スパッと解説!!** 現在日本の食料自給率はカロリーベースで「約40%」，穀物自給率で「約30%」と先進国の中でかなり低い水準にある事は知っていますよね。「1960年代から上昇傾向を示した」という事実はなく，むしろ下がり続けているんだね。

13 爽快講義該当章 ▶ 経済分野 第5章

1回目 ／

2回目 ／

# わが国の公害問題

check ／ **問 1** 戦前の公害の原点といわれる事件は何か。

check ／ **問 2** 以下の表を完成せよ。

| 事件名 | 新潟〔 1 〕病 | 〔 2 〕ぜんそく | 富山〔 3 〕病 | 熊本〔 1 〕病 |
|---|---|---|---|---|
| 場　所 | 新潟県〔 4 〕川 | 三重県四日市市 | 富山県神通川 | 熊本県水俣市 |
| 被　告 | 〔 5 〕 | 三菱モンサント等6社 | 三井金属鉱業 | チッソ |
| 物　質 | 〔 6 〕 | 〔 7 〕 | 〔 8 〕 | 〔 6 〕 |
| 判　決 | 1971年，第1審原告勝訴 | 1972年，第1審原告勝訴 | 1971年，第2審原告勝訴 | 1973年，第1審原告勝訴 |
| 賠償額 | 2億7779万円 | 8821万円 | 1億4820万円 | 9億3730万円 |

**Answer**

問1　足尾銅山鉱毒事件

問2

／1-水俣
／2-四日市
／3-イタイイタイ
／4-阿賀野
／5-昭和電工
／6-メチル水銀（有機水銀）
／7-亜硫酸ガス
／8-カドミウム

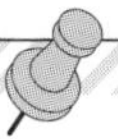

## スパッととける!! 正誤問題

check ／ 日本の公害問題についての記述として最も適当なものを，次の①～④のうちから一つ選べ。

① 水俣病は，カドミウムに汚染された魚介類を食べて発病したものであり，多数の死者を出した。

② 四大公害裁判では，いずれも原告側が勝訴し，原因企業に対する損害賠償請求が認められた。

③ 環境基本法で規定された公害は，大気汚染，水質汚濁，土壌汚染，騒音，振動，地盤沈下，産業廃棄物の不法投棄の七つに分類されている。

④ 大気汚染については，これまでの厳しい環境規制により，現在では全国的に環境基準が達成されている。

（センター試験より）

正解は②

***スパッと解説!!*** ①はカドミウムではなく有機水銀（メチル水銀）が正しい。カドミウムが原因となって起こった公害は「富山イタイイタイ病」ですよね。③は「産業廃棄物の不法投棄」ではなく「悪臭」の間違い。④については依然として環境基準が達成されていないんだ。

問3

☐1-公害対策基本

☐2-公害国会

☐3-経済の健全な発展との調和

☐4-環境基本

☐5-地球サミット（国連環境開発会議）

☐ **問 3** 以下穴埋めせよ。

● **〔 1 〕法** **1967年制定**

⇒しかし，1970年に〔 2 〕の中で改正

⇒その改正内容は〔 3 〕条項の削除

そして，1993年に廃止，代わりに制定されたのが

● **〔 4 〕法** **1993年制定**

⇒1992年の〔 5 〕を受けて，環境対策も合わせて行う意図から。

⇒公害対策基本法と自然環境保全法（1972制定）を統合する形で制定

**差をつける!!** ☐ **無過失責任の原則とPPPの相違を簡潔に説明せよ。**

**解答例** 「無過失責任の原則」とは企業に過失がなくても，公害を発生させた時点で賠償責任を負う，という原則をいう。一方の「PPP」は「汚染者負担の原則」といい，汚染者が，賠償責任ではなく，公害の再発防止のための費用（公害防止費用）を負担するという原則をいう。

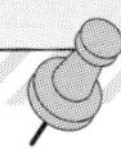

## スパッととける!! 正誤問題

☐ 「汚染者負担の原則（PPP）」に関する記述として**適当でないもの**を，次の①～④のうちから一つ選べ。

① 汚染者負担の原則は，先進国での公害の激化を背景にして，1970年代にOECDが提唱したものである。

② 汚染者負担の原則は，企業が汚染を発生させた場合には，汚染企業が被害を補償し，行政が公害防止費用を負担するという考え方である。

③ 汚染者負担の原則は，汚染物質の排出だけではなく，自然環境の利用や使用済製品の再商品化にかかわる費用負担にも適用される。

④ 汚染者負担の原則は，環境利用に伴う社会的費用を商品の価格に含め，企業を環境に配慮した経済活動へと誘導する手法として用いられる。

（センター試験より）

正解は②

**スパッと解説!!** これは基本中の基本問題ですね。②の「行政が公害防止費用を負担するという考え方」ではなく，「公害発生企業が公害防止費用を負担するという考え方」が正しい。正誤判定問題は，とにかく基本事項がその判断材料になるため，まずは基本を思い出すように心がけよう。

☐**問 4** 近年の動向について，以下穴埋めせよ。また，問に答えよ。

**《近年の動向　事実関係の正誤判定ができるように!》**

**1〔　1　〕〔環境影響評価〕制度**

⇒スウェーデンで発達し，1976年に自治体レベルで川崎市が条例化
⇒1997年には国レベルで「環境アセスメント法」が制定，1999年に施行された

**2**

3Rを優先度の高い順に答えよ。

**3〔　3　〕の実現へ向けた動き**

●**再生資源利用法（リサイクル法）**
〔1991年制定·施行〕
●**容器包装リサイクル法**
〔1997年施行→2000年改正〕
⇒ガラス瓶，ペットボトル，缶などの分別回収
●**特定家電製品リサイクル法**
〔1998年制定　2001年施行〕
⇒〔　4　〕の4品目をリサイクル

問4

☐1-環境アセスメント

☐　リデュース，リユース，リサイクル

☐3-（資源）循環型社会

☐4-テレビ，エアコン，洗濯機，冷蔵庫（順不同）

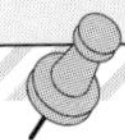

## スパッととける!! 正誤問題

check
☐ 循環型社会形成推進基本法（2000年施行）に関する記述として最も適当なものを，次の①～④のうちから一つ選べ。

① この法律は，天然資源の消費を抑制し，環境への負荷をできる限り低減する社会の実現を目指している。

② この法律では，排出者責任や拡大生産者責任の考え方について触れていない。

③ この法律を基本的枠組みとする家電リサイクル法は，使用済み家電製品を，製造業者が直接消費者より引き取り，再商品化するよう定めている。

④ この法律を基本的枠組みとするゼロ・エミッション法は，家庭内の廃棄物について規制しており，企業の生産システムについては規制していない。

（センター試験より）

正解は①

**スパッと解説!!** 循環型社会形成推進基本法（2000年施行）は，まず，「メーカーがその回収・リサイクルにまで責任をもつ⇨拡大生産者責任」と，「廃棄物は有用な資源⇨循環資源」として捉えることがその柱となっています。従って①が正解。②は拡大生産者責任の考え方について触れているので不適当。③は，テレビ，洗濯機，冷蔵庫，エアコンを小売店が回収し，製造業者（メーカー）がリサイクルするものです。④の廃棄物をゼロにするゼロ・エミッション法はスウェーデンなどで実施されているものの，わが国では実施されていません。

---

check
☐ リデュース（発生抑制），リユース（再使用），リサイクル（再生利用）という「環境の3R」の用語に関する記述として最も適当なものを，次の①～④のうちから一つ選べ。

① 使い捨て商品を購入するのは，リデュース活動である。

② デポジット制は，リユースやリサイクルの抑制を目的としている。

③ 古紙を利用して教科書を作ることは，リサイクル活動である。

④ リデュースやリユースは，リサイクルを目的としている。（センター試験より）

正解は③

**スパッと解説!!** ①はリサイクル。②は抑制ではなく促進。③は正解。④はリデュース（発生抑制），リユース（再使用），リサイクル（再生利用）の区別ができていないので不適当。

# 14 爽快講義該当章▶経済分野 第6章

1回目 ／

2回目 ／

# 労働問題①

18世紀後半イギリスで始まった〔 1 〕によって，資本主義は発展し，19世紀にはその結果として貧富の差が拡大していった。生産手段を所有する〔 2 〕と，個人の労働力を商品とする〔 3 〕との〔 4 〕を原則とする資本主義経済のもとでは，どうしても〔 3 〕が弱い立場におかれてきた。この両者の社会的・経済的格差問題を労働問題といい，団結した力によりその地位向上を求める①イギリス労働運動が19世紀以降に展開されていく。

また，この動きは後に南北戦争後のアメリカにも飛び火し，1869年には熟練工を中心に労働騎士団が結成される。その後1929年のウォール街の株価大暴落に始まり，1930年代に世界を襲った〔 5 〕を契機に，当時の米国大統領〔 6 〕は〔 7 〕を実施し，その一環として1935年に労働者を保護する〔 8 〕法を制定した。しかし，1945年以降の東西〔 9 〕以降，アメリカは自国の共産主義化を恐れて，レッドパージに乗り出し，その結果，1947年には，労働組合についての制限を加える〔 10 〕法が制定された。

一方で，戦後の日本はどうだったのだろうか。

1945年以降の日本は，GHQによる②三大経済民主化政策のもと，労働者の人権保護に努めた。この動きの中，日本国憲法には国家の積極的活動により保障される権利である〔 11 〕が盛り込まれ，さらに③労働三権と労働三法が整備された。

**Answer**

- ☑1-産業革命
- ☑2-資本家（ブルジョワジー）
- ☑3-労働者（プロレタリアート）
- ☑4-契約自由
- ☑5-世界恐慌
- ☑6-F.ローズベルト
- ☑7-ニューディール政策
- ☑8-ワグナー（全国労働関係）
- ☑9-冷戦
- ☑10-タフト＝ハートレー（全国労使関係）
- ☑11-生存権

12-労働基準法

13-女子

14-男女共同参画社会基本

この労働三法のうち，1947年に制定された〔 12 〕においては，人たるに値する生活の保障をはじめとして，様々な労働者の保護が明記されている。特に1987年には，1日8時間週40時間労働へと改正され，さらに1997年の改正では，〔 13 〕の深夜・時間外・休日労働禁止など女性保護規定が撤廃された。また1999年には，男女がともに社会において責任ある立場を築くため〔 14 〕法も制定された。



問1（各空欄付近に表示）

check 問1 空欄に適当な語句を入れよ。

問2 チャーチスト運動

check 問2 下線部①について，参政権を求めた労働運動は何か。

問3 農地改革，財閥解体，労働の民主化（順不同）

check 問3 下線部②について，この内容を三つすべて書け。

問4 団結権，団体交渉権，団体行動権（争議権）（順不同）

check 問4 下線部③について，三権をすべて答えよ。

問5 1（これはクローズド・ショップの例である）

check 問5 次のうち不当労働行為に当たらないものを一つ選べ。

1. 組合に入ることを条件に雇用すること。
2. 組合への使用者からの資金の援助。
3. 組合活動や加入を理由とした不利益な扱い。
4. 使用者側が正当な理由がないのに団体交渉を拒否すること。

問6 仲裁

check 問6 労働委員会による争議調整において，法的拘束力を持つ争議調整を書け。

15 爽快講義該当章▶経済分野 第6章

1回目 ／

2回目 ／

# 労働問題②

## 盲点チェック

■ 次の各問に答えよ。また／があるものは適当なものを一つ選べ。

Answer

check ／ 問 1 イギリスで参政権を求めた労働運動は〔 ラダイト運動／チャーチスト運動 〕である。

問1 チャーチスト運動

check ／ 問 2 アメリカで労働組合の保護を行ったのは〔 全国労働関係法／全国労使調整法 〕である。

問2 全国労働関係法

check ／ 問 3 日本で初めての労働組合は〔 労働組合期成会／鉄工組合 〕である。

問3 鉄工組合

check ／ 問 4 日本で初めての工場法の制定は〔 1910年／1911年 〕である。

問4 1911年

check ／ 問 5 労働三法を制定の早い順に答えよ。

問5 労働組合法（1945年），労働関係調整法（1946年），労働基準法（1947年）

check ／ 問 6 1948年7月に発せられた，公務員の争議権と団体交渉権を認めないとする法令を何というか。

問6 政令201号

check ／ 問 7 労働三権がすべてない公務員5職を答えよ。

問7 警察，消防，刑務官，自衛隊，海上保安庁職員（順不同）

問8 クローズド・ショップ

問8 組合員から必ず雇用しなければならない雇用形態は〔クローズド・ショップ／ユニオン・ショップ〕である。

問9 4
（使用者が組合に経済援助を行うことが不当労働行為である）

問9 次のうち不当労働行為に当たらないものを一つ選べ。

1. 労働組合に加入しないことを条件に雇用すること
2. 正当な理由なしに使用者が団体交渉を拒否すること
3. 労働組合活動への参加などを理由に不利益な扱いをすること
4. 使用者が労働組合に経費などの経済援助をしないこと
5. 不当労働行為の労働委員会への申立を理由に不利益扱いをすること

問10 ロックアウト（事業所閉鎖）

問10 労働争議のうち使用者側が行うものは何か。

問11 労働基準監督署

問11 労働基準法が守られているか監督するのは〔地方労働委員会／労働基準監督署〕である。

☑問12 労働基準法改正動向について以下空欄を埋めよ。

| 改正年 | 改正点 |
|---|---|
| 1987年改正 | 〔 1 〕制の導入，〔 2 〕制の導入，1日8時間，週〔 3 〕時間制へ |
| 1993年改正 | 〔 4 〕の付与要件の緩和，時間外労働の割増率の変更 |
| 1997年改正 | 〔 5 〕の深夜・時間外・休日労働禁止など女性保護規定の撤廃 |

問12
☑1-フレックスタイム
☑2-裁量労働
（1と2は順不同）
☑3-40
☑4-年次有給休暇
☑5-女子

☑問13 日本的経営の特徴を四つ書け。

問13 企業別組合，年功序列型賃金，終身雇用制，メインバンク制（順不同）

☑問14 1991年に〔 1 〕法が制定され，育児についての保護がなされた。また1995年には〔 2 〕法となり，介護についても休業が可能となった。1999年に施行された。

問14
☑1-育児休業
☑2-育児介護休業

☑問15 1997年に〔 1 〕法が〔2 努力義務／禁止規定 〕となり，違反した企業は〔3 事業所停止処分／企業名の公表 〕が行われる。また〔 4 〕のセクハラ防止義務も盛り込まれた。1999年に施行された。

また2006年の改正により，降格・職種変更・雇用形態変更，また直接に性別を理由とする差別ではなく，外見上は性中立的な基準を当てはめて，結果的に一方の性別の者に不利益な結果を及ぼすことになるような差別を理由とした〔 5 〕も禁止された。

問15
☑1-男女雇用機会均等
☑2-禁止規定
☑3-企業名の公表
☑4-事業主
☑5-間接差別

問16-高度プロフェッショナル制度

check ☐ **問16** いわゆる「働き方改革」の一環として，年収1075万円以上の労働者（金融ディーラー，研究者など）で，本人が同意した場合，残業や休日出勤をしても割増賃金が支払われない労働制度を何というか。



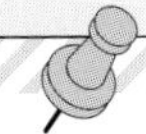

## スパッととける!! 正誤問題

check ☐ 日本的労働慣行についての記述として最も適当なものを，次の①～④のうちから一つ選べ。

① 終身雇用制の下では，本人の意に反する解雇を行うことはない。
② 年功序列型賃金の下では，同一年齢の従業員には同一賃金が支給される。
③ 労働組合が主として企業別に組織されているため，企業利益の維持・拡大を前提とした労使協調が労働運動の基調となりやすい。
④ 官僚の民間企業への天下りが多いため，従業員が昇進して管理職になるケースは少ない。（センター試験より）

正解は③

**スパッと解説!!** ①解雇を行うことはない，が誤り。②は同一年齢の従業員には同一賃金とあるが手当などが含まれるため「同一賃金」ではない。④については日本的労働慣行には含まれない。

---

check ☐ 労働者の派遣についての記述として最も適当なものを，次の①～④のうちから一つ選べ。

① 派遣労働者は，実際の就労先である派遣先企業との間には雇用関係がない。
② 派遣労働者は，社会保険に加入することができない。
③ 派遣労働者は，法定時間を超えて残業をしても割増賃金を請求することができない。
④ 派遣労働者は，年次有給休暇を請求する権利がない。（センター試験より）

正解は①

**スパッと解説!!** ①の派遣先企業とは，就業規則での雇用関係となるため，この指摘どおり雇用関係がない。よって劣悪な労働環境で働かされる場合が少なくない。②は加入ができる。③は労働基準法が適用されるため請求は可能。④も労働基準法により，一定の条件を満たせば請求可能である。

16　爽快講義該当章▶ 経済分野　第6章

1回目 ／
2回目 ／

# 社会保障

## 盲点チェック

■ 文中の空欄に適当な語句・数字を入れよ。また／があるものは適当なものを一つ選べ。

Answer

check ☐ 問1 社会保障とは〔　1　〕と〔　2　〕を融合した制度であり，この名称を使った法律をつくったのは〔3　米国／英国／ドイツ〕が最初である。

問1
☐1-公的扶助
☐2-社会保険
（1と2は順不同）
☐3-米国

check ☐ 問2 社会保険は〔　1　〕のアメとムチの政策により，1883年に〔　2　〕法の中で実現された。

問2
☐1-ビスマルク
☐2-疾病保険

check ☐ 問3 公的扶助は，〔　1　〕の1601年〔　2　〕法が始まりである。これは国民の権利保障が〔3　目的である／目的ではない〕。

問3
☐1-イギリス
☐2-エリザベス救貧
☐3-目的ではない

check ☐ 問4 失業保険は，1911年の〔ドイツ／英国〕の国民保険法が最初である。

問4　英国

check ☐ 問5 フランスの国民負担率は約〔50／60／70／80〕%となっている。

問5　70
（2020年で約67.1%）

check ☐ 問6 日本初の公的扶助は，1874年の〔　　　〕である。

問6　恤救規則

問7 戦前

check ☐ **問7** 日本の健康保険制度は〔 戦前／戦後 〕に制度化された。

問8 公的扶助，社会保険，社会福祉，公衆衛生（順不同）

check ☐ **問8** 日本の社会保障の四つの柱を答えよ。

問9

☐1-健康
☐2-共済
☐3-国民健康
☐4-厚生
☐5-国民

check ☐ **問9** 次の表を完成せよ。

| 医療保険 | | 年金保険 |
|---|---|---|
| 〔 1 〕保険 | 民間被用者〔サラリーマン〕 | 〔 4 〕年金 |
| 〔 2 〕保険 | 公務員，私学教職員など | |
| 〔 3 〕保険 | そ の 他 | 〔 5 〕年金 |

問10 1961

check ☐ **問10** 国民皆保険・国民皆年金は，〔 1960／1961 〕年から実施された。

問11
☐1-1973
（法整備は1972年）
☐2-物価スライド
☐3-1983
（法整備は1982年）
☐4-老人保健
☐5-後期高齢者医療制度

check ☐ **問11** 〔 1 〕年に老人医療費は無料化され，年金には〔 2 〕が適用された。この年を福祉元年と呼ぶ。しかし，〔 3 〕年には，〔 4 〕法により老人医療費は有料化され，2008年からは〔 5 〕へと移行した。

問12
☐1-1986

☐2-加入する

check ☐ **問12** 〔 1 〕年には基礎年金制度が実施された。当初学生の加入はなかったが，現在は学生も加入することになっている。主婦は〔 2 加入する／加入しない 〕ことになっている。

問13

☐1-確定拠出型年金

☐2-401K

check ☐ **問13** 2001年には，運用実績によって，厚生年金の給付額を変動できる〔 1 〕制度が，制度化された。これは日本版〔 2 〕と呼ばれる。

問14 介護保険法について誤りを一つ選べ。

①2000年に施行され，在宅介護サービスのみならず施設サービスにも保険が適用される。
②財源は40歳以上の保険料と租税，そして利用者の一律１割の負担である。
③保険が適用されるのは原則65歳以上でかつ介護認定で要介護を受けた者である。
④運営は市町村が行う。
⑤また，許可を取れば民間企業もサービスを提供できる。

問14 ②
（2022年8月現在，所得に応じて1〜3割となっている）

問15 高齢化の定義（国連による）⇒全国民に占める老年人口比率が，

●〔 1 〕%を超えた社会を〔 2 〕社会といい，日本は〔 3 〕年に突破した。
●〔 4 〕%を超えた社会を〔 5 〕社会といい，日本は〔 6 〕年に突破した。
●〔 7 〕%を超えた社会を〔 8 〕社会といい，日本は〔 9 〕年に突入した。

問15
1-7
2-高齢化
3-1970
4-14
5-高齢
6-1994
7-21
8-超高齢
9-2007

問16 〔 1 〕歳から〔 2 〕歳の女性が一生に産む子どもの数の合計の平均を〔 3 〕という。

問16
1-15
2-49
3-合計特殊出生率

問17 2004年から年金の受給基準として導入された，物価や賃金の上昇分よりも年金の給付額の上昇分を少なくする方式を一般に何というか。

問17 マクロ経済スライド

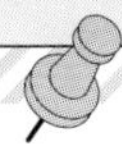

## スパッととける!! 正誤問題

check

日本の高齢社会への対応としていくつかの施策や考えがあるが，次の記述A～Cと，それと関係の深い用語ア～エとの組合せとして最も適当なものを，以下の①～⑧のうちから一つ選べ。

A　ハートビル法に基づいてエレベーターを設置することで高齢者などの社会生活上の不便を取り除くこと。

B　誰(だれ)にでも利用可能なように環境，製品などを工夫し整えること。

C　高齢者や障害者も含め，すべての人が共に暮らせる社会をつくるという考え。

ア　ノーマライゼーション　　イ　ユニバーサルデザイン

ウ　バリアフリー　　エ　ライフライン

① A－ア　B－ウ　C－イ　　② A－ア　B－エ　C－ウ

③ A－イ　B－ア　C－エ　　④ A－イ　B－エ　C－ア

⑤ A－ウ　B－ア　C－エ　　⑥ A－ウ　B－イ　C－ア

⑦ A－エ　B－イ　C－ウ　　⑧ A－エ　B－ウ　C－イ

（センター試験より）

正解は⑥

**スパッと解説!!**　ノーマライゼーションとは「高齢者や障害者も含め，すべての人が共に暮らせる社会をつくるという考え」をいう。ユニバーサルデザインとは「誰にでも利用可能なように環境，製品などを工夫し整えること」をさす用語。バリアフリーとは「障害者や高齢者の障壁となるものを取り除くこと」をいう。

---

check

社会保障制度の一つである公的年金について，1990年代以降，日本で行われてきた制度改革の記述として正しいものを，次の①～④のうちから一つ選べ。

① 厚生年金の給付総額の伸びを抑えるために，60歳から65歳への支給開始年齢の段階的引き上げが始まった。

② 経営が苦しい事業主の負担を軽減するために，従来，労使折半とされていた厚生年金の保険料は，被保険者本人が全額負担することになった。

③ 公的年金の制度間で負担の不均衡が拡大するのを避けるために，自営業者および無職の者も厚生年金に加入することになった。

④ 景気対策の一環として，国民負担を軽減するために，厚生年金の保険料率が引き下げられた。（センター試験より）

正解は①

**スパッと解説!!**　①はそのまま正しい。②は現在も労使折半である。③自営業者および無職の者も厚生年金に加入はできず，国民年金への加入となる。また任意で国民年金基金にも加入できます。2015年10月からは，共済年金も厚生年金へと一元化されました。④については保険料率が「引き上げられた」が正しい。年金問題に関しては，私大などでも出題が予想され，かつ時事的変動が大きいことから，普段から新聞などに目を通し，動向を確認していこう。

17 爽快講義該当章 ▶ 経済分野 第7章

1回目 ／

2回目 ／

# 国際経済の現状と南北問題

check
□問 1 次の文章の空欄を埋めよ。

19世紀後半からの独占資本主義時代の国家は，新たな領土拡大のため植民地の拡大政策を採っていた。この帝国主義国家の台頭によって南半球にある植民地は，一次産品（製品の原材料）の生産を強いられ（「〔 1 〕経済」と呼ぶ），これが植民地経済に構造化されていった。1959年に，地球全体に広がる経済格差を，英国ロイズ銀行総裁〔 2 〕は〔 3 〕問題と呼んだ。

check
□問 2 南北問題解決のための先進国の取り組みについて誤りを一つ選べ。

1. 1960年にはIDAが設立され，発展途上国に融資を行っている。
2. 1961年にはOECDが結成され，その下部機関のDACは各国のODAを調整し促進している。
3. 1961年には「国連開発の10年」をケネディが提唱し，国連総会で採択された。
4. 1964年には更なる自由貿易の推進のためUNCTADが設立された。

check
□問 3 第一回UNCTAD総会で示された「援助よりも貿易を」という副題（サブタイトル）の基調報告を一般に何というか。カタカナと漢字を交えて8文字で答えよ。

**Answer**

問1

□1-モノカルチャー

□2-オリバー・フランクス
□3-南北

問2 4
（自由貿易の推進ではなく南北問題の解決が目的）

問3 プレビッシュ報告

☐ **問4** 1970年代から産油国を中心に主張されている資源ナショナリズムについて20字以内で説明せよ。

問4 自国の天然資源の恒久的な主権の主張。(18字)

☐ **問5** 発展途上諸国間の経済格差の拡大から生じる経済的・政治的諸問題を一般に何と呼ぶか。

問5 南南問題

☐ **問6** 現在のメルコスールの加盟国を答えよ。

問6 ブラジル，アルゼンチン，パラグアイ，ウルグアイ，ボリビア，ベネズエラ

※ボリビアは2012年12月に加盟議定書に署名し，各国議会の批准待ち。現在議決権はない。ベネズエラは2016年から資格停止

☐ **問7** 現在のUSMCA（旧NAFTA）の加盟国を答えよ。

問7 アメリカ，カナダ，メキシコ（順不同）

☐ **問8** ASEANの原加盟国と，AFTAの原加盟国を答えよ。

問8 ASEAN…インドネシア，マレーシア，シンガポール，フィリピン，タイ（順不同）
AFTA…ASEAN原加盟国＋ブルネイ（順不同）

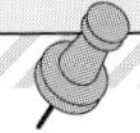

## スパッととける!! 正誤問題

☐ 発展途上国に関連する記述として最も適当なものを，次の①～④のうちから一つ選べ。

① 発展途上国間で，天然資源をもつ国ともたない国との経済格差が問題となったため，国連資源特別総会は，資源ナショナリズム反対を決議した。

② 発展途上国の中でも，一人当たり国民所得が最も低い水準にある諸国の大半は，中南米地域に集中している。

③ 一次産品については，世界市場における自由な取引にするのではなく，価格安定措置を講じるべきであるとの主張が発展途上国からなされてきた。

④ 先進国と発展途上国とを比較した場合，慢性的な飢餓状態にある地域を含む発展途上国の方が，人口増加率が低くなる傾向がある。（センター試験より）

正解は③

**スパッと解説!!** ①1974年に国連資源特別総会は「NIEO（新国際経済秩序）樹立宣言」として，資源ナショナリズム（天然資源の保有国の恒久主権）を決議した。これにより，米国などとの対立が激化しました。②は中南米地域ではなく「サハラ以南アフリカ（アフリカ地域）」が正しい。④は発展途上国の方が，人口増加率が「高く」なる傾向があるよね。

# 18 爽快講義該当章 経済分野 第5・7章

1回目 ／

2回目 ／

# 国際経済雑題

■ 次の文章の空欄に適当な語句を入れよ。また／がある場合は適当なものを一つ選べ。

### check ／ 問1 国際貿易理論

国際間における経済活動は主として貿易であり，これは〔 1 〕と呼ばれる。

かつて古典派経済学の〔 2 〕は〔 3 〕説により，各国が得意な分野に生産を特化し，輸出入を行えば世界全体の生産性が高まるとする〔 4 〕を主張した。これに対してドイツ歴史学派の〔 5 〕は国内の〔 6 〕を保護するため，〔 7 〕を主張している。

### check ／ 問2 外国為替レート

例えば，日本の企業が直接投資を行った場合，結果として〔1 円高／円安〕に移行する。このとき，金融収支は〔2 黒字／赤字〕となる。

さて，今，為替取引が円売りドル買いに動いたとしよう。このとき〔3 円高／円安〕に移行する。このように，外貨と自国通貨の決済手段である〔 4 〕相場が日々変わる相場制を〔 5 〕と呼ぶ。

**Answer**

問1

／1-国際分業
／2-リカード
／3-比較生産費
／4-自由貿易
／5-リスト
／6-幼稚産業
／7-保護貿易

問2

／1-円安
／2-黒字
／3-円安
／4-外国為替（外国為替手形）
／5-変動相場制（変動為替相場制）

## 関連問題

☐ **問 1** 円高が進行すると日本から海外への直接投資は〔1　増加／減少〕し，金融収支は〔2　黒字／赤字〕となる。こうして国内の生産拠点が海外に移転してしまう〔　3　〕が発生する。

問1
☐1-増加
☐2-黒字
☐3-産業の空洞化

☐ **問 2** 円高が進行すると内外価格差は〔拡大／縮小〕する。

問2 拡大

☐ **問 3** 円高傾向は日米貿易摩擦を〔縮小／拡大〕させる効果をもつ。

問3 縮小

☐ **問 4** 外貨の支払いは，結果として自国通貨の需要を〔1　増加／減少〕させるため〔2　円高／円安〕へと推移させる効果をもつ。

問4
☐1-減少
☐2-円安

☐ **問 5** 日本の証券投資の増加は〔　1　〕収支を黒字にし，以後投資収益を受け取った場合，〔　2　〕収支を黒字とする効果をもつ。

問5
☐1-金融
☐2-第一次所得

☐ **問 6** 輸出の拡大は円需要を〔1　増加／減少〕させるため，結果として〔2　円高／円安〕へと推移させる効果をもつ。こうして外貨準備高は〔3　増加／減少〕する。

問6
☐1-増加
☐2-円高
☐3-増加
（輸出で得た分の外貨を円と交換するため円需要が高まり円高となる）

☐ **問 7** 貿易赤字の拡大は外貨準備高を〔増加／減少〕させる。

問7 減少

☐ 問 8 日本の輸入の拡大は結果として，外貨の〔1 需要／供給〕を拡大させるため，結果として〔2 円高／円安〕へと推移する。

問8
☐1-需要
☐2-円安

☐ 問 9 円高の進行は日本の物価を（下落／上昇）させる効果を持つ。

問9 下落

☐ 問 10 円安は輸出価格の〔1 上昇／下落〕を意味するため，日本の輸出は〔2 増加／減少〕する。

問10
☐1-下落
☐2-増加

### ☐ 問 3 戦後国際通貨体制

問3

戦後の国際通貨体制の安定化は1944年の〔 1 〕協定に始まる。ここでは，貿易収支赤字国に短期融資を行う〔 2 〕と，発展途上国に長期融資を行う〔 3 〕の設立が決定された。後者の方は通称〔 4 〕と呼ばれている。また同時に金1オンス＝〔 5 〕ドルとする〔 6 〕が決定された。さらに1949年からは1ドル＝〔 7 〕円のレートも決定された。

☐1-ブレトンウッズ
☐2-IMF（国際通貨基金）
☐3-IBRD（国際復興開発銀行）
☐4-世界銀行
☐5-35
☐6-固定相場制
☐7-360

しかし，アメリカが輸入を行うことで安定的にドルを供給すれば，今度はアメリカの貿易収支が赤字となる。いわゆる〔 8 〕に悩むアメリカは1971年8月，〔 9 〕とドルの交換停止を発表，〔 10 〕・ショックを引き起こした。一時変動相場制に移行したが，同年12月〔 11 〕協定により，1ドル＝〔 12 〕円の〔 13 〕になった。

☐8-国際流動性ジレンマ
☐9-金
☐10-ニクソン
☐11-スミソニアン
☐12-308
☐13-固定相場制

しかし，更なる財政赤字を抱えたアメリカに対して，世界は〔 14 〕年，〔 15 〕に切り替え，1976年には〔 16 〕協定により正式に〔 15 〕が承認された。

☐14-1973
☐15-変動相場制
☐16-キングストン

⑤（IBRDではなくIMFが正しい）

## 関連問題

次の国際通貨体制の説明のうち誤りを一つ選べ。

①1944年のブレトンウッズ協定では1ドル360円レートが決定していない。
②1971年8月のニクソン・ショックで一時変動相場に切り替えられた。
③1971年12月のスミソニアン協定で，金1オンス38ドルと，ドルの金に対する切り下げが実施された。
④1973年に各国は変動相場制へと切り替え，金ドル本位制からドル本位制へと移行した。
⑤1969年に第三の通貨といわれるSDRがIBRDにより創設された。

## check 問 4 自由貿易の拡大

問4

第二次世界大戦が排他的貿易政策を重要な一因として起こったとする反省により，戦後は〔　1　〕貿易を目指し，1947年10月〔　2　〕という協定が調印された。この原則は，自由，無差別，多角である。

自由貿易を実現するためには，関税の引き下げと，〔　3　〕の撤廃を行わなければならない。次に無差別の原則を具現化するために，利益をすべての国に平等に分配する〔　4　〕の原則が盛り込まれている。ただし例外として，発展途上国には関税を優遇する〔　5　〕という例外もある。

次に多角に関しては，多国間交渉であるラウンド交渉を行うことで具現化している。とくに1986年から1994年に実施された〔　6　〕では，日本にはコメの最低輸入量，いわゆる〔　7　〕が

□1-自由
□2-GATT（関税および貿易に関する一般協定）
□3-非関税障壁
□4-最恵国待遇
□5-一般特恵関税（特恵関税）
□6-ウルグアイ・ラウンド交渉
□7-ミニマム・アクセス

合意され，日本は国内消費量の〔 8 〕%から段階的に〔 9 〕%のコメの部分開放を行った(1995年から開始)。

また，旅客，保険などの対外取引である〔 10 〕のルールの整備や，1995年に〔 11 〕を設立することも合意した。

☑8-4
☑9-8
☑10-サービス貿易
☑11-WTO（世界貿易機関）

**関連問題**

国際貿易体制について誤りを一つ選べ。

①アメリカは当初，ITO（国際貿易機関）の設立を目指したが，その設立が困難な情勢の下で暫定的な取り決めであるGATTに切り替えた。その原則は「自由」「無差別」「多角」である。
②GATTはバイラテラリズム（二国間主義）を排するため，ラウンド交渉を設けているが，必要な場合は申請により，二国間交渉も許される。
③ウルグアイ・ラウンドでは「農業の例外なき関税化」と，「知的財産権の保護」などが決定された。
④1994年のウルグアイ・ラウンド最終合意により，同年マラケシュ協定が調印され，1995年にWTO（世界貿易機関）が誕生した。
⑤2001年から始まったWTOのドーハ・ラウンドは，現在合意へと至っていない。

④（最終合意は1993年が正しい。マラケシュ協定は1994年。）

**参考**「TPP（Trans-Pacific Partnership）」について

「TPP」（環太平洋パートナーシップ，環太平洋パートナーシップ協定）
※環太平洋経済連携協定との呼称もある
⇒2006年に，チリ，シンガポール，ニュージーランド，ブルネイの4カ国が参加して作られた協定である「PACIFIC4（P4）」をベースにした拡大協定。
⇒2013年から日本も交渉に参加し，2015年に大筋合意へと至った。
⇒2017年にアメリカのトランプ政権は脱退を表明した。
⇒2018年に**アメリカを除く11ヵ国**で「**TPP11**」に署名し，発効した。
⇒2023年にイギリスの加盟が承認され，**12カ国体制**となる。



### 問5 日米貿易摩擦

日米貿易摩擦は1955年の「ワンダラー・ブラウス問題」に始まる。摩擦品目の代表的なものは1960年代が〔 1 〕，1970年代が〔 2 〕，1980年代が〔 3 〕である。この貿易摩擦を解消するために幾度か日米協議がもたれている。1989年から始まった〔 4 〕協議では，排他的取引慣行の是正や，大規模小売店舗法の見直しなどが合意された。また1993年からの〔 5 〕協議では自動車関係についての具体的な合意は得られず，1995年の〔 6 〕交渉に協議が持ち越された。ここでもアメリカと日本は合意ができず，アメリカは〔 7 〕に基づく日本高級車への報復関税措置を決定。これに対し日本は〔 8 〕に提訴を発表。結果的に和解した。

問5

- 1-繊維
- 2-鉄鋼・カラーテレビ・工作機械から一つ。（鉄鋼が望ましい。）
- 3-自動車・半導体・コンピュータから一つ。（自動車が望ましい。）
- 4-日米構造
- 5-日米包括経済
- 6-日米自動車
- 7-スーパー301条（米国包括通商法301条）
- 8-WTO（世界貿易機関）

## check 問 6 日本の貿易の自由化

1963年，日本は貿易制限が許される〔 1 〕国から，貿易制限が許されない〔 2 〕国へと移行した。

また，1964年，日本は為替制限が許される〔 3 〕国から，為替制限が許されない〔 4 〕国へと移行し，こうして国際社会において経済立国として道を切り開いていった。

問6

☐1-GATT12条
☐2-GATT11条
☐3-IMF14条
☐4-IMF8条

## check 問 7 国際収支

①新しい国際収支（2014年1月計上分より）

| 項目 | 内容 |
|---|---|
| 〔 1 〕収支 | 〔 2 〕収支（商品の輸出入や旅客，権利の使用料など） |
| | 〔 3 〕収支（所得，利子・配当などの投資収益など） |
| | 〔 4 〕収支（無償の消費財援助，仕送りなど） |
| 〔 5 〕収支 | 無償の資本援助など |
| 〔 6 〕収支 | 〔 7 〕投資（工場や会社の設立や，経営権取得のための株式を取得する投資） |
| | 〔 8 〕投資（収入を目的とした，外国株式や外国債券を取得する投資） |
| | 〔 9 〕（デリバティブ取引などに関わる投資） |
| | 〔 10 〕（中央銀行や政府の保有するドルやSDRなど） |
| | その他投資（銀行・企業・政府による貸し付けや貸し出し，現金・預金など） |

②国際収支は，複式簿記で記載されるため，以下となるように記載する。

経常収支＋資本移転等収支＋誤差脱漏＝〔 11 〕

よって

経常収支＋資本移転等収支－〔 11 〕＋誤差脱漏＝0

問7

☐1-経常
☐2-貿易・サービス
☐3-第一次所得
☐4-第二次所得
☐5-資本移転等
☐6-金融
☐7-直接
☐8-証券
☐9-金融派生商品
☐10-外貨準備
☐11-金融収支

## 関連問題

日本の国際収支の動向について，空欄に適当な語句を入れよ。また／がある場合は適当なものを一つ選べ。

問1
□1-貿易
□2-黒字

check □ **問 1** 日本が米国へ自動車を輸出した場合，日本の〔　1　〕収支は〔2 黒字／赤字〕となる。

※米国にとっては同じ額の輸入となり，理論上収支はプラスマイナスゼロとなる。

問2
□1-サービス
□2-赤字

check □ **問 2** 日本人が海外旅行をすると〔　1　〕収支は〔2 黒字／赤字〕となる。

問3
□1-資本移転等
□2-赤字

check □ **問 3** 日本が海外に無償の道路を建設した場合〔　1　〕収支は〔2 黒字／赤字〕となる。

問4
□1-第二次所得
□2-赤字

check □ **問 4** 日本が無償の消費財を援助すると〔　1　〕収支は〔2 黒字／赤字〕となる。

問5
□1-金融
□2-黒字
□3-第一次所得
□4-黒字

check □ **問 5** 日本が外国に直接投資を行った場合，日本の〔　1　〕収支は〔2 黒字／赤字〕となり，その後，投資収益を受け取れば，日本の〔　3　〕収支は〔4 黒字／赤字〕となる。

このとき，金融収支の黒字＝日本の対外資産の増加となる。

問8
□1-南北問題
□2-UNCTAD（国連貿易開発会議）
□3-援助よりも貿易を
□4-NIEO（新国際経済秩序）
□5-天然資源に対する保有国の恒久主権

### check □ 問 8 南北問題とNIEO樹立宣言

〔　1　〕の解決のために1964年に設立された国連機関〔　2　〕は，「〔　3　〕」というスローガンの下，その解決を目指した。また，1974年，国連資源特別総会は，〔　4　〕樹立宣言を採択し，〔　5　〕を宣言した。

## ☐問 9 欧州統合

〔 1 〕年，フランスの外相〔 2 〕の提唱により〔 3 〕，日本語で〔 4 〕が〔 5 〕条約に基づいて成立した。これにより石炭，鉄鋼を通してヨーロッパの全面的な市場統合の歩みが始まった。この組織の加盟国は，〔 6 〕･〔 7 〕･〔 8 〕･〔 9 〕･〔 10 〕･〔 11 〕の6カ国である。

また，1958年には〔 12 〕条約に基づいて，〔 13 〕と〔 14 〕が成立した。一方で，これらの動きに対抗しイギリスを中心に1960年，〔 15 〕を組織したものの，イギリスと〔 16 〕は〔 17 〕年に脱退した。脱退と同時に両国は，すでに1967年に組織されていた〔 18 〕に新たに加盟した。

こうしたヨーロッパの地域統合の動きは，1992年〔 19 〕条約の調印により〔 20 〕年，〔 21 〕，日本語では〔 22 〕を組織することとなる。1995年には〔 23 〕･〔 24 〕･〔 25 〕の3カ国が加盟した。この動きに伴って〔 26 〕年，単一通貨〔 27 〕が誕生。2002年に加盟国内において完全移行した。ただし，〔 28 〕･〔 29 〕･〔 30 〕の3カ国は第一次移行国に含まれていない。この単一通貨の管理を行う中央銀行は〔 31 〕である。

問9
☐1-1952
☐2-シューマン
☐3-ECSC
☐4-ヨーロッパ（欧州）石炭鉄鋼共同体
☐5-パリ
☐6-フランス
☐7-西ドイツ
☐8-イタリア
☐9-ベルギー
☐10-オランダ
☐11-ルクセンブルク
（6～11は順不同）
☐12-ローマ
☐13-EEC（欧州経済共同体）
☐14-EURATOM（欧州原子力共同体）
（13・14は順不同）
☐15-EFTA（欧州自由貿易連合）
☐16-デンマーク
☐17-1973
☐18-EC（欧州共同体）
☐19-マーストリヒト
☐20-1993
☐21-EU
☐22-欧州連合
☐23-オーストリア
☐24-フィンランド
☐25-スウェーデン
（23～25は順不同）
☐26-1999
☐27-EURO（ユーロ）
☐28-イギリス
☐29-スウェーデン
☐30-デンマーク
（28～30は順不同）
☐31-欧州中央銀行（ECB）

## 関連問題

問1 フランス，西ドイツ，イタリア，ベルギー，オランダ，ルクセンブルク（順不同）

check 問1 ECSCの原加盟国を答えよ。

問2
1-ECSC
2-パリ
3-EEC
4-EURATOM
5-ローマ
6-EC
7-EU
8-マーストリヒト

check 問2 以下穴埋めせよ。

1952年 〔 1 〕(ヨーロッパ石炭鉄鋼共同体)
⇒〔 2 〕条約による
加盟国…仏，西独，伊，ベルギー，オランダ，ルクセンブルク
1958年 〔 3 〕(ヨーロッパ経済共同体)
加盟国…同上6カ国
⇒〔 4 〕(ヨーロッパ原子力共同体)も設立
⇒〔 5 〕条約による
1967年 〔 6 〕(ヨーロッパ共同体)
⇒関税同盟と共通農業政策
1993年 〔 7 〕(欧州連合）へ
⇒この年〔 8 〕条約が発効
1999年 単一通貨EURO（ユーロ）に通貨統合。2002年に完了。

問3 EFTA（欧州自由貿易連合）

check 問3 1960年に，EECに対抗してイギリスが設立した組織を何というか。

問4 スウェーデン，デンマーク（順不同）など

check 問4 2023年現在，ユーロに移行していない2カ国を答えよ。

問5 ECB（欧州中央銀行）

check 問5 ユーロ発行銀行を答えよ。

check 問6 2003年に発効した，政治統合を目指す，EU内の条約を答えよ。

問6 ニース条約

check 問7 2004年にEUに新たに加盟した10カ国を答えよ。

問7 ポーランド，チェコ，ハンガリー，スロベニア，スロバキア，ラトビア，エストニア，リトアニア，マルタ，キプロス（順不同）

スパッと絵で覚える!!

ポチハスロスロラエリマキ

check 問8 2005年にEU憲法の批准を拒否した2カ国を答えよ。

問8 フランス，オランダ（順不同）

check 問9 2007年にEUに加盟した2カ国を答えよ。

問9 ルーマニア，ブルガリア（順不同）

check 問10 2013年にEUに加盟した国を答えよ。

問10 クロアチア

## ■ EUの動向に関する問題

2002年に通貨統合を完了させたEUは，さらなる政治統合を目指し〔 1 〕を制定した。しかし発効には全加盟国の批准が必要であるが，2005年に欧州統合の提唱国である〔 2 〕と，〔 3 〕が国民投票で批准を拒否したため，発効のめどが立っていなかった。

こうしたなかで，様々な妥協を加えた〔 4 〕条約が2009年に発効し，ベルギーの〔 5 〕が初代EU大統領に就任した。こうして政治統合へと向かったEUであるが，様々な問題も内包している。

例えば，〔 6 〕では2009年に政権交代が起こ

☐1-EU憲法

☐2･3-フランス・オランダ（順不同）

☐4-リスボン
※EU基本条約との呼称もある。

☐5-ファンロンパイ（2023年現在はミシェル）

☐6-ギリシャ

☑7-パパンドレウ

☑8-PIIGS（ポルトガル，イタリア，アイルランド，ギリシャ，スペイン）
※GIIPSとも呼ばれる。

☑9-チプラス
☑10-債務不履行（デフォルト）

☑11-2016
☑12-国民投票

☑13-(テリー・ザ・)メイ
☑14-(ボリス・）ジョンソン

☑15-ハング・パーラメント

☑16-ブレグジット

☑17-27

問1（各空欄付近に表示）

り，〔　7　〕政権が発足した。しかし，ギリシャではGDPの100%を超える債務残高があることが判明し，ギリシャ国債の暴落で財政危機へと陥った。この他にも財政危機を抱える国が幾つかあり，これらの国をまとめて〔　8　〕とよぶ。

こうした背景から，ユーロ安が進行し，2008年7月に1ユーロ169.63円をつけたユーロは，2012年7月に1ユーロ95.39円まで下落した。

また，2015年にもギリシャの〔　9　〕政権が緊縮政策を実行しないことなどから，〔　10　〕となる懸念が高まった。

〔　11　〕年に入ると，イギリスでは〔　12　〕が実施され，EUからの離脱が決定された。しかし，その後議会は運営が紛糾し，2019年7月にはこうした責任をとって〔　13　〕首相（保守党党首）が辞任，〔　14　〕首相（新保守党党首）が就任した。〔　14　〕首相は12月に（議会で総選挙を実施する法律を通して）総選挙を実施して，単独過半数を獲得し，議会（下院）において単独過半数を獲得する政党のない，いわゆる「〔　15　〕」は解消された。こうしてイギリスは2020年1月末にEUを離脱した。この一連の動きを一般に「〔　16　〕」という。

現在のEU加盟国は〔　17　〕カ国である。

1993年のEU設立から約30年以上が経つが，様々な不協和音を響かせている。

☑ **問 1** 〔　　　〕に最も適当な語句を入れよ。

☐ **問 2** 下線部に関連して，その動向として誤っているものを1つ選べ。

①EU加盟国のうち，ユーロ流通圏は20カ国である。(2023年8月現在)
②2013年にはクロアチアがEUに加盟した。
③人口は8億人を超えている。
④トルコとマケドニアなどは，加盟交渉中である。
⑤2023年１月から，クロアチアでEUROが流通した。

問2 ③（2023年6月現在で約4.4億人を超えている）

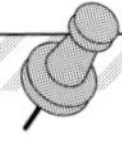

## スパッととける!! 正誤問題

☐ イギリスとドイツの経済政策についての記述として正しいものを，次の①～④のうちから一つ選べ。

① EU（欧州連合）は日本との間で独自の経済連携協定（EPA）を結んでいない。
② イギリスは，EUの単一通貨ユーロが導入された時点で，ユーロに参加しなかった。
③ ドイツは，東西ドイツ統一に伴う経済的混乱が大きかったため，EUの発足当初は加盟しなかった。
④ ドイツは，EUのエネルギー政策に基づいて，原子力発電所を積極的に建設している。

（センター試験・改題）

正解は②

**スパッと解説!!** ①は事実ではない。2018年に締結している。②現在，イギリス，スウェーデン，デンマークはユーロに移行していなかったね。これは正解だね。③ドイツは1952年の欧州統合の原点となるECSC（欧州石炭鉄鋼共同体）に当初から加盟している。もちろんEUにもです。欧州統合のきっかけは，マーシャル・プランに頼らない戦後経済復興と，ドイツとフランスの和解，そして地下資源の共同管理による戦争の防止の3点が設立動機だったんだね。④ドイツは原発の廃止を宣言している。

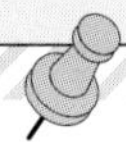

## スパッととける!! 正誤問題

check
□ 次のa～cは大恐慌の際の各国の経済状況を記述している。それらを教訓として第二次世界大戦後生まれた国際的な制度や経済政策をア～カから選び，a～cに対応する組合せとして最も適当なものを，下の①～⑥のうちから一つ選べ。

a　各国は，関税の引上げや直接的な規制によって輸入を抑制した。
b　多くの国で失業が深刻な問題となった。
c　各国は，輸出を伸ばすために競って為替相場を切り下げた。

ア　国際通貨基金（IMF）
イ　ケインズ的な需要管理政策
ウ　国際労働機関（ILO）
エ　関税と貿易に関する一般協定（GATT）
オ　経済協力開発機構（OECD）
カ　国際復興開発銀行（IBRD）

① a―エ　b―イ　c―オ
② a―カ　b―ウ　c―オ
③ a―エ　b―イ　c―ア
④ a―カ　b―ウ　c―ア
⑤ a―カ　b―イ　c―ア
⑥ a―エ　b―ウ　c―オ

（センター試験より）

正解は③

**スパッと解説!!**　これもなかなかの良問です。機関とその役割はしっかりとリンクさせておきましょう。まず，a。1930年代，各国は，関税の引上げや直接的な規制によって輸入を抑制した。これが「ブロック経済」の始まりだったね。つまり保護貿易だよね。これを是正するため自由貿易を目指して，1947年「関税と貿易に関する一般協定（GATT）」が締結されたんだったね。そしてb。1930年代，非自発的失業が増加したんでしたね。これを解決するため完全雇用を目指し，「ケインズ的な需要管理政策」（これを実行したのがF.ローズベルトの「ニューディール政策」）を実施したわけです。最後にc。また1930年代は，各国は変動相場制だったため，自国通貨を切り下げる為替ダンピングを行った。これを防ぐため，1944年にブレトンウッズ会議が開催され，固定相場を維持するために外貨を貸し出す国際金融機関として，国際通貨基金（IMF）を設立する合意を行ったんだね。

19

爽快講義該当章 ▶ 経済分野 第7章

1回目 ／

2回目 ／

# 国際経済分野

## 盲点チェック

Answer

### 問1 政府開発援助について

政府開発援助，英語名の略称〔 1 〕は先進国が発展途上国に行う資金援助である。これは〔 2 〕の下部組織である〔 3 〕の指針に沿って，各援助国が主に〔 4 〕と〔 5 〕という方法で行っている。また，贈与相当分である〔 6 〕が〔 7 〕%以上であることが条件となっている。この組織の援助目標はGNI比〔 8 〕%である。一方日本政府の援助額はGNI比〔 9 〕%となっている。

問1
- 1-ODA
- 2-OECD（経済協力開発機構）
- 3-DAC（開発援助委員会）
- 4-贈与
- 5-借款（4と5は順不同）
- 6-グラント・エレメント
- 7-25
- 8-0.7
- 9-0.34（2021年実績）

### 問2 地域経済

①ASEANの正式名称は〔 1 〕である。1995年に〔 2 〕，1997年にラオス，ミャンマーが加盟し，1999年には〔 3 〕が加盟。現在の加盟国は〔 4 〕カ国である。

また，マレーシアでは1980年代に〔 5 〕首相により日本の経済政策をモデルとした〔 6 〕政策が提唱された。

②APECの正式日本語名称は〔　　〕である。

③NAFTAの正式日本語名称は〔　　〕である。

問2
- ① 1-東南アジア諸国連合
- 2-ベトナム
- 3-カンボジア
- 4-10
- 5-マハティール
- 6-ルック・イースト

②アジア太平洋経済協力会議

③北米自由貿易協定

④☐1-韓国
☐2-台湾
☐3-香港
☐4-シンガポール
（順不同）

④アジア地域において，1980年代から急激な経済成長を遂げたアジアNIES（新興工業経済地域）は，〔　1　〕，〔　2　〕，〔　3　〕，〔　4　〕の4カ国・地域である。

⑤ブラジル，ロシア，インド，中国，南アフリカ
（これに，インドネシアを加えて「BRIICS」と呼ぶこともある）

⑤世界経済において急成長を遂げている新興国である「BRICS」とは〔　1　〕,〔　2　〕,〔　3　〕,〔　4　〕，〔　5　〕の5カ国を指す。



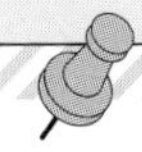

## スパッととける!! 正誤問題

check
☐ インドシナの3か国に関連して，インドシナの3か国（ベトナム，カンボジア，ラオス）に関する記述として最も適当なものを，次の①～④のうちから一つ選べ。

① インドシナ3国は，域内の経済協力を促進するために，統一通貨の実現を目指すことになった。

② インドシナ3国の経済改革は，いずれも国有企業の改革を実施していないという点で，中国の改革・開放政策とは異なっている。

③ カンボジアは，国内の経済回復を優先するために，ASEAN（東南アジア諸国連合）には加盟しないことを決めた。

④ ベトナムは，対外開放と市場経済化を促進するために，ドイモイ（刷新）と呼ばれる経済改革を実施している。（センター試験より）

正解は④

**スパッと解説!!** まずは基本知識から着実に判断していこう。①のような事実はない。②のベトナム，ラオス，カンボジアのいわゆるインドシナ3国は，国有企業の改革も含めた経済改革を行っている。特にベトナムのドイモイは有名ですよね。③1999年にカンボジアはASEAN（東南アジア諸国連合）に加盟しているよ。④は基本知識だね。

20 爽快講義該当章 ▶ 経済分野 第7章

1回目 ／

2回目 ／

# 環境問題

■ 以下の文章を読み各問に答えよ。

20世紀は「経済の世紀」ともいわれるように，猛烈な勢いで経済規模は拡大した。この経済成長に伴い，環境の汚染・破壊も国境を越え，地球的規模でその汚染・破壊は拡大した。これが環境問題である。

1972年に〔 1 〕のストックホルムで〔 2 〕会議が開催された。この中で〔 3 〕が採択され，国連の中に〔 4 〕を設置することも決定した。この後10年ごとに環境会議は開催され，特に1992年に開催された〔 5 〕会議では様々な取り組みが行われた。中でも〔 6 〕条約により本格的に温暖化対策に乗りだした。この会議では，環境問題への取り組みを行うことは世界共通であるが，先進国と途上国とでは，その対処能力や寄与度が異なっているとする，〔 7 〕とする考え方が採用された。

1997年には〔 6 〕条約の第3回締約国会議が〔 8 〕で開催された。この中で〔 8 〕議定書が採択され，温室効果ガスの具体的数値目標が設定された。しかし2001年に〔 9 〕が脱退するなど，先進国間，途上国間共に足並みの乱れが指摘されている。〔 8 〕議定書は2012年に第一約束期間を終えた。日本は数値目標を達成した。

check ／ 問 1 文章中の空欄に適当な語句を入れよ。

**Answer**

／1-スウェーデン
／2-国連人間環境
／3-人間環境宣言
／4-国連環境計画（UNEP）
／5-国連環境開発
／6-気候変動枠組み（地球温暖化防止）
／7-共通だが差異ある責任
／8-京都
／9-アメリカ

問1（各空欄付近に表示）

問2 環境問題の種類について，以下穴埋めせよ。

| 種類 | 原因 | 現象 |
| --- | --- | --- |
| 〔 ① 〕 | SOx 硫黄酸化物<br>NOx 窒素酸化物 | 森林・湖沼の生物の死滅 |
| **オゾン層破壊** | 〔 ② 〕 | オゾンホールの拡大による皮膚がん |
| **地球温暖化** | $CO_2$，メタン，フロンガス等の〔 ③ 〕 | 海面上昇による都市の水没 |
| 〔 ④ 〕 | 焼畑，森林伐採，過放牧 | 土壌浸食や洪水，気候変動，野生生物絶滅 |
| 〔 ⑤ 〕 | 過放牧，過耕作，干ばつ | 食糧生産の低下や飢餓 |

問3 下線部に関連してこの時の様々な対策として適当なものを一つ選べ。

①生物多様性条約　②森林原則声明の条約化
③モントリオール議定書　④ラムサール条約

問4 〔 5 〕会議のスローガンを7文字で答えよ。

問5 〔 8 〕議定書に関連して適当でないものを二つ選べ。

①1990年比で2008年から2012年までに数値目標を達成する。
②先進国はもとより発展途上国にも削減義務がある。
③先進国間での排出権取引を市場取引として認めている。
④先進国が途上国で行ったクリーン事業の削減分を，その先進国の削減として計上できるクリーン開発メカニズムを採用している。

問2
①-酸性雨
②-フロンガス（特定フロンガス）
③-温室効果ガス
④-熱帯林破壊
⑤-砂漠化

問3 ①
（②の条約化は途上国の開発の権利に配慮し見送られた。③は1987年。④は1971年であり適当でない。）

問4 持続可能な開発

問5 ②
（「共通だが差異ある責任」の考え方のもと，途上国に削減義務はない。）
⑥
（中国ではなくロシアの誤り。）

⑤先進国間における共同実施を認めている。
⑥2004年に中国が加盟したことにより，2005年に議定書は発効した。

check 問 6 2010年10月に，愛知県名古屋市で，「生物多様性条約第10回締約国会議（COP10），別名，国連地球生きもの会議」が開催され，医薬品などの資源提供を行った途上国に，利益還元を行うことなどを取り決め，2014年に発効した条約を何というか。

問6 名古屋議定書

check 問 7 2015年のCOP21（第21回気候変動枠組み条約締約国会議）において，今世紀末の気温上昇を産業革命前から2度未満に抑えることなどを盛り込んだ文書が採択され，2016年11月に発効した。この文書の名称を，開催地を付した呼び名で答えよ。

問7 パリ協定

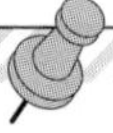

## スパッととける!! 正誤問題

check 京都議定書に関する記述として最も適当なものを，次の①～④のうちから一つ選べ。

① 京都議定書の数値目標を達成するための措置として，共同実施，クリーン開発メカニズム，国際排出権取引が規定されており，これらは京都メカニズムと呼ばれる。
② 京都議定書では，先進諸国全体として2010年の温室効果ガス排出水準を，基準年（1990年）水準に比べ10パーセント削減するとの数値目標で合意されている。
③ 京都議定書では，温室効果ガス排出量の削減目標には国による差を認めず，EU（欧州連合），アメリカ，日本等の先進国に一律削減させる数値目標で合意されている。
④ 京都議定書の数値目標を設定するに当たって，先進諸国間の合意に向けての交渉は，環境保護団体の意向を重視する当時のアメリカの姿勢により円滑に進められた。

（センター試験より）

正解は①

**スパッと解説!!** ②は10%ではなく5%。③は一律ではなく，日本が「6%」，米国が「7%（2001年ブッシュ政権が京都議定書から離脱）」，EU全体で「8%」となっている。④は「アメリカの姿勢により」が誤り。

# 第3章

# グラフと計算問題

Graph & Calculation

## テーマ 1 需要供給曲線と需要供給関数の計算

**爽快講義該当章** 経済分野第 2 章

check

☐ **(1)** 次の図は，ある財の需要曲線をＤＤ，課税前の供給曲線をＳＳ，課税後の供給曲線をＳ′Ｓ′で示して，生産に課される税の影響を示したものである。価格と取引数量の変化を説明する記述として最も適当なものを，以下の①～④のうちから一つ選べ。 （センター試験）

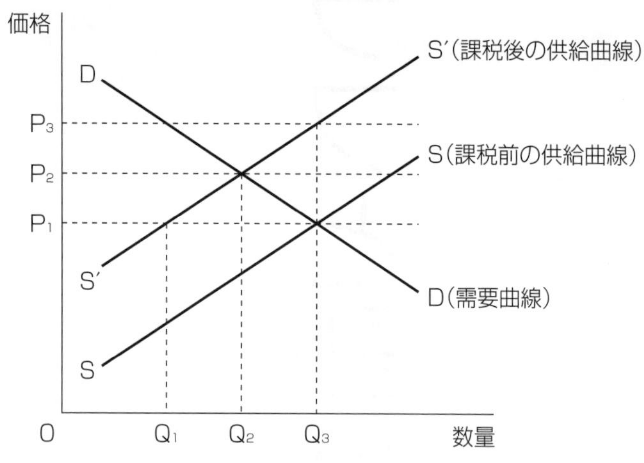


① 課税後の取引数量は，$Q_1$で示される。

② 課税後の価格は，$P_3$で示される。

③ 課税に伴う取引数量の変化は，$Q_2$マイナス$Q_1$で示される。

④ 課税に伴う価格の上昇は，$P_2$マイナス$P_1$で示される。

正解は④

***スパッと解説!!*** 簡単なグラフ問題だね。まず課税前の価格は$P_1$，取引数量は$Q_3$だね。課税後の価格は$P_2$となり取引数量は$Q_2$となる。よって課税後は$P_2-P_1$分価格が上昇し，取引数量は$Q_3-Q_2$分減少する。よって④が正しい。

check
□ **(2)** 次の図は，自由貿易の下で，ある財が国際価格Pのときに，国内供給$X_1$と国内需要$X_2$との差だけ輸入されることを示している。ここで，他の事情を一定とした場合，この財の輸入量を増加させうる要因として正しいものを，下の①～④のうちから一つ選べ。　（センター試験）

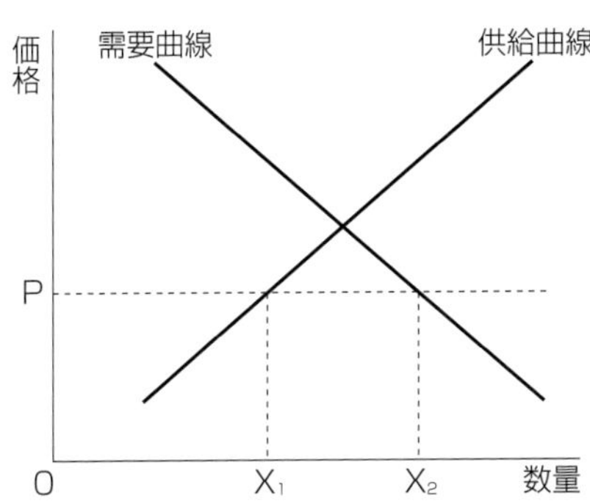


① 国際価格の上昇　　② 国民の所得の増大
③ 国内産業の技術の進歩　　④ 関税の引上げ

正解は②

***スパッと解説!!*** まずこの問題の場合，輸入がどこを示しているのかを判断する必要がある。通常の国内価格は，市場での均衡価格となる。しかし国際価格Pは，図のようにそれよりも安いため，国際価格Pで取引すると，国内供給が「$X_1$」，国内需要が「$X_2$」となり，国際価格Pの超過需要（物不足）が発生してしまう。この超過需要分が輸入と考えてね。すると問題文にある通り，国内供給の「$X_1$」と，国内需要の「$X_2$」の幅（差）が輸入だ。
①の国際価格の上昇は（輸入価格の上昇），国内供給「$X_1$」が増加し，国内需要の「$X_2$」は減少する。よって，「$X_1$」と，「$X_2$」の幅（差）を小さくするので不適当。
②は需要曲線が右移動し，国内供給の「$X_1$」と，国内需要が「$X_2$」の幅（差）が大きくなるので適当。
③は供給曲線が右移動し，国内供給の「$X_1$」と，国内需要が「$X_2$」の幅（差）が小さくなるので不適当。
④は，関税によって，輸入価格が上昇するため，①と同様に，国内供給「$X_1$」が増加し，国内需要の「$X_2$」は減少する。よって，「$X_1$」と，「$X_2$」の幅（差）を小さくするので不適当。
これはよく，保護関税の効果として出題されるよ。

**(3)** 生徒Yは，政府による価格への介入の影響を考えるために次の図を作成した。後のメモは，図をもとにYがまとめたものであり，空欄 ア には図中の記号$Q_0$～$Q_2$のいずれかが当てはまる。メモ中の空欄 ア ・ イ に当てはまる記号と語句との組合わせとして最も適当なものを，後の①～⑥のうちから一つ選べ。（共通テスト）

**図**

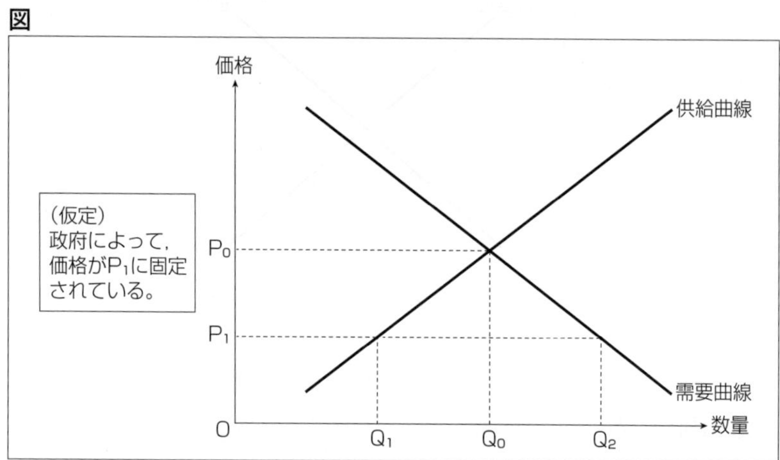


**メモ**

政府による価格の介入によって，価格が$P_1$に固定されると，取引される財の数量は ア となる。このとき，この財の市場では イ が発生していることになる。

① ア－$Q_0$　イ－超過需要　② ア－$Q_0$　イ－超過供給
③ ア－$Q_1$　イ－超過需要　④ ア－$Q_1$　イ－超過供給
⑤ ア－$Q_2$　イ－超過需要　⑥ ア－$Q_2$　イ－超過供給

正解は③

**スパッと解説!!** $P_1$ではの需要は$Q_2$，供給は$Q_1$なので，取引量は「$Q_1$」で，「$Q_2$－$Q_1$」分の「超過需要」が発生しています。この類似問題はセンター試験にもありますから，共通テスト対策の一環として，センター試験の過去問にも取り組みましょう。

(4) ビールの需要および供給曲線を次の図のように示した。適切なものを，以下の1～4の中から一つ選び，その番号を記入せよ。（広島経済大学）

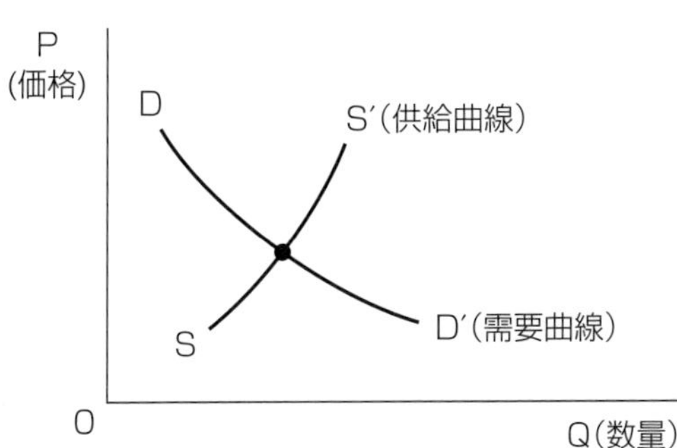


1　冷夏の影響でビールの消費量が減少すれば，需要曲線は左方向へシフトし，市場価格は上昇する。
2　猛暑の影響でビールの消費量が増加すれば，需要曲線は右方向へシフトし，市場価格は低下する。
3　冷夏の影響でビールの消費量が減少すれば，需要曲線は左方向へシフトし，市場価格は低下する。
4　猛暑の影響でビールの消費量が増加すれば，需要曲線は左方向へシフトし，市場価格は上昇する。

正解は3

**スパッと解説!!** 1は価格は下落する，とすれば正しい。2については価格が上昇するとすれば正しい。4は需要曲線は右方向へシフトし，とすれば正しい。

check

**(5)** 次の文章の空欄 (1) ～ (9) に入れるのに最も適切な語句または数字を答えよ。 (法政大学)

あるアイスクリーム市場における需要曲線と供給曲線が，Xを数量，Pを価格として，それぞれ以下のような式で表されているとする。

需要曲線（DD） X＝120－P

供給曲線（SS） X＝3P

この場合，アイスクリームの需要と供給が等しくなる (1) 価格は，(2) 円となり，そのときの (1) 数量は (3) 個となる。この生産物の価格が50円であるとき，市場は超過 (4) が生じ，その大きさは (5) 個となる。また価格が，20円になると超過 (6) が生じ，その大きさは (7) 個となる。

さて，消費者の所得が減少することにより，価格が一定のもとで，需要が変化し，新しい需要曲線が

需要曲線（DD′） X＝100－P

となったとする。このとき，新しい (1) 価格は， (8) 円となり，(1) 数量は (9) 個となる。

正解　(1) 均衡　(2) 30　(3) 90　(4) 供給　(5) 80
(6) 需要　(7) 40　(8) 25　(9) 75

**スパッと解説!!**　均衡数量と均衡価格は，需要と供給のそれぞれの式の連立方程式を解けばいい。ここで注意したいのは，数量を求めているのか，それとも価格を求めているのかの違いだよ。

まず均衡価格は

120－P＝3P

P＝30

よって30円と算出される。

これを，需要か供給のいずれかに代入することでX，即ち均衡数量が出る。ここでは需要曲線に代入します。

120－30＝90

により，90個が均衡数量だ。

今度はP＝50円になったときの話だね。これは均衡価格30円を上回っているため超過供給が発生する。この超過供給分の求め方は，需要と供給のそれぞれの式のPに50を代入し，それぞれの値の差額を求めるだけだ。やってみよう。

需要曲線（DD）　X＝120－50
　　　　　　　　X＝70
供給曲線（SS）　X＝3×50
　　　　　　　　X＝150

この差分，即ち150－70＝80が超過供給分だ。

今度はP＝20円になったときの話だね。これは均衡価格30円を下回っているため超過需要が発生する。この超過需要分の求め方は，需要と供給のそれぞれの式のPに30を代入し，それぞれの値の差額を求めるだけだ。やってみよう。

需要曲線（DD）　X＝120－20
　　　　　　　　X＝100
供給曲線（SS）　X＝3×20
　　　　　　　　X＝60

この差分，即ち100－60＝40が超過需要分だ。

（8）と（9）については需要曲線が変化しただけだから，冒頭の解説と同じように連立方程式を解けばいいだけだよ。

まず均衡価格は

100－P＝3P
P＝25

よって25円と算出される。

これを，需要か供給のいずれかに代入することでX，即ち均衡数量が出る。ここでは需要曲線に代入しますね。

100－25＝75

により，75個が均衡数量だ。

## テーマ2 国民所得と経済成長の計算

爽快講義該当章　経済分野第3章

check

☐ **(1)** 国民所得を算定する式を次の中から一つ選択せよ。（早稲田大学）

1. NDP＋海外からの純所得－間接税＋補助金
2. GNP－中間生産物総額－固定資本減耗－間接税＋補助金
3. GDP－固定資本減耗－間接税＋補助金
4. GNP＋海外からの純所得－固定資本減耗－間接税＋補助金
5. NNW－固定資本減耗－間接税

正解は1

***スパッと解説!!*** まず，『爽快講義』を読んでから話を聴いてね。NDPは国内純生産といい，NNPから海外からの純所得（海外からの要素所得－海外への要素所得）を差し引いて求められる。逆にいえばNDPに海外からの純所得を加えればNNP（国民純生産）に変身するわけだね。

国民所得の基本的な求め方は次のようにも表せる。（『爽快講義』ではGDPベースで説明してあるが，一部入試ではGNPベースで出題されることもあるので，以下の表で確認。）

総生産額－中間生産物（原材料費など）－減価償却費（機械などの磨り減り分）（固定資本減耗）－間接税＋補助金

- 総生産額－中間生産物：GNP〔国民総生産〕
- 総生産額－中間生産物－減価償却費（固定資本減耗）：NNP〔国民純生産〕
- 総生産額－中間生産物－減価償却費（固定資本減耗）－間接税＋補助金：NI〔国民所得〕

したがって，NNPから間接税を差し引き，補助金を加えれば国民所得（NI）を求めることができる。よって1が正解。2はGNPを総生産額とすれば正しい。3はGDPをGNPとすれば正しい。4は「GNP＋海外からの純所得」を「GNP」とすれば正しい。5のNNWは国民純福祉であり国民所得勘定とは直接的に関係がない指標だったよね。

check

☐ **(2)** A国には製パン業者・スーパーマーケット・消費者だけが存在する。製パン業者は，他国から小麦20億円を輸入し，それを材料としてパンを作り，スーパーマーケットに50億円で販売した。スーパーマーケットは製パン業者から50億円で仕入れたパンを，消費者に70億円で販売した。この場合の国民総生産を求めよ。 (中央大学・改題)

**式を書いてみよう!!**

正解　50億円

**スパッと解説!!**　それではゆっくり考えていこう。国民総生産は総生産額から中間生産物（原材料費や光熱費）を差し引いたものだったね。まず製パン業者は，20億で小麦を輸入して，スーパーマーケットに50億円で販売したのだからサックリいうと取り分（国民総生産）は，50億−20億で30億となる。この20億の部分が中間生産物だ。更にスーパーマーケットは製パン業者から50億円で仕入れたパンを，消費者に70億円で販売したのだからサックリいうと取り分（国民総生産）は，70億−50億で20億となる。この30億と20億を足した50億円がこの国の国民総生産となる。実際に図などを書いて考えるとわかりやすいよ。

**(3)**

check
☐〔設問1〕次の表のデータであれば，GDPはいくらか。その数字を解答欄に記入せよ。 (オリジナル)

表

| | | | |
|---|---|---|---|
| 雇用者報酬 | 380 | 財産所得 | 20 |
| 企業所得 | 80 | 間接税 | 35 |
| 補助金 | 5 | 固定資本減耗 | 80 |
| 海外からの純所得 | 10 | GDI | 480 |

(注) 単位：兆円。

check
☐〔設問2〕表のデータより，GNPはいくらか。その数字を解答欄に記入せよ。

check
☐〔設問3〕表のデータより，NNPはいくらか。その数字を解答欄に記入せよ。

正解　設問1―480　設問2―490　設問3―410

**スパッと解説!!**

設問1　まず三面等価の原則から，「GDI（国内総所得，雇用者報酬と企業所得と財産所得の合計）」と「GDP」は同じ値になる。よって「480」。

設問2　「GNP」は「GDP+海外からの純所得」で求められる。よって「480+10」で，「490」となる。

設問3　「NNP」は「GNP−固定資本減耗」で求められる。よって「490−80」で，「410」となる。

まず「D」なのか「N」なのかを確認してから，与えられている表の数値を確かめて，ゆっくり解いて慣れていこうね。

check
☑ **(4)** ある年の名目GDPを220として，前年の名目GDPを200とすれば，名目GDPでみた経済成長率は［ 1 ］%となる。しかし，その間の物価上昇率を5%とすれば，実質GDPでみた経済成長率は約［ 2 ］%となる。

（日本大学）

**式を書いてみよう!!**

正解　1—10　2—5

**スパッと解説!!**　まず，『爽快講義』のp276を確認しよう。名目値とは物価の変動分を除去しないので，「(ある年の名目GDP－前年の名目GDP)÷前年の名目GDP×100」で算出される。従って(220－200)÷200×100＝10%が名目GDPとなる。また実質GDPは物価の変動分を除去するため，デフレーターを用いて名目値を実質値に直す必要があるよね。デフレーターは基準値を100として，例えば5%の物価上昇ならば「105」とする(5%の下落ならばデフレーターは95)。名目値から実質値への変換のしかたは，「名目値÷デフレーター×100」で算出される。まずある年(比較年次)の220を，5%すなわちデフレーターを105として割り，100をかける。すると220÷105×100＝210(209.5)と実質値が出る。前年のGDPは基準年のためデフレーターは100としてよい。よって200÷100×100＝200と値に変化はない。これを成長率の計算式に当てはめ，(210－200)÷200×100＝5%が実質成長率となるよね。

★関係式［「実質経済成長率≒名目経済成長率－物価上昇率」］で解く方法（『爽快講義』p278参照）。

こっちの方が簡単だね。名目経済成長率は10%と暗算できる。物価上昇率は5%だから，「10%−5%」で，実質経済成長率は「5%」となるよね。つまり，自分の手取りの給料が10%上昇しても，物価が5%上昇してしまえば，手持ちのカネで買うことのできる量は5%の上昇としかならないってことだね。

## テーマ3 信用創造の計算

爽快講義該当章 経済分野第4章

check
(1) 当初の預金が1億円で，預金準備率が10%のとき，預金総額はいくらになるか。また，その際の信用創造額を求めよ。 (オリジナル)

式を書いてみよう!!

正解　預金総額は10億円　創造額は9億円

**スパッと解説!!** まず預金総額は，本源的預金（当初に預金された預金）÷預金準備率（支払準備率）であるため，1億円÷10%＝10億円となる。

信用創造額は10億円から当初の預金1億円を差し引くので「9億円」となる。

check
☑ **(2)** 次の表のように，銀行Aが，5,000万円の預金を受け入れ，支払準備率を10パーセントとして企業に貸し出すとする。さらにこの資金は，取引を経た後，銀行Bに預金される。銀行の支払準備率をすべて10パーセントで一定とすると，この過程が次々と繰り返された場合，信用創造で作り出された銀行全体の貸出金の増加額として正しいものを，以下の①～④のうちから一つ選べ。　（センター試験）

| 銀行 | 預金 | 支払準備金 | 貸出金 |
|---|---|---|---|
| A | 5,000万円 | 500万円 | 4,500万円 |
| B | 4,500万円 | 450万円 | 4,050万円 |
| C | 4,050万円 | 405万円 | 3,645万円 |
| ⋮ | ⋮ | ⋮ | ⋮ |

① 2億5,000万円　　② 3億5,000万円
③ 4億5,000万円　　④ 5億5,000万円

正解は③

**スパッと解説!!** この表から本源的預金5000万に対して，500万が支払準備金となっているので，支払準備率は10%であることがわかる（リード文にも指摘はあるが）。このため，預金総額は5000万÷10%で5億円となる。でもこの問題では預金総額ではなく信用創造をきいているため，この預金総額5億から本源的預金5000万を引かなくちゃいけない。ここ大事だよ。よって答えは③の4億5,000万となる。

check

☑ **(3)** 次の表1の信用創造について（a）（b）（c）に入れるのに最も適当な数字を答えなさい。（関西大学）

○表1　信用創造の例（当初預金100万円，支払い準備率20%の場合）

| 銀行 | 預金 | 支払い準備 | 貸出 |
|---|---|---|---|
| A | 100 | 20 | （ a ） |
| B | （ a ） | 16 | （ b ） |
| C | （ b ） | 12.8 | 51.2 |
| ⋮ | ⋮ | ⋮ | ⋮ |
| 合計 | （ c ） | 100 | 400 |

正解　a-80　b-64　c-500

***スパッと解説!!*** 預金100万円に対する支払い準備が20万円であることから，預金準備率は20%であることがわかる。よってaは「100−20」で80が入る。bには「80−16」で64が入るよね。cは預金総額であるため，100÷20%で500が入る。手を動かしながら慣れていこう。

☐ **(4)** 市中銀行の信用創造機能について，当初の預金が100億円，支払い準備率が10%であった場合，預金総額と信用創造額を求めよ。

（早稲田大学・改題）

**式を書いてみよう!!**

正解　100億÷10%＝1,000億（預金総額）
　　　1000億－100億＝900億（信用創造額）

**スパッと解説!!**　早稲田でもそこまで難解な計算問題は出題されていない。安心して過去問に取り組もう。

## テーマ4 比較生産費説の計算

爽快講義該当章 経済分野第7章

check

**(1)** 次の表は，X国とY国において，電気製品と繊維製品をそれぞれ1単位生産するために必要とされる労働者数を示したものである。比較優位の説明としてもっとも適当と思われる記述を次のうちから選べ。（明治大学）

| | X 国 | Y 国 |
|---|---|---|
| 電気製品 | 8 | 12 |
| 繊維製品 | 9 | 10 |

A．X国は繊維製品の生産に比較優位をもつことから，繊維製品をY国に輸出する。

B．Y国は繊維製品の生産に比較優位をもつことから，繊維製品をX国に輸出する。

C．X国は電気製品，繊維製品の生産に比較優位をもつことから，電気製品，繊維製品ともY国に輸出する。

D．Y国は電気製品，繊維製品の生産に比較優位をもつことから，電気製品，繊維製品ともX国に輸出する。

E．X国，Y国とも電気製品，繊維製品を自国で生産し貿易を行わないことが，両国にとってもっとも望ましい。

正解 B

**スパッと解説!!** まず，落ち着いて『爽快講義』のp372～374を読んで欲しい。基本の部分は重複するので省略します。この表ではX国が電気製品と繊維製品ともに絶対優位にあるよね。そこで各国内での生産性を相対比較します。X国では電気製品に対して繊維製品は112.5%の生産力が必要です（9÷8×100）。対してY国では電気製品に対して繊維製品は83%で生産できるね（10÷12×100）。国際比較すれば繊維製品はY国のほうが優位だ。逆に繊維製品に対して電気製品はX国では88%で生産できる（8÷9×100）。Y国では120%かかる（12÷10×100）。よって電気製品はXが優位だ。こうして比較優位財はX国が電気製品，Y国が繊維製品となる。よってX国が電気製品の生産に特化しかつ輸出し，Y国が繊維製品の生産に特化しかつ輸出する。
※今回は労働力を%表示している。

**(2)** ここでリカードの比較生産費説にもとづいて，日本とアメリカが，ファクシミリとパソコンを国際分業する場合，どのように特化したらよいのかについて考えてみる。今，日本とアメリカがファクシミリとパソコンをそれぞれ100台ずつ生産しているとする。表は日本とアメリカにおけるファクシミリとパソコン100台あたりの生産コストを示したものである。もし同じコスト，すなわち，日本においては3,000万円，米国においては28万ドルのコストを投入するならば，日本は（ a ）を（ b ）台生産することに特化し，アメリカは（ c ）を（ d ）台生産することに特化することが最適の国際分業となる。ただし1ドルは120円とする。（明治大学）

問1　a，cに入る製品名を答えよ。

問2　b，dに入る数値を答えよ。

ファクシミリとパソコン100台あたりの各国における生産コスト

| | ファクシミリ | パソコン | 各国の合計生産コスト |
|---|---|---|---|
| 日　本 | 1,200万円 | 1,800万円 | 3,000万円 |
| アメリカ | 20万ドル | 8万ドル | 28万ドル |
| 各製品の両国合計台数 | 200台 | 200台 | |

（注）1ドル＝120円

正解　問1　a―ファクシミリ　c―パソコン　　問2　b―250　d―350

**スパッと解説!!**　これもちょっと厄介だけど，まずは日本円をドルに置き換えてから表をつくり直すことから始めよう。またこの問題では100台あたりのコストであり，1台あたりではないことも注意だよ。1ドルが120円なので，

| | ファクシミリ | パソコン | 各国の合計生産コスト |
|---|---|---|---|
| 日　本 | 10万ドル | 15万ドル | 25万ドル |
| アメリカ | 20万ドル | 8万ドル | 28万ドル |

と直せるよね。この場合は国際間で同一財を比較するとすぐに日本がファクシミリ，アメリカがパソコンとわかるのでとくに計算の必要はない。すると日本は25万ドルを10万ドル（ファクシミリ100台の生産コスト）につぎ込むので，25万ドル÷10万ドルで2.5倍の生産ができることになる。よって2.5に100をかけて250台の生産が可能になる。一方アメリカでは，28万ドルを8万ドル（パソコン100台の生産コスト）につぎ込むので28万ドル÷8万ドルで3.5倍の生産ができることになる。よって3.5に100をかけて350台の生産が可能になるんだね。

# 第4章

# 資料問題の攻略

Materials question

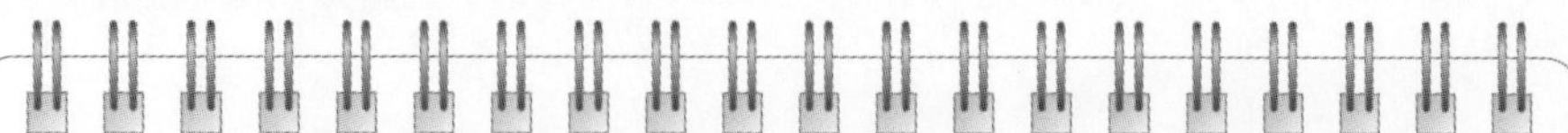

# 1 食料自給率，国民負担率，二酸化炭素排出量の割合

爽快講義該当章 経済分野第4・5・7章

check

☑ 次の表は，2017年ごろの日本，アメリカ，ドイツの食料自給率（カロリーベース），国民負担率（対国民所得比），二酸化炭素排出量（エネルギー起源）の割合（対世界排出量合計比），公債依存度を示したものである。表中のア～ウには日本，アメリカ，ドイツのいずれかが当てはまり，A～Dには食料自給率，国民負担率，二酸化炭素排出量の割合，公債依存度のいずれかが当てはまる。表中のAとDに当てはまる項目として正しいものを，後の①～④のうちからそれぞれ一つ選べ。（共通テスト）

（単位：%）

| | A | B | C | D |
|---|---|---|---|---|
| ア | 34.5 | 131 | 16.7 | 14.5 |
| イ | 54.1 | 95 | −1.6 | 2.2 |
| ウ | 43.3 | 38 | 33.9 | 3.4 |

（注） 食料自給率と国民負担率の数値は，日本が2017年度，アメリカとドイツは2017年。二酸化炭素排出量の割合の数値は，各国ともに2017年。公債依存度の数値は，日本が2017年度，アメリカは2016年10月から2017年9月，ドイツは2017年。

（出所） 財務省，農林水産省，環境省の各Webページにより作成。

① 食料自給率　② 国民負担率　③ 二酸化炭素排出量の割合
④ 公債依存度

正解はA②，D③

**スパッと解説!!** まずは，各国の特徴的なデータを頭に思い浮かべていこう。いろいろアプローチの仕方があり，パズルみたいで面白いです。まずは身近な日本から考えてみよう。日本，アメリカ，ドイツの中で，食料自給率が最も低いのは「日本」です。そして約40%弱であることは，政経の基本知識。よって，ウには「日本」，Bには「食料自給率」が入る。また，日本の国民負担率も40%強ということは政経の基本知識。よって，Aには「国民負担率」が入る。国民負担率はアメリカが低いので，アには「アメリカ」が入る。この時点で，イには「ドイツ」が入るね。次にCとDを考えてみよう。アメリカの二酸化炭素の総排出量は世界第2位（1位は中国。ちなみに一人当たりの二酸化炭素排出量はアメリカが1位）。するとDには「二酸化炭素排出量の割合」が，Cには「公債依存度」が入る。ドイツがマイナスとなっているのは，財政収支が黒字だからです。以上から整理すると，アーアメリカ，イードイツ，ウー日本，A－国民負担率，B－食料自給率，C－公債依存度，D－二酸化炭素排出量の割合となる。

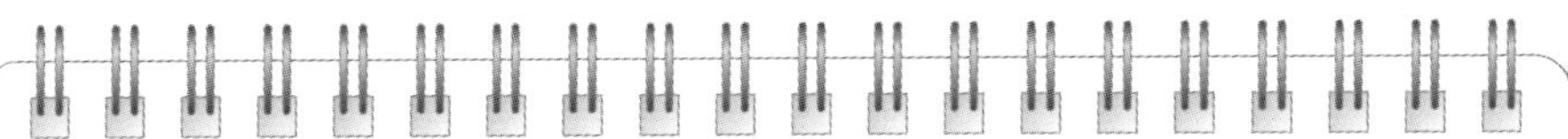

## 2 国全体の資産

**爽快講義該当章　経済分野第3・4章**

check

☑ 次の表はある国における国全体の資産（非金融資産および金融資産）と負債，それらの差額である国富を示しており，通貨の単位にはドルを用いているものとする。この表について推論した記述として最も適当なものを，下の①～④のうちから一つ選べ。（共通テスト）

（単位：10億ドル）

| | 2015年 | 2016年 | 2017年 | 2018年 |
|---|---|---|---|---|
| 非金融資産（実物資産） | 3,150 | 3,100 | 3,090 | 3,050 |
| うち在庫 | 60 | 70 | 100 | 200 |
| うち土地 | 1,400 | 1,310 | 1,200 | 1,150 |
| 金融資産 | 6,900 | 6,130 | 5,990 | 5,800 |
| うちマネーストック | 1,950 | 1,700 | 1,550 | 1,400 |
| 負　債 | 6,500 | 5,800 | 5,700 | 5,600 |
| 国　富 | 3,550 | 3,430 | 3,380 | 3,250 |

（注）　表中の数値は2015年を基準として実質化しているものとする。

① 表の期間中に「在庫」の変化の傾向が継続し，表以外の他の条件が一定だった場合，この期間は景気の谷から山に向かう時期であったと考えられる。

② 表の期間中に「土地」の変化の傾向が継続し，逆資産効果が働いた場合，消費は減少したことになる。

③ 表の期間中に「マネーストック」の変化の傾向が継続し，その変化が金融政策によるものであった場合，金融緩和政策がとられていたと考えられる。

④ 表の期間中に「国富」の変化の傾向が継続し，表以外の他の条件が一定だった場合，非金融資産（実物資産）と対外純資産の合計は増加したことになる。

正解は②

***スパッと解説!!*** まず，このクラフが「ある国」であり，日本として先入観を持たないように資料を読んでいこう。①在庫は増加傾向にある。在庫が増加するということは商品の売れ行きが悪い，ということだから，「景気の谷から山」ではなく「景気の山から谷」と判断でき不適切。②土地の資産額は減少傾向にある。これは土地の売却利益の低下を意味し，逆資産効果が働き消費は減少する。適切。③マネーストックは減少傾向にある。よって金融緩和ではなく，金融引き締め政策が取られていたと考えられ不適切。④国富は非金融資産と対外純資産の合計。国富の値が減少を続けているので，増加ではなく減少している。不適切。

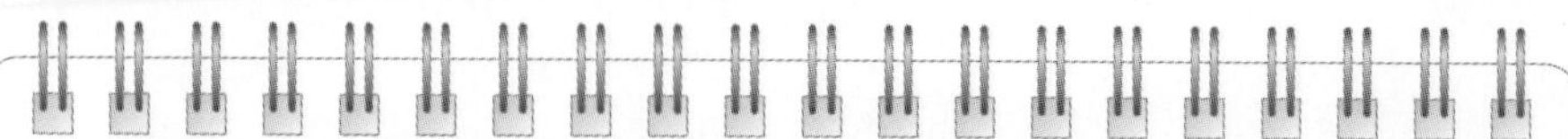

## 3 貸借対照表（バランス・シート）

**爽快講義該当章 経済分野第4章**

check

☑ 生徒たちは，次の図1と図2を用いて市中銀行の貸出業務を学習することになった。これらの図は，すべての市中銀行の資産，負債，純資産を一つにまとめた上で，貸出前と貸出後を比較したものである。これらの図から読み取れる内容を示した後のメモを踏まえて，市中銀行の貸出業務に関する記述として最も適当なものを，後の①～④のうちから一つ選べ。（共通テスト）

| 資産 | 負債・純資産 |
|---|---|
| 「すでにある貸出」85 | 「すでにある預金」90 |
| 日銀当座預金 15 | 資本金 10 |

図１　貸出前のバランスシート

| 資産 | 負債・純資産 |
|---|---|
| 「新規の貸出」20 | 「新規の預金」20 |
| 「すでにある貸出」85 | 「すでにある預金」90 |
| 日銀当座預金 15 | 資本金 10 |

図２　貸出後のバランスシート

（注）バランスシートの左側には「資産」が，右側には「負債・純資産」が表され，「資産」と「負債・純資産」の金額は一致する。簡略化のため，市中銀行の資産は貸出および日銀当座預金，負債は預金，純資産は資本金のみとし，また貨幣単位は省略する。

（メモ）個人や一般企業が銀行から借り入れると，市中銀行は「新規の貸出」に対応した「新規の預金」を設定し，借り手の預金が増加する。他方で，借り手が銀行に返済すると，市中銀行の貸出と借り手の預金が同時に減少する。

① 市中銀行は「すでにある預金」を個人や一般企業に貸し出すため，銀行貸出は市中銀行の資産を増加させ負債を減少させる。

② 市中銀行は「すでにある預金」を個人や一般企業に貸し出すため，銀行貸出は市中銀行の資産を減少させ負債を増加させる。

③ 市中銀行は「新規の預金」を創り出すことによって個人や一般企業に貸し出すので，銀行貸出は市中銀行の資産と負債を減少させる。

④ 市中銀行は「新規の預金」を創り出すことによって個人や一般企業に貸し出すので，銀行貸出は市中銀行の資産と負債を増加させる。

正解は④

**スパッと解説!!** 「貸借対照表（バランス・シート）」の読み取りで大切なのは，資産と負債がイコールとなること。また，問題文やメモも丁寧に読んでいこう。まず，メモの1から2行目に借り入れは「『新規の貸出』に対応した『新規の預金』が増加する」と書いてある。また，メモの3行目に返済は「貸出と借り手の預金が同時に減少する」と書いてある。この場合の預金とは図の「すでにある預金」を指すことに注意しながら選択肢を判断していこう。銀行貸出は，市中銀行の資産と負債ともに増加する。①から③は不適切。ポイントは資産と負債がイコールである点。よって正解は④。

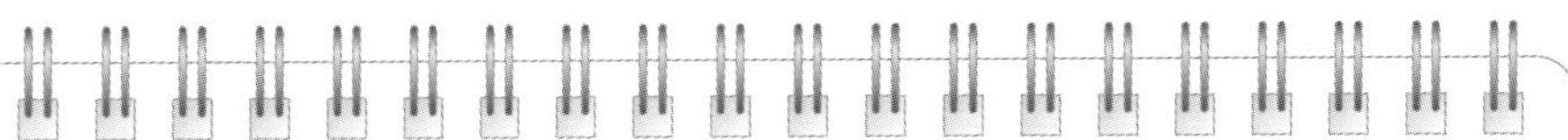

# 4 国際収支

爽快講義該当章 経済分野第7章

☑ 貿易や海外投資の動向に関心をもった生徒Yは，日本の国際収支を調べ，その一部の項目を抜き出して次の表を作成した。表中のA，B，Cは，それぞれ1998年，2008年，2018年のいずれかの年を示している。表に関する後の記述ア～ウのうち，正しいものはどれか。当てはまるものをすべて選び，その組合せとして最も適当なものを，後の①～⑦のうちから一つ選べ。（共通テスト）

（単位：億円）

| | A | B | C |
|---|---|---|---|
| 貿易収支 | 58,031 | 11,265 | 160,782 |
| サービス収支 | −39,131 | −10,213 | −65,483 |
| 第一次所得収支 | 143,402 | 214,026 | 66,146 |
| 第二次所得収支 | −13,515 | −20,031 | −11,463 |

ア　A，B，Cにおいて経常収支に対する第一次所得収支の比率が一番大きいのはBである。

イ　A，B，Cを貿易・サービス収支額の小さいものから順に並べると，A→B→Cの順になる。

ウ　A，B，Cを年代の古いものから順に並べると，C→A→Bの順になる。

① ア　② イ　③ ウ
④ アとイ　⑤ アとウ　⑥ イとウ　⑦ アとイとウ

正解は⑤

**スパッと解説!!** ア：経常収支は，貿易収支（商品の輸出入などを計上），サービス収支（旅客や宿泊サービスなどを計上。貿易・サービス収支として合算し出題されることもある），第一次所得収支（所得や配当金などの投資収益を計上），第二次所得収支（無償の消費財援助や仕送りなどを計上）の合計。経常収支に占める第一次所得収支の割合が一番大きいのは「B（2008年）」となり適切。イ：貿易・サービス収支は貿易収支とサービス収支の合計。小さい順は「B（2018年）」→「A（2008年）」→「C（1998年）」であり不適切。ウ：まず，近年の経常収支の中で増加傾向が著しいのは第二次所得収支。この変化に気がつけば，「C（1998年）」→「A（2008年）」→「B（2018年）」となり適切。国際収支の問題については，「何がどこに計上されるのか」と「近年の特徴」に注意しておこう。

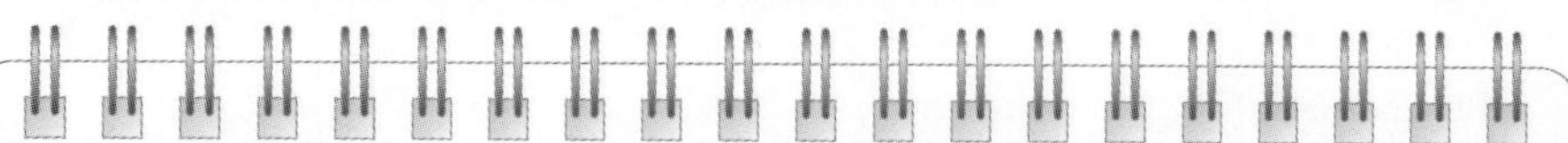

# 5 為替介入

爽快講義該当章 経済分野第7章

check

☑ 為替介入には「風に逆らう介入」と「風に乗る介入」があることを知った。ここで，「風に逆らう介入」とは為替レートのそれまでの動きを反転させることを目的とした介入であり，「風に乗る介入」とは為替レートのそれまでの動きを促進することを目的とした介入である。次の図ア～エは介入目的が達成されたと仮定した場合について，円・米ドル為替レートを例として作成した模式図である。円売り・米ドル買いによる「風に逆らう介入」を意味する図として正しいものを，後の①～④のうちから一つ選べ。 (共通テスト)

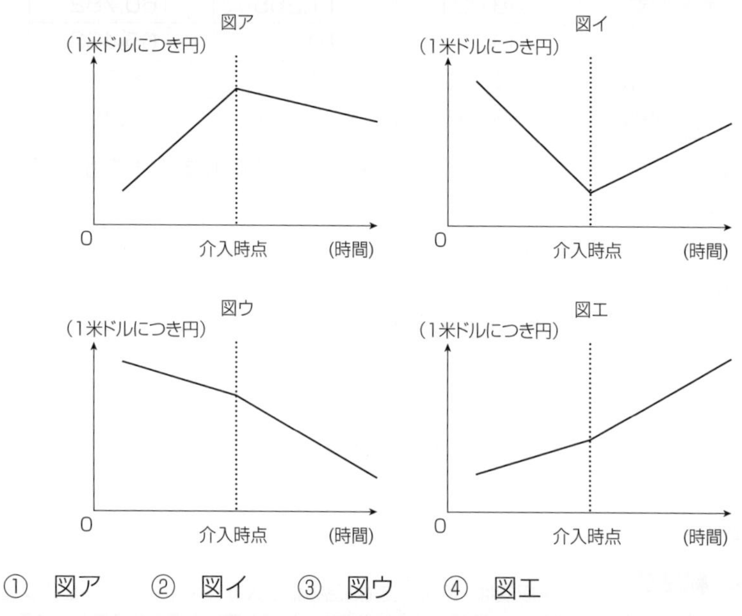


① 図ア　② 図イ　③ 図ウ　④ 図エ

正解は②

**スパッと解説!!** 問題文に「風に逆らう介入」について，「為替レートのそれまでの動きを反転させる介入」とある。「円売り・ドル買い」をするということは，介入時点から「円安・ドル高」に誘導することになる。図ウと図エは，風に逆らっていないので不適切。図アは，介入時点から「円高・ドル安」に動いているので不適切。介入時点から「円安・ドル高」に動いている図イが正解。

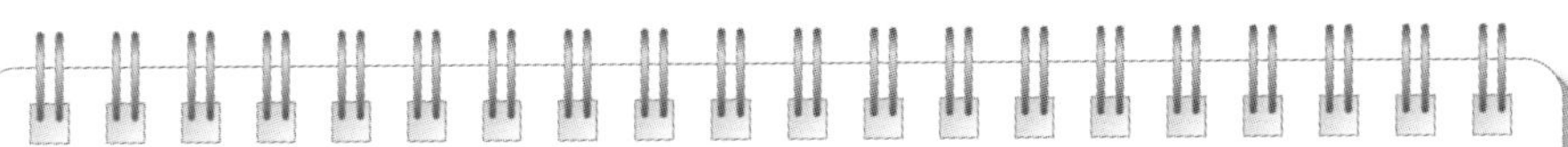

# 6 経済成長率

爽快講義該当章 経済分野第5・7章

check

☑ 次の図は1970年から2010年にかけての日本の実質経済成長率の推移を示したものである。図中のA～Dの時期に生じた出来事についての記述として最も適当なものを，下の①～④のうちから一つ選べ。 （センター試験）

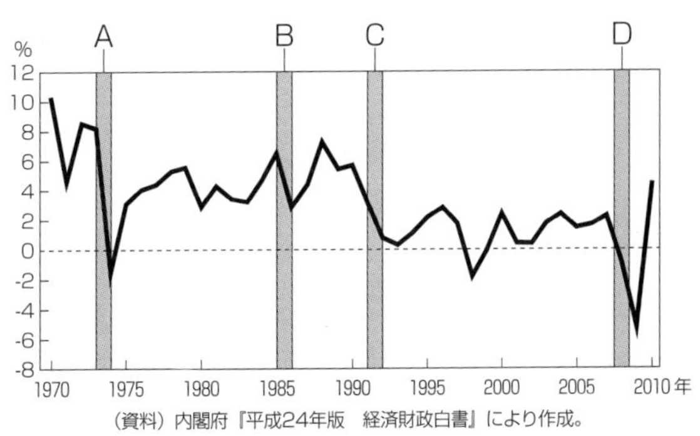


（資料）内閣府『平成24年版　経済財政白書』により作成。

① Aの時期に，土地や株式の価格が暴落したことにより，不良債権を抱えた金融機関が相次いで破綻（はたん）した。

② Bの時期に，円高・ドル安が急速に進んだことにより，輸出産業が打撃を受けた。

③ Cの時期に，アメリカでサブプライム・ローン問題が生じたことをきっかけに，金融不安が拡（ひろ）がった。

④ Dの時期に，原油価格が上昇したことをきっかけに，スタグフレーションが生じた。

正解は②

***スパッと解説!!*** 近年は，共通テスト・私大共に，最低限の知識として，経済動向の特徴とそれに関連する主な事柄を理解しておく必要がある。

グラフ上のAは第一次石油危機とスタグフレーションの時期。Bは1985年のプラザ合意により急激な円高・ドル安が進み，輸出産業が打撃を受けた時期。Cはバブル経済の崩壊と不良債権深刻化の時期。Dはアメリカのサブプライム・ローン問題で金融不安が世界に広がった時期（リーマン・ショック）。

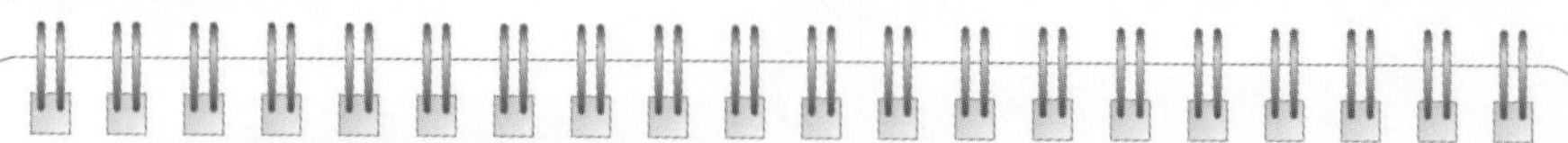

# 7 世界の経済成長と物価

**爽快講義該当章** **経済分野第3章**

check

☐ 生徒Xは，Aパート：経済成長の側面に関連して，ある国の経済状況を調べた後，経済成長と物価の間に何かしらの関係が存在すると考えた。そこで，IMF（国際通貨基金）のWebページから，日本，アメリカ，中国，南アフリカの2000年から2016年までの消費者物価指数の変化率のデータを取得し，次の図を作成した。各国の経済状況と，この図から読みとれる内容を説明したものとして最も適当なものを，下の①～④のうちから一つ選べ。（共通テスト）

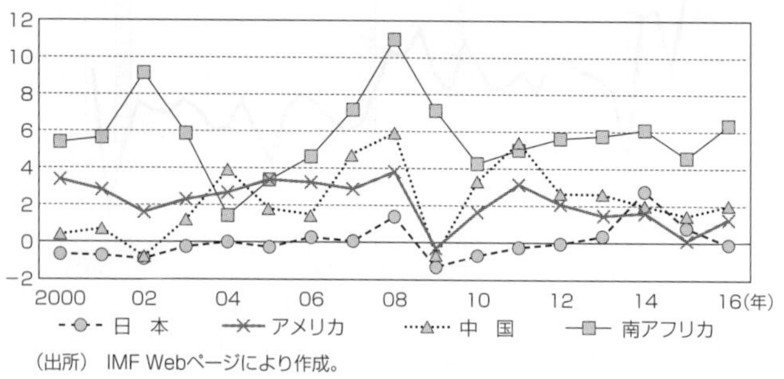


（出所） IMF Webページにより作成。

① 景気回復を図るために2001年に量的緩和政策を採用したこの国では，2001年に消費者物価指数が上昇した。

② 急速な経済発展を遂げ2010年に世界第二の経済大国となったこの国では，2010年以降，消費者物価指数の変化率が毎年0%以上になっていた。

③ サブプライムローン問題を契機にリーマン・ショックの震源地となったこの国では，2009年に消費者物価指数が上昇した。

④ アパルトヘイト撤廃後に経済自由化が行われたこの国では，2000年以降，消費者物価指数の変化率が毎年4%以上となっていた。

正解は②

***スパッと解説!!*** まず，一般的に経済成長率と物価の関係は，同じ方向に動くことを確認しておこう。①「2001年に量的緩和政策を採用した」との記述から日本だとわかる。2000年から2001年をみると物価はほぼ変わっておらず不適切。②「2010年に世界第二の経済大国となった」との記述から中国だとわかる。2010年以降は物価が0%以上となっており適切。③「リーマン・ショックの震源地」との記述からアメリカだとわかる。2009年に物価が下落しており不適切。④「アパルトヘイト撤廃後（1948年に始まり1991年に終了宣言）」との記述から南アフリがだとわかる。2004年には消費者物価指数の変化率が2%を下回っており不適切。

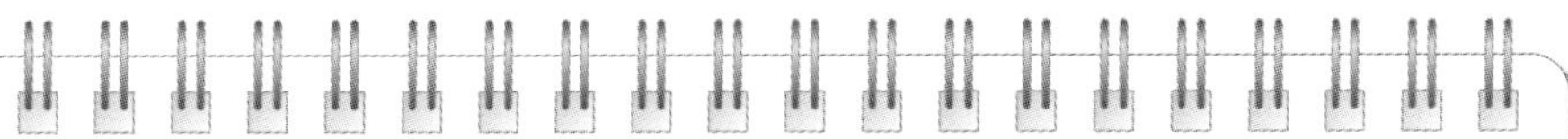

# 8 世界の経済成長

爽快講義該当章 経済分野第5・7章

check

☑ 次の図は日本，韓国，中国，ブラジルのGDP（国内総生産）の実質成長率の推移を表したものである。図中のA～Dのうち，ブラジルのGDPの実質成長率を示すものとして正しいものを，下の①～④のうちから一つ選べ。（センター試験）

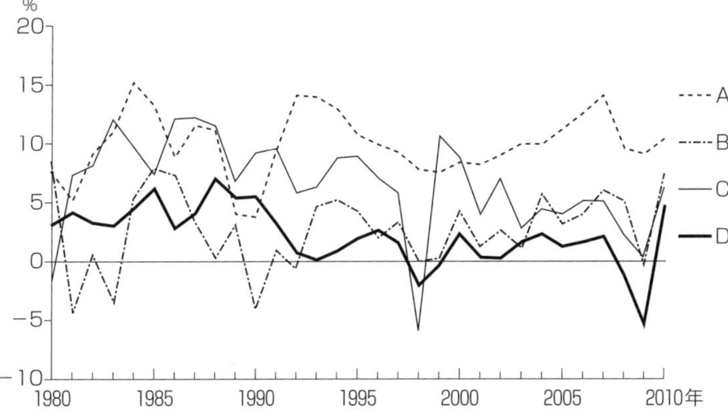


（資料）IMF, *World Economic Outlook Database*, April 2013 Edition（IMF Webページ）により作成。

① A

② B

③ C

④ D

正解は②

**スパッと解説!!** まず，日本，中国，韓国，ブラジルなどの，各国の経済成長を考えるとき，著しい変化の時期から，出来事を探していこう。まず，1980年代にマイナスとなっている，「B」。これは1980年代の「南米の累積債務問題」が出来事として見えただろうか。よって「ブラジル」。次に1990年代以降の長引く低成長と，2009年のリーマン・ショックの影響が大きい「D」。これは1990年の「日本のバブル崩壊」が出来事として見えればベスト。よって「日本」。そして，1998年のマイナスとなっている「C」。これは1997年の「アジア通貨危機」が出来事として見えればベスト。タイの通貨バーツの暴落により，アジア通貨危機が起こった。特に金融の自由化が進んでいたタイ，インドネシア，韓国は，ＩＭＦの管理下に入るなど大きな打撃を受けた。よって「韓国」。残るは，10%成長を続けてきた「中国」が「A」となる。このように「出来事」と年代を考えることで，簡単に解けてしまう。

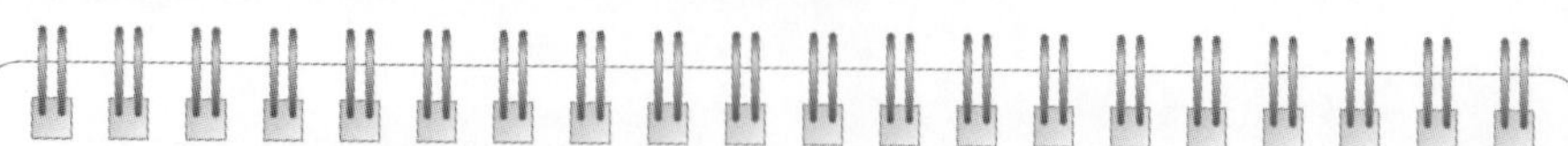

# 9 BRICSのGDPの推移

爽快講義該当章 経済分野第5・7章

check

☑ 次の図はBRICS（ブラジル，ロシア，インド，中国，南アフリカ）のうちの3か国のGDPの推移を，各国の2000年のGDP水準を100とする指数で表したものである。また，下のア〜ウは，この3か国について説明した文章である。図中の国A〜Cと説明ア〜ウの組合せのうち，ロシアに該当するものとして正しいものを，下の①〜⑨のうちから一つ選べ。（センター試験）

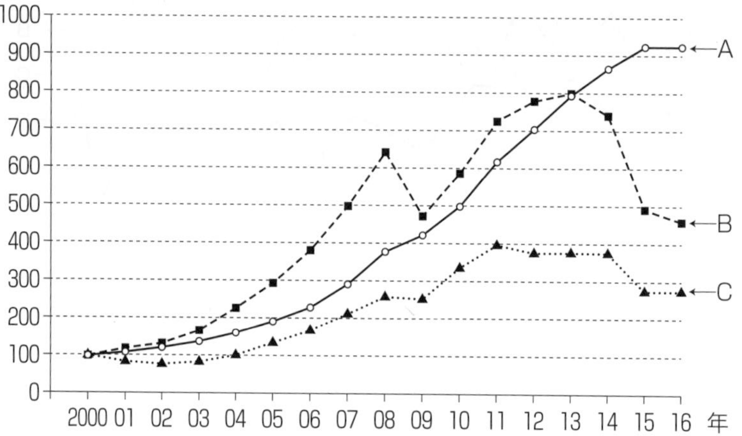


（注）GDPの指数の算出には，各年の名目GDPを米ドル換算したものを用いている。
（資料）International Monetary Fund(IMF), *World Economic Outlook Database, April 2017 edition*（IMF Webページ）により作成。

ア　二酸化炭素の総排出量が現在最も多いこの国では，2016年のGDPは2000年水準の9倍以上になった。

イ　2012年にWTOに加盟したこの国では，ピーク時に2000年水準の約8倍までGDPが拡大したが，2016年に2000年水準の5倍未満となった。

ウ　「アジェンダ21」を採択した国連環境開発会議が開催されたこの国では，2000年から2016年にかけて，GDPは2000年水準より下回ったことがある。

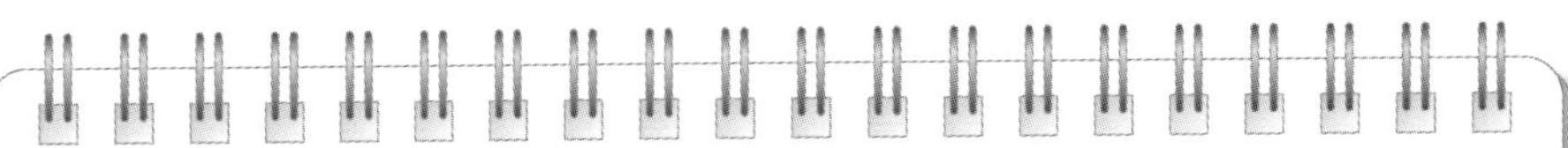

①　A—ア　②　A—イ　③　A—ウ
④　B—ア　⑤　B—イ　⑥　B—ウ
⑦　C—ア　⑧　C—イ　⑨　C—ウ

正解は⑤

**スパッと解説!!**　まず国を特定しよう。アは「二酸化炭素の排出量が現在最も多い」とあるので「中国」。イは2012年に「WTOに加盟した」とあるので「ロシア」。ウは「アジェンダ21」から1992年の地球サミット開催国「ブラジル」だと分かる。ここからが肝心なんだけど，ロシアは2012年ごろから原油価格の下落により，景気が後退していった。よって正解は⑤。ちなみに「Aが中国」,「Cがブラジル」。

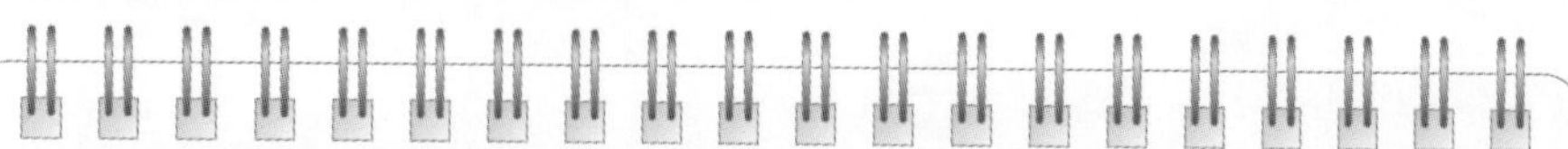

# 10 安全保障のジレンマ

**爽快講義該当章** **経済分野第6章**

check

☑ 国際社会の平和と安全のためには国家間の協調が重要となる。国家間協調の実現について考えるために，次の表であらわされるゲームを考える。このゲームでは，A国とB国の代表が，互いに相談できない状況で，「協調」か「非協調」のいずれか一方の戦略を１回のみ同時に選択する。その結果として，両国は表中に示された点数を得る。ここで両国は，自国の得る点数の最大化だけをめざすものとする。このゲームの表から読みとれる内容として最も適当なものを，下の①～④のうちから一つ選べ。（センター試験）

| | | B　国 | |
|---|---|---|---|
| | | 協　調 | 非協調 |
| A　国 | 協調 | A国に10点<br>B国に10点 | A国に1点<br>B国に15点 |
| | 非協調 | A国に15点<br>B国に1点 | A国に5点<br>B国に5点 |

① A国にとって，最も高い点数を得るには，「協調」を選択する必要があるが，それにはB国が「非協調」を選択するという条件が必要である。
② A国が「協調」を選択する場合，B国がより高い点数を得るには「協調」を選択する必要がある。
③ A国とB国がともに「協調」を選択すれば，両国の点数の合計は最大化されるが，相手の行動が読めない以上，「協調」を選択できない。
④ A国とB国がともに「非協調」を選択すれば，両国の点数の合計は最大化されるため，「協調」に踏み切ることはできない。

正解は③

**スパッと解説!!** これはゲーム理論の一つで，『爽快講義』のp212～213で扱った「安全保障のジレンマ」である。まず，両国にとってそれぞれ一番高い点数は，15点。A国が非協調，B国も非協調だ。ただし，両国が非協調を選べば，5点ずつとなってしまう。ここで，もし話し合いの機会があるならば，お互いに協調を選び10点ずつとることが最適だと考えるだろう。
①A国の最高は「非協調」なので不適切。
②B国が「非協調」を選べば15点となるので不適切。
③正解（安全保障のジレンマ）。
④両国の合計が最大化されるのは，両国が「協調」を選んだ場合なので不適切。

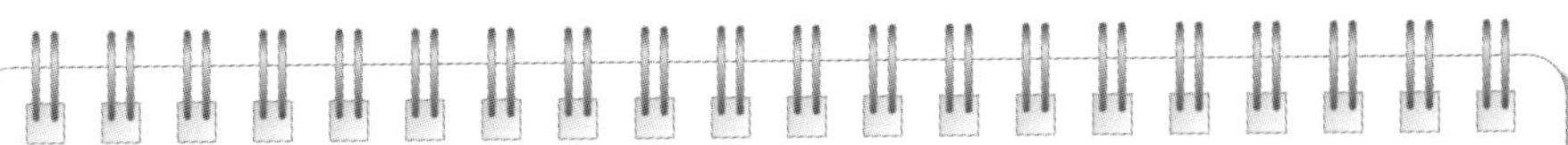

## 11 日本の経済状況

爽快講義該当章　経済分野第5・6章

check

☑ 次の図は，日本の主要な経済・人口指標の推移を示したものである。図中のA～Dと次の語句ア～エとの組合せとして最も適当なものを，以下の①～④のうちから一つ選べ。（センター試験）

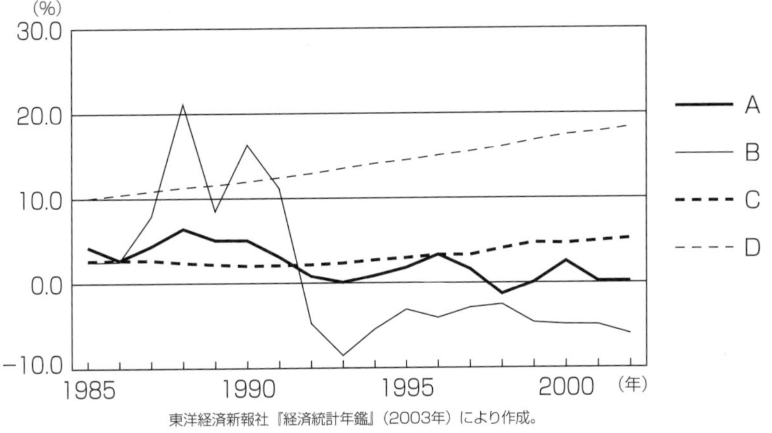

東洋経済新報社『経済統計年鑑』(2003年) により作成。

ア　完全失業率　　イ　実質経済成長率

ウ　地価変動率　　エ　65歳以上人口割合

① A－イ　B－ウ　C－ア　D－エ

② A－イ　B－ウ　C－エ　D－ア

③ A－ウ　B－イ　C－ア　D－エ

④ A－ウ　B－イ　C－エ　D－ア

正解は①

**スパッと解説!!** 基本事項からゆっくり思い出していこう。日本は1991年にバブルが崩壊している。このことからBが地価の崩落を表している。従ってBは「地価変動率」だ。次に日本は1998年に実質経済成長率がマイナスとなっているんだったよね。よってAは「実質経済成長率」となる。また2000年代に入ると完全失業率は5%を超えた（2015年平均は3%台まで減少している）。よってCは「完全失業率」となる。また日本の65歳以上の老年人口は上昇を続けている（2022年には約29%）。よってDは「65歳以上人口割合」となる。この四つの知識は基本事項なのでしっかりと覚えよう。

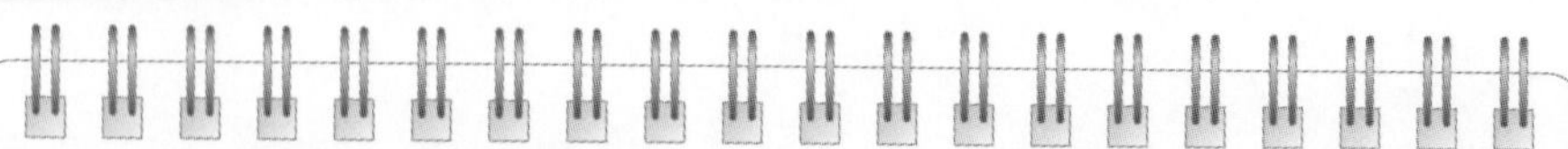

# 12 日本の少子高齢化

爽快講義該当章　経済分野第6章

check

次の図は，日本における15歳未満人口，および65歳以上人口が，それぞれ総人口に占める比率について，その推移と将来予測を示したものである。この図から読みとれる日本の人口構成についての記述として最も適当なものを，以下の①～④のうちから一つ選べ。（センター試験）

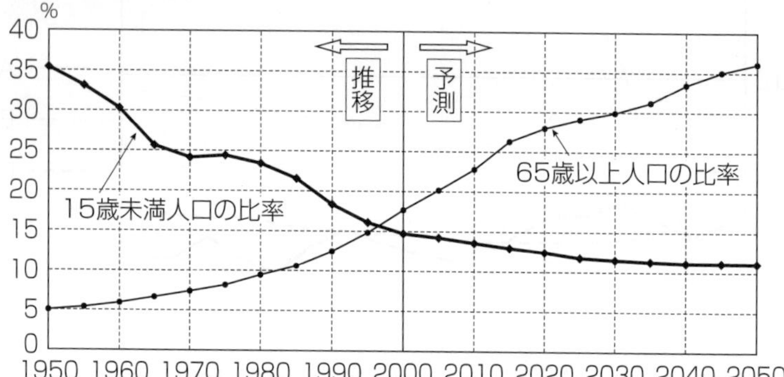


（注）2000年までは国勢調査による実績値。その後は国立社会保障・人口問題研究所「日本の将来推移計人口」（平成14年1月推計）による推計値。
（資料）総務省統計局・統計センターWebページ，国立社会保障・人口問題研究所Webページにより作成。

① 生産年齢人口が全人口に占める比率は，高度成長期には上昇傾向を示し，また今後も，上昇傾向を示すことが予想されている。

② 生産年齢人口が全人口に占める比率は，高度成長期には上昇傾向を示したが，今後は，低下傾向を示すことが予想されている。

③ 生産年齢人口が全人口に占める比率は，高度成長期には低下傾向を示したが，今後は，上昇傾向を示すことが予想されている。

④ 生産年齢人口が全人口に占める比率は，高度成長期には低下傾向を示し，また今後も，低下傾向を示すことが予想されている。

正解は②

**スパッと解説!!** ①については少子化が予想されるため生産年齢人口は減少すると予想される。②は正解。③は①と同様少子化が予想されるため生産年齢人口は減少が予想される。④の生産年齢人口が高度成長期に低下傾向を示した，との記述は誤りだよね。

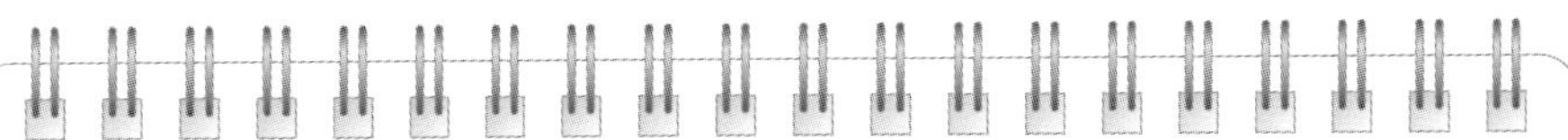

## 13 各国の貧困率と所得の再分配

爽快講義該当章 経済分野第4・7章

check

□ 次の表は，1980年代半ばと2000年代半ばとにおける各国の貧困率を，所得再分配が行われる前と，所得再分配が行われた後とに分けて示したものである。表を参考に，各国における貧困率と所得再分配の効果をめぐる記述として最も適当なものを，下の①～④のうちから一つ選べ。（センター試験ー改題）

（単位：%）

| | 1980年代半ば | | 2000年代半ば | |
|---|---|---|---|---|
| | 所得再分配前 | 所得再分配後 | 所得再分配前 | 所得再分配後 |
| 日本 | 12.5 | 12.0 | 28.7 | 15.7 |
| アメリカ | 25.6 | 17.9 | 26.3 | 17.0 |
| イギリス | 28.2 | 6.7 | 30.9 | 10.5 |
| スウェーデン | 26.1 | 3.3 | 26.7 | 5.3 |

（注） ここでの「貧困率」は，OECD（経済協力開発機構）が定義する相対的貧困率である。統計上の問題で，1985年と2005年の貧困率を確認できない場合，各年前後の貧困率を掲載した。日本は2006年，アメリカは1984年，スウェーデンは1983年，2004年の貧困率を使用している。

（資料） OECD, *StatExtracts*（OECD Webページ）により作成。

① いずれの国においても，1980年代半ばと2000年代半ばとの貧困率を比較すると，所得再分配前の貧困率は低くなっている。

② いずれの国においても，1980年代半ばと2000年代半ばとの貧困率を比較すると，所得再分配の効果は弱まっている。

③ 2000年代半ばにおいて，社会保障給付費の対国民所得比が大きい国ほど，所得再分配前の貧困率は小さい。

④ 2000年代半ばにおいて，社会保障給付費の対国民所得比が大きい国ほど，所得再分配後の貧困率は小さい。

正解は④

**スパッと解説!!** 「相対的貧困率」とは，国民の所得の中央値の半分未満で生活している人々が総人口に占める割合のこと。ちなみに日本の2021年の中央値の半分の所得は「127万円」（厚生労働省発表）。厚労省の発表では，2021年は15.4%であり，アメリカに次いで高い水準にある。

①正しくは，所得再分配後。②両時期の所得再分配後の貧困率を比べると，アメリカ以外の3国は増加再分配の効果は弱まっているといえるが，アメリカは僅かながらも再分配効果がみられる。「いずれの国においても」とはいえないので「適当」ではない。③スウェーデンは社会保障給付費の対国民所得比が高いが，分配前の貧困率はアメリカよりも高い。④③の逆のことをいっているので，正解。

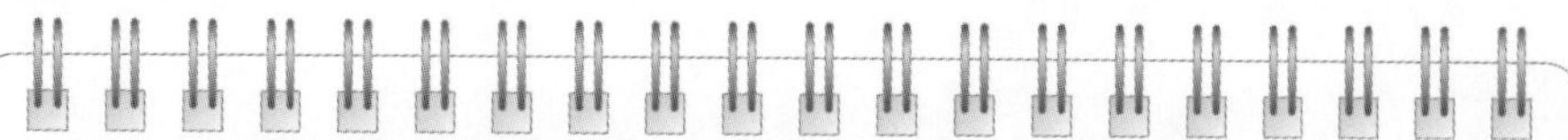

## 14 各国の労働時間

爽快講義該当章 経済分野第6章

check

☐ 労働力商品の取引条件には賃金，労働時間などがある。次の図は，日本，アメリカ，イギリス，ドイツ，フランスにおける年間総労働時間の国際比較（2013年）を示している。図中のA～Cに当てはまる国名の組合せとして正しいものを，次の①～⑥のうちから一つ選べ。（オリジナル）

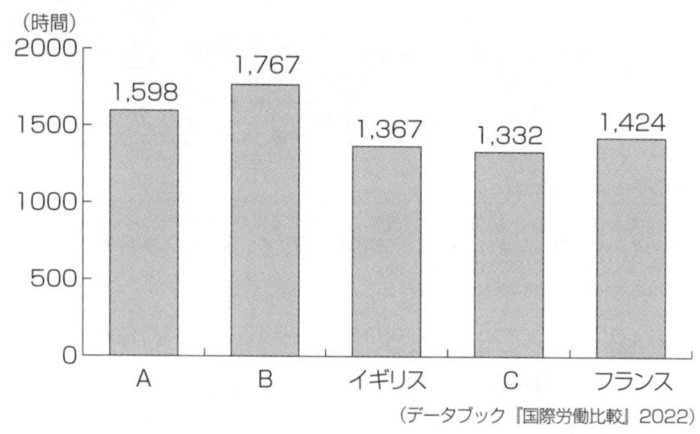

（データブック『国際労働比較』2022）

| | | | |
|---|---|---|---|
| ① | A　日　本 | B　アメリカ | C　ドイツ |
| ② | A　日　本 | B　ドイツ | C　アメリカ |
| ③ | A　アメリカ | B　日　本 | C　ドイツ |
| ④ | A　アメリカ | B　ドイツ | C　日　本 |
| ⑤ | A　ドイツ | B　日　本 | C　アメリカ |
| ⑥ | A　ドイツ | B　アメリカ | C　日　本 |

正解は①

**スパッと解説!!** 日本の労働時間は1960年の2432時間をピークに減少し，1993年には2000時間を下回った（2003年には小泉構造改革の影響で1975時間にまで労働時間が長時間化している）。また宮沢内閣は1992年に年間総労働時間1800時間を目指す「生活大国5カ年計画」を発表している。現在は年間で約1600時間である（2013年）。よってAは日本。この時点で選択肢は①と②に絞られる。また日本よりも労働時間が長いのが「アメリカ」で，逆に低いのは「ドイツ」。この時点で正解は①となる。日本もアメリカ同様，非正規雇用の拡大，多くの労働者の低賃金化，長時間労働化が今後懸念されている。

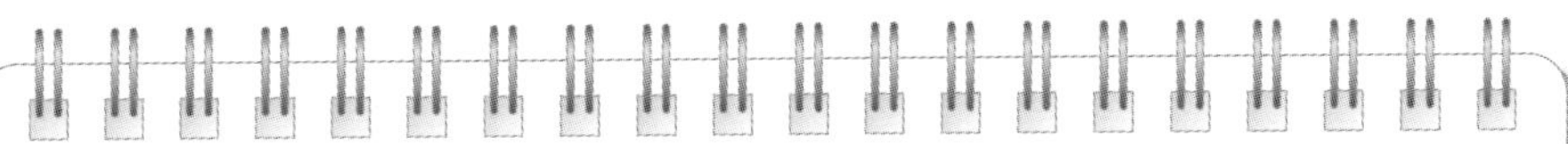

# 15 日本とアメリカの金融資産構成

爽快講義該当章 経済分野第4章

check

次の**図1**は「家計の金融資産構成」，**図2**は「企業の負債・資本構成」をそれぞれ日本とアメリカについて表したものである。これらの図を比較した記述として最も適当なものを，次の①〜④のうちから一つ選べ。 （センター試験）

図1 家計の金融資産構成

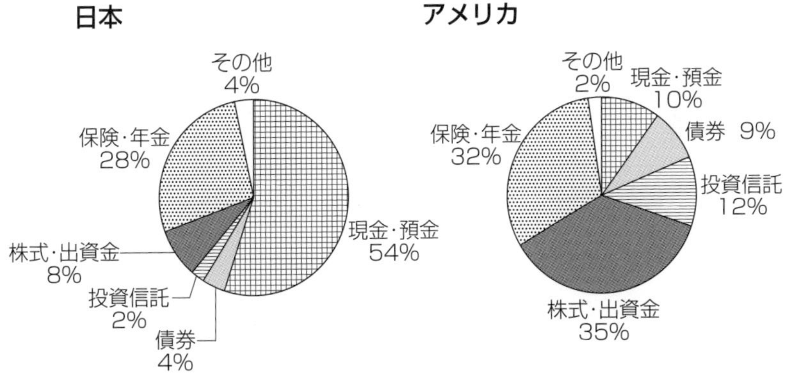


図2 企業の負債・資本構成

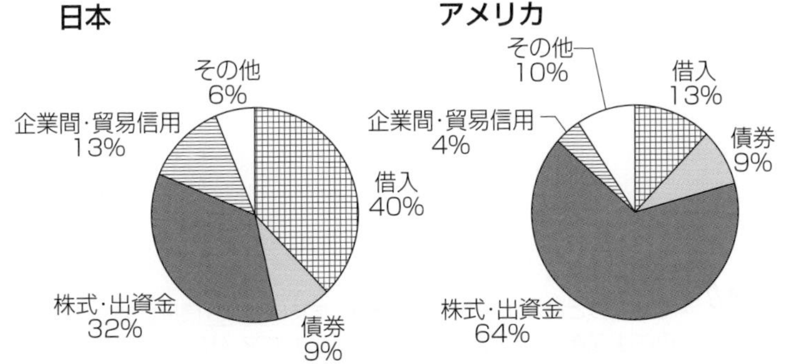


(注) 2000年9月末。「企業」とは，非金融法人企業のことである。
(資料) 日本銀行調査統計局「資金循環の日米比較」（日本銀行Webページ）により作成。

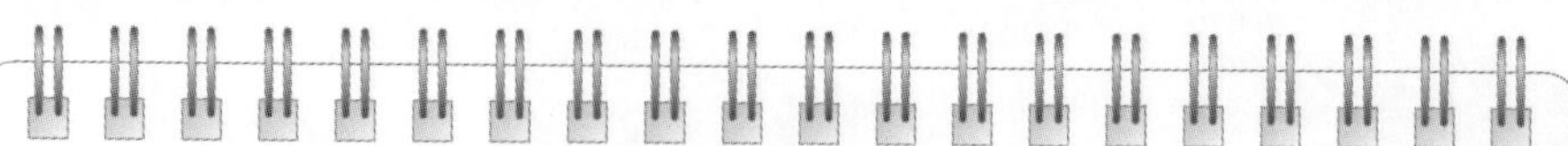

① 資金運用面において，日本の家計はアメリカの家計よりも，直接金融の比重が大きい。

② 資金調達面において，日本の企業はアメリカの企業よりも，証券市場への依存度が高い。

③ 資金運用面において，アメリカの家計は日本の家計よりも，株価の変動による直接的な影響が大きい。

④ 資金調達面において，アメリカの企業は日本の企業よりも，他人資本への依存度が高い。

正解は③

**スパッと解説!!** しっかりと基本事項を思い出そう。まず日本は「間接金融（金融機関からの融資）中心〈現在は直接金融の比重が高まっている〉」でアメリカは「直接金融（株式・社債などによる資金調達）中心」だったよね。①は直接金融ではなく間接金融の間違い。②は証券市場への依存度ではなく金融機関への依存度とすれば正しい。④はアメリカの企業は株式依存度が高いため，他人資本ではなく自己資本が正しい。自己資本は主として「株式」と「内部留保金」などである。用語が正しく使われているか，しっかりチェックしよう。

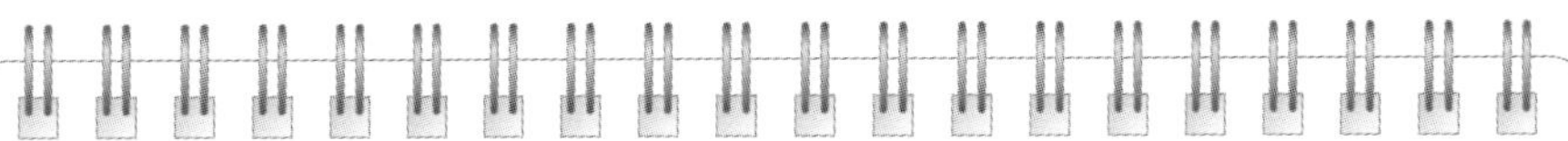

## 16 相対的貧困率

爽快講義該当章 経済分野第7章

check
☑ 次のグラフは各国の相対的貧困率の国際比較である。
日本，アメリカ，デンマークの組み合わせとして正しいものを1つ選べ。

（オリジナル）

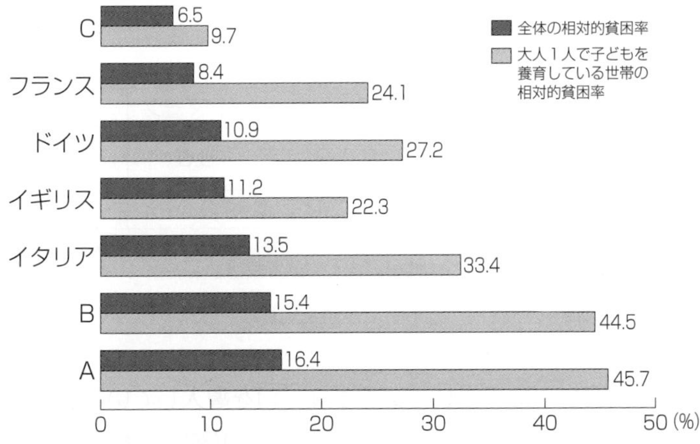


（出典）内閣府『男女共同参画白書 令和4年版』，GLOBALNOTE
※全体の相対的貧困率は2020年だが，ドイツのみ2019年。大人1人で子どもを養育している世帯の相対的貧困率は2018年，日本のみいずれも2021年

① A アメリカ　B 日本　C デンマーク
② A 日本　B アメリカ　C デンマーク
③ A アメリカ　B デンマーク　C 日本
④ A 日本　B デンマーク　C アメリカ

正解は①

**スパッと解説!!** 「相対的貧困率」とは，国民の所得の中央値の半分未満で生活している人々が総人口に占める割合のこと。ちなみに日本の2021年の中央値の半分の所得は「127万円」（厚生労働省発表）。〔13〕番でも説明したけど，厚労省の発表では，2021年には15.4%であり，アメリカに次いで高い水準にある。また「大人1人で子どもを養育している世帯の相対的貧困率」はグラフからも分かるように，先進国の中で，アメリカに次いで極めて高い水準にある。

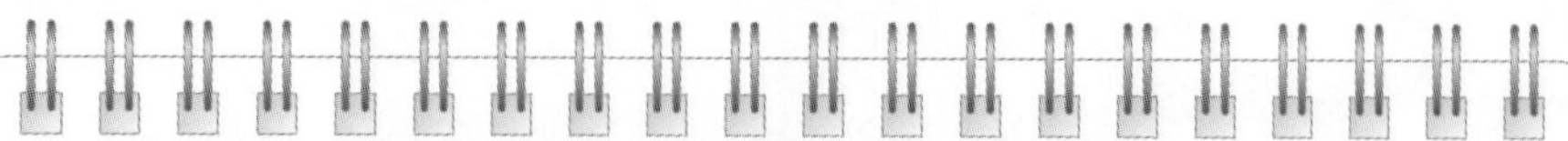

## 17 所得の再分配と相対的貧困率

爽快講義該当章 経済分野第７章

check

☑ 次の表は日本，アメリカ，デンマーク，ドイツにおける2000年代の低所得層に対する所得再分配の比率と，所得再分配後の相対的貧困率とを示したものである。この表から読みとれる内容として正しいものを，下の①～④のうちから一つ選べ。（センター試験・改題）

（単位：%）

| | 日本 | アメリカ | デンマーク | ドイツ |
|---|---|---|---|---|
| 低所得層に対する所得再分配の比率 | 2.0 | 1.9 | 6.0 | 4.2 |
| 相対的貧困率 | 15.0 | 17.0 | 5.0 | 11.0 |

（注）表中の「低所得層」とは，所得の下位20パーセントの世帯を指す。「低所得層に対する所得再分配の比率」とは，低所得層が受け取る公的な現金の給付額（直接税および社会保障の負担を差し引いた値）が，全人口の可処分所得の総額に占める比率である。

（資料）OECD編著『格差は拡大しているか』（2010年）により作成。

① EU（欧州連合）に加盟しているがユーロを導入していない国は，低所得層に対する所得再分配の比率が最も低く，相対的貧困率が最も高い。

② リーマン・ショックの発端となった国は，低所得層に対する所得再分配の比率が最も低く，相対的貧困率が最も高い。

③ すべての原子力発電所を2023年に閉鎖した国は，低所得層に対する所得再分配の比率が２番目に低く，相対的貧困率が２番目に高い。

④ 現時点で政府の債務残高がGDP（国内総生産）の２倍を超えている国は，低所得層に対する所得再分配の比率が２番目に高く，相対的貧困率が２番目に低い。

正解は②

**スパッと解説!!** まず選択肢から国を特定していくと，①はデンマーク，②はアメリカ，③はドイツ，④は日本と分かる。ただし，①は相対的貧困率が最も低いので不適当。②は正解。③は相対的貧困率が３番目に高いので不正解。④は所得の再分配の比率が３番目に高く，相対的貧困率が2番目に高いので不正解。

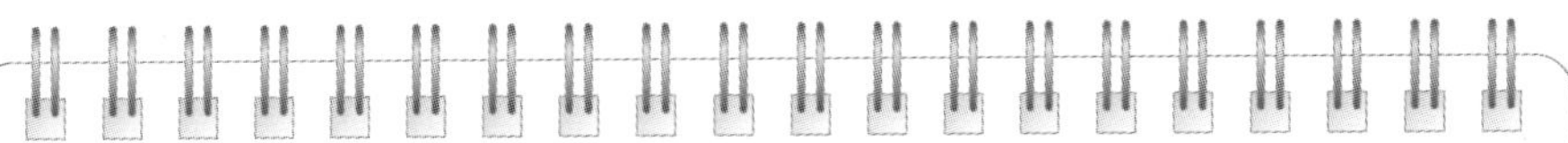

## 18 ローレンツ曲線の読みとり

**爽快講義該当章　経済分野第7章**

check
所得の不平等を表すものとして，次の図に示したローレンツ曲線がある。図は，横軸に所得の低い人から高い人の順に人々を並べた場合の人数の累積比率，縦軸にそれらの人々の所得の累積比率をとり，所得分布の状態を示したものである。たとえば，図の45度線は，所得の低い方から60パーセントまでの人々が全体の所得の60パーセントを占めていることを示している。所得が完全に均等に分配された場合，ローレンツ曲線は45度の直線になり，不平等が大きくなるほど45度線から乖離(かいり)する。二つの異なる所得分布の状態が，曲線Aと曲線Bでそれぞれ示されるとき，この図から読みとれることとして正しいものを，下の①～④のうちから一つ選べ。　（センター試験）

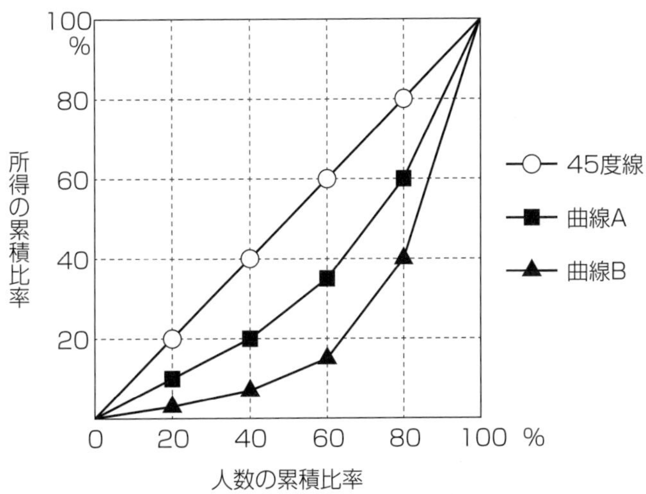

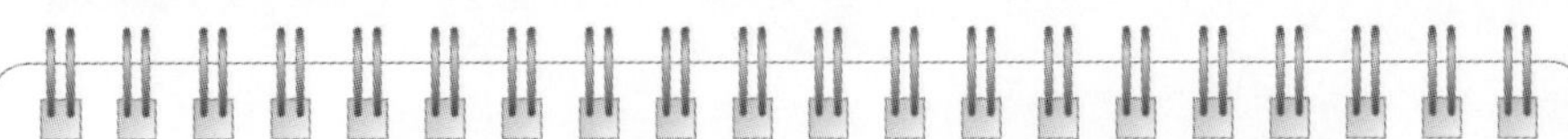

① Aの所得分布で示される不平等の度合いは，Bの所得分布で示される不平等の度合いより大きい。

② Bで示される所得分布では，所得の高い方から上位20パーセントまでの人々が全体の所得の80パーセント以上を占めている。

③ Bで示される所得分布では，すべての人の所得が同じ割合で増えると45度線の所得分布により近づく。

④ Aで示される所得分布では，所得の低い方から80パーセントまでの人々が全体の所得の50パーセント以上を占めている。

正解は④

**スパッと解説!!** ローレンツ曲線は曲線が45度の均等分布線から下にたわむ程，格差が拡大していることを示している。①はBの方が不平等の度合いが大きいので不適切。②は80%ではなく，60%なので不適切。③は同じ割合で増えた場合は，格差はそのまま維持されるので，45度線には近づかない。④は実際に60%の所得を占めているので，50%以上の所得を占めているとの指摘は正解となる。

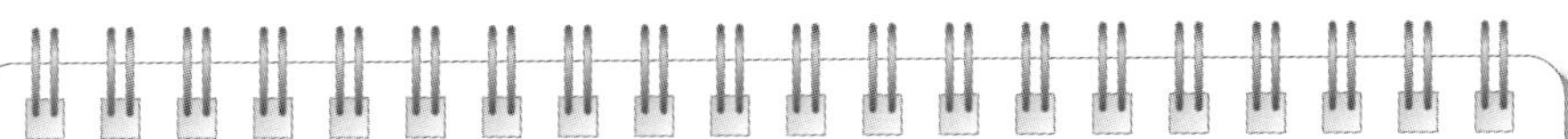

# 19 高齢化と日本経済の状況

**爽快講義該当章　経済分野第6章**

check

☐ 高齢社会での政策を策定する基礎として，人口構成，政府財政，経済活動，年金財政の各状況を表す指標が用いられる。この次の図では，これらの指標の年次変化（1971年～1997年）を示している。図A～Dに該当する指標の組合せとして最も適当なものを，次の①～⑥のうちから一つ選べ。

なお，老齢人口比率，国債依存度，経済成長率の単位はパーセント（%）である。また，「年金積立比率」とは，前年度末の年金積立金で当年度における支出額の何年分を賄えるかを表す指標である。（センター試験）

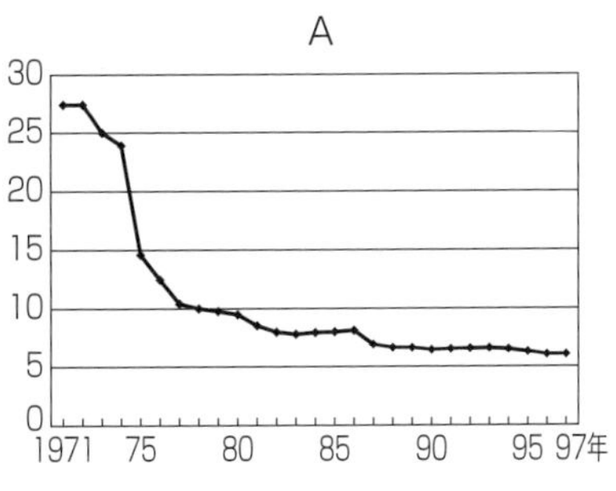


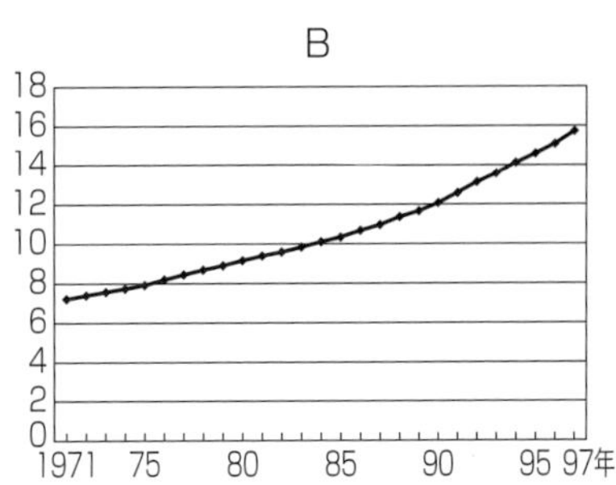


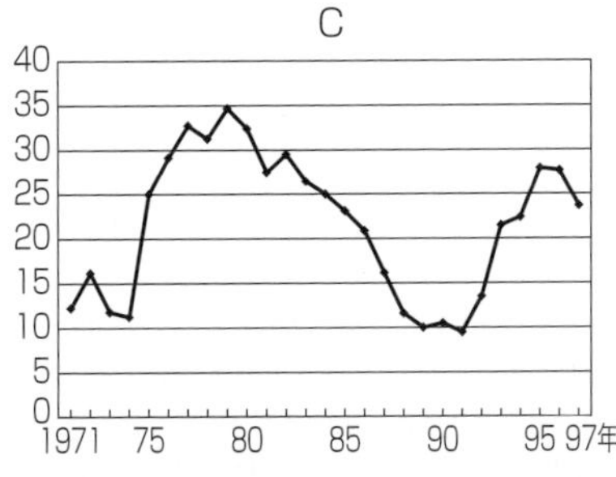


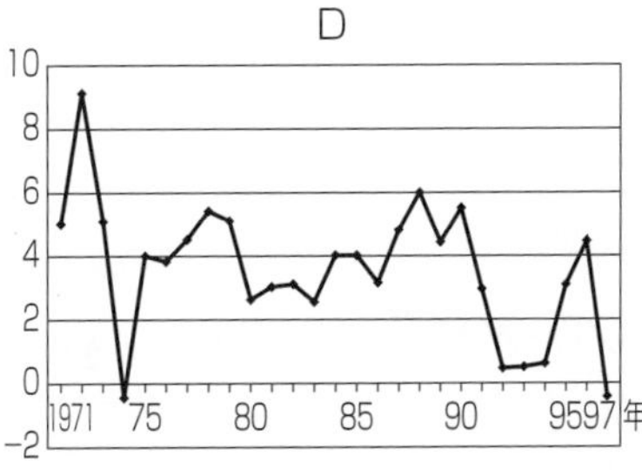


（注）年金積立比率は厚生年金の積立比率，経済成長率は実質経済成長率を用いている。大蔵省『財政統計』，経済企画庁『経済白書』，厚生省『厚生白書』，総理府『社会保障統計年報』により作成。

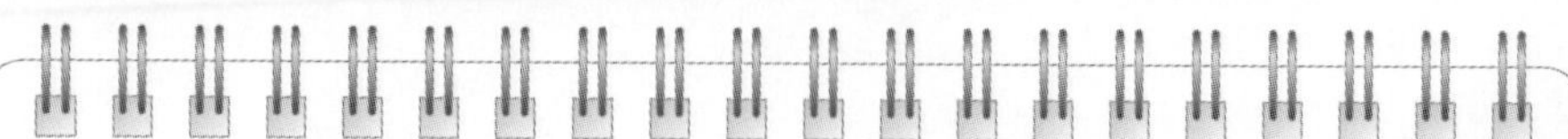

① A—国債依存度　B—年金積立比率
C—老齢人口比率　D—経済成長率

② A—年金積立比率　B—老齢人口比率
C—国債依存度　D—経済成長率

③ A—国債依存度　B—年金積立比率
C—経済成長率　D—老齢人口比率

④ A—国債依存度　B—老齢人口比率
C—年金積立比率　D—経済成長率

⑤ A—老齢人口比率　B—経済成長率
C—国債依存度　D—年金積立比率

⑥ A—年金積立比率　B—国債依存度
C—老齢人口比率　D—経済成長率

正解は②

**スパッと解説!!**　まずBのグラフを見て欲しい。日本は1974年に老齢人口（65歳以上）が7%を超え高齢化社会に，1994年に14%を超え高齢社会へと突入している。（2022年には約29%となっている）。これは基本知識だね。よってBは「老齢人口比率」だ。これで②と④に絞れる。次にCを見てみよう。日本は1975年から1989年，1994年から毎年特例国債（赤字国債）を発行していたよね。この知識からCは国債依存度だと判別できる。答えはもう出たけれど，最後にDについて。日本は1974年に戦後初のマイナス成長を記録していたよね。言うまでもなくDは経済成長率だね。

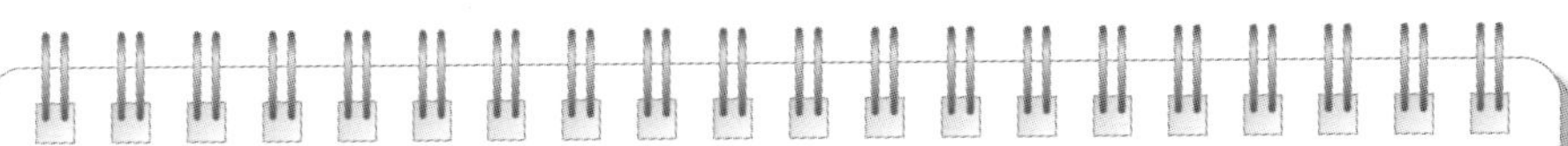

## 20 日本の一般会計の歳出

爽快講義該当章　経済分野第４章

☑ 次のグラフは，1990年度および2023年度の，一般会計予算における国の歳出の内訳を示したものである。グラフの（1），（2），（3），（4），（5），（6）はいずれの項目にあたるか，以下より選べ。 （オリジナル）

一般会計歳出の主要経費別割合の変化

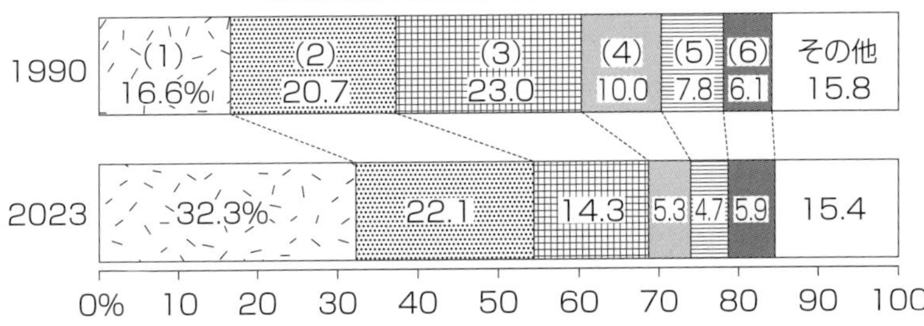


財務省「財政統計」などによる。決算。ただし2023年度は予算案。

（ア）公共事業関係費　（イ）文教および科学振興費
（ウ）社会保障関係費　（エ）地方交付税交付金
（オ）国債費　（カ）防衛関係費

正解 (1)―ウ　(2)―オ　(3)―エ　(4)―ア　(5)―イ　(6)―カ

**スパッと解説!!** この問題は基本中の基本だよね。『日本国勢図会』などを使って毎年チェックしておいたほうがいい。ちなみに2001年度からそれまで1位の歳出項目だった「国債費」が「社会保障費」に入れ替わった。この理由には高齢化の波の中での年金給付金の支出の増大があげられる。また，2023年度から「防衛関係費」が増加し，歳出項目第５位から第４位となっている。ちなみに，税金以外の国有資産の売却益などを財源とした「防衛力強化資金繰入れ」は約3.3兆円（歳出の３%）が計上され，防衛関連予算は約10兆円規模と倍増された。

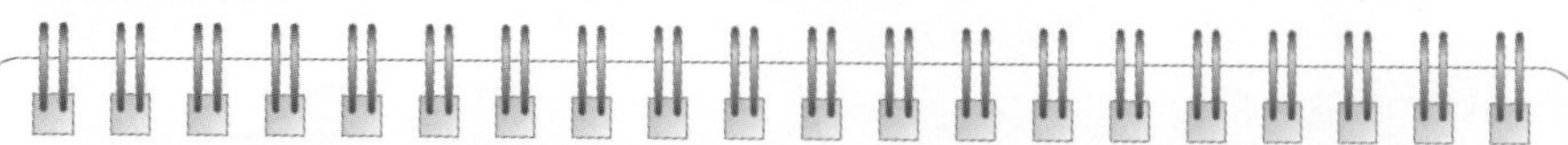

# 21 各国のODA動向

爽快講義該当章　経済分野第７章

check

☑ 各国のODA金額の推移が次の図に示されている。図中のA～Dに対応する国を，次のア～オの中から１つずつ選び，ＡＢＣＤの順に答えなさい。

（オリジナル）

主要国のODA額の推移（2017年までは支出純額ベース，2018年からは贈与相当額ベース）

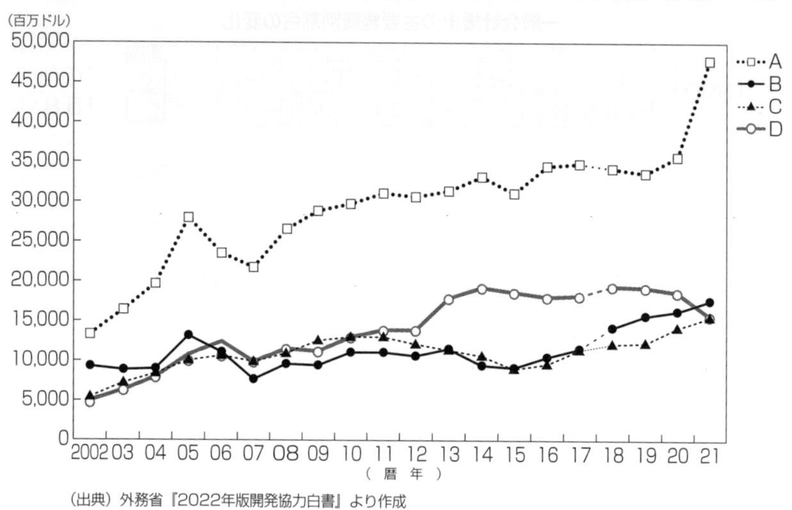


（出典）外務省『2022年版開発協力白書』より作成

ア　アメリカ　　イ　日本　　ウ　イギリス　　エ　フランス

正解　A―ア　B―イ　C―エ　D―ウ

**スパッと解説!!**　日本は1991年から2000年まで，ODAの総額はDAC加盟国中１位だったが，2001年からアメリカに抜かれ２位に後退した。2001年のアメリカ同時多発テロ事件以降，「貧困がテロの温床にある」との認識から，各国もODAを増額している。その後2006年にはイギリスにも抜かれ第３位，2007年には，ドイツとフランスにも抜かれ５位となっていた。2021年実績では，贈与相当額ベースでドイツに次ぐ第３位であるものの，GNI比は0.34%とDACの目標である0.7%には届いていない。ちなみにアメリカのGNI比は0.20%とさらに低い。

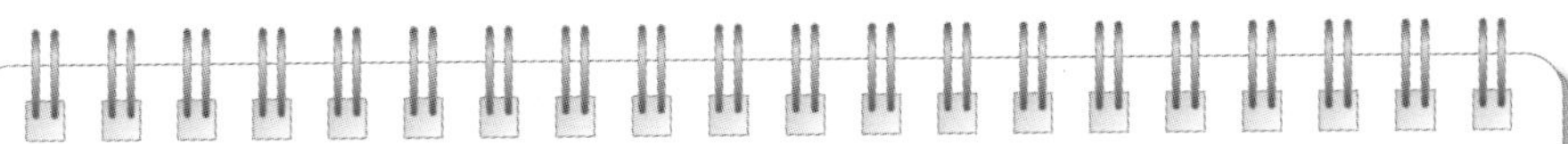

# 22 日本の経済状況

爽快講義該当章　経済分野第５章

check

次の図１～４について，次の問いに答えよ。　（早稲田大学）

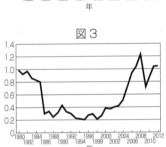

図１

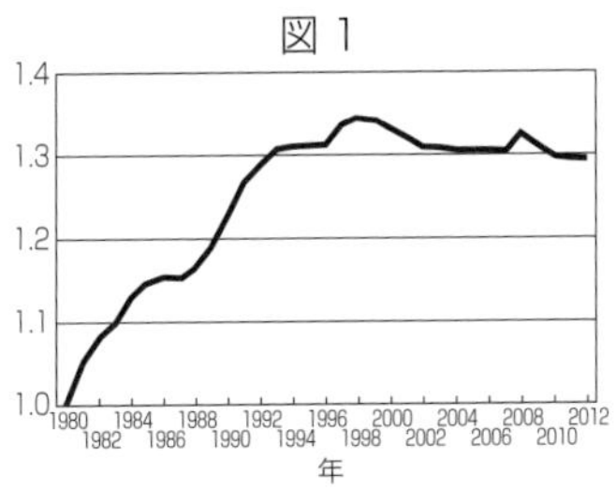


図２

図３

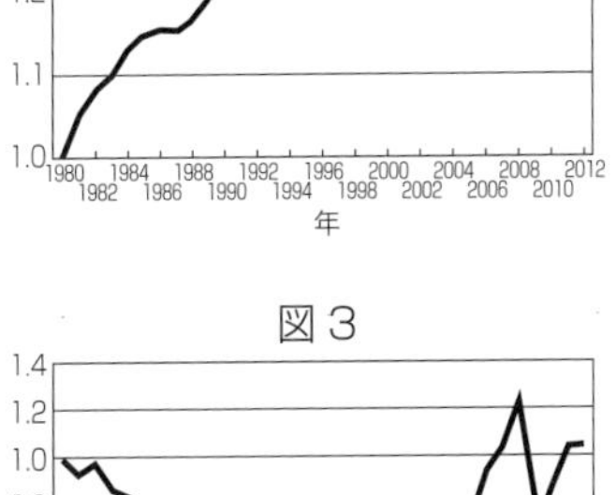


図４

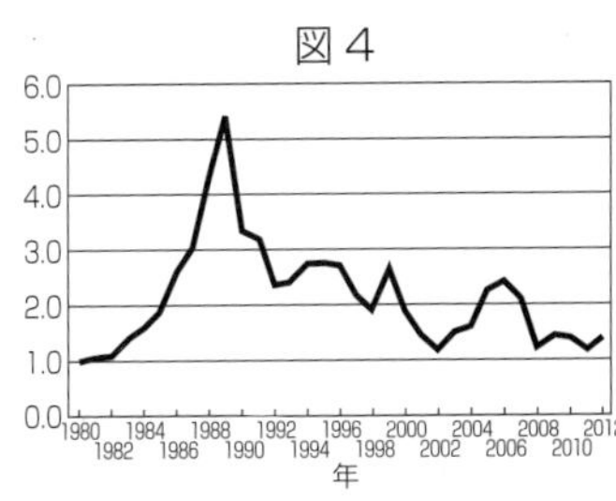


問1　図1が表すものとして最も適切なものを選択肢（ア）～（オ）から1つ選び，その記号をマークせよ。

（ア）原油価格　　（イ）国内総生産（GDP）成長率

（ウ）円ドル為替レート（邦貨立て）　　（エ）日経平均株価

（オ）消費者物価指数（CPI）

問2　図2が表すものとして最も適切なものを選択肢（ア）～（オ）から1つ選び，その記号をマークせよ。

（ア）原油価格　　（イ）国内総生産（GDP）成長率

（ウ）円ドル為替レート（邦貨立て）　　（エ）日経平均株価

（オ）消費者物価指数（CPI）

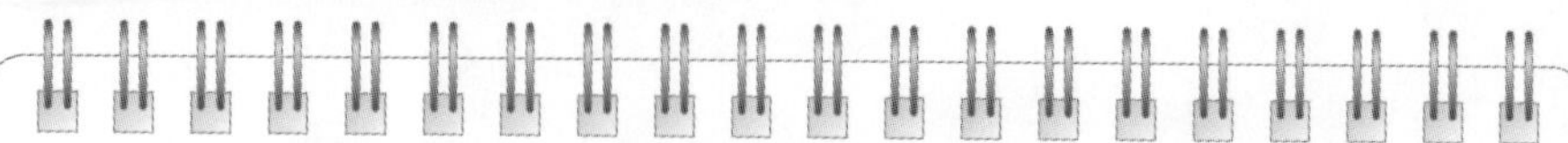

問3　図3が表すものとして最も適切なものを選択肢（ア）～（オ）から1つ選び，その記号をマークせよ。

（ア）原油価格　（イ）国内総生産（GDP）成長率

（ウ）円ドル為替レート（邦貨立て）　（エ）日経平均株価

（オ）消費者物価指数（CPI）

問4　図4が表すものとして最も適切なものを選択肢（ア）～（オ）から1つ選び，その記号をマークせよ。

（ア）原油価格　（イ）国内総生産（GDP）成長率

（ウ）円ドル為替レート（邦貨立て）

（エ）日経平均株価　（オ）消費者物価指数（CPI）

正解　問1ーオ　問2ーウ　問3ーア　問4ーエ

**スパッと解説!!**　まず，問1。バブル期の消費者物価は緩やかな上昇にとどまり（安定していた），株価や地価が高騰している。

問2。1985年のプラザ合意以降，円高が進行し，2008年のリーマン・ショック以降も円高が進行した。

問3。1973年の第一次オイル・ショック，1979年の第二次オイル・ショックによって原油価格は高騰するものの，1980年代前半には下落した。また，リーマン・ショック以降原油価格は高騰した事実は基本知識だ。

問4。1986年11月から始まったバブル景気は，1992年2月に終焉する。この間，1989年12月29日には，日経平均株価は38914円をつけているよ。

このように，著しい変化から，出来事に着目することで，資料の意味が分かるはずだ。

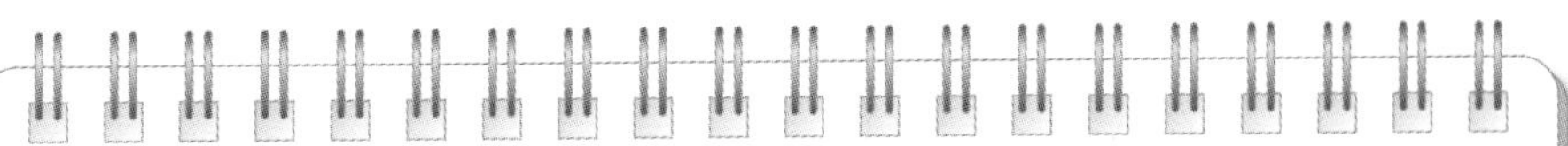

## 23 各国の財政状況

爽快講義該当章　経済分野第4・7章

check

☑ グラフは，米・日・独・伊の中央政府および地方政府の債務残高総額を各国のGDPに対する比率として表したものである。それぞれのグラフに該当する国の組み合わせとして適当なものを1つ選べ。　(オリジナル)

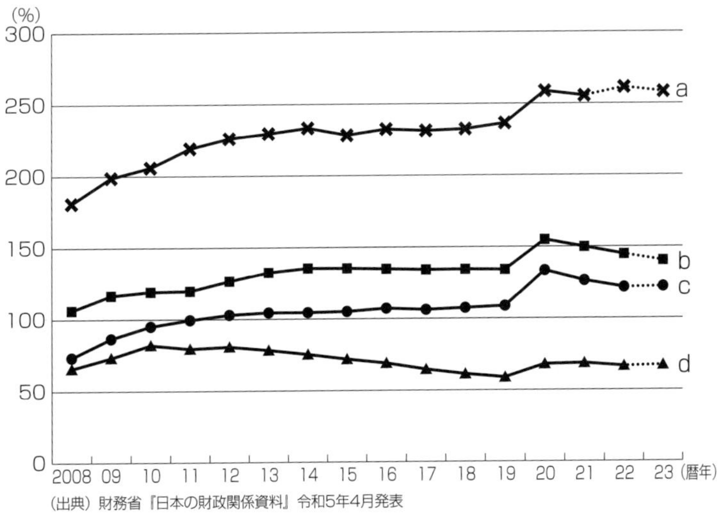


(出典) 財務省『日本の財政関係資料』令和5年4月発表

① a 日本　b イタリア　c 米国　d ドイツ
② a 日本　b 米国　c イタリア　d ドイツ
③ a 日本　b ドイツ　c イタリア　d 米国
④ a 日本　b 米国　c ドイツ　d イタリア

正解は①

**スパッと解説!!** 日本の国と地方など借金残高の対GDP比は，250%を超える。問題は，bの判断。2010年以降の「欧州債務危機」の際「PIIGS」と呼ばれる債務赤字国が顕在化した。そう，「ポルトガル，イタリア，アイルランド，ギリシャ，スペイン」だ。この2010年を境に，累積債務が顕著になるbのイタリアに気が付けば，正解にたどり着く。また，財政健全国である「ドイツ」などはしっかりと押さえておこう。

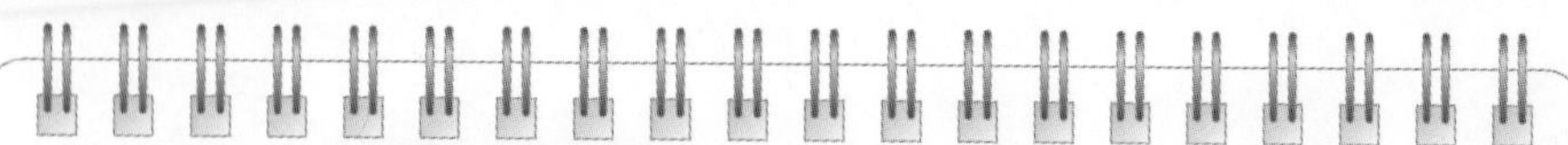

## 24 各国の高齢化の状況

爽快講義該当章　経済分野第6章

check
☐ 以下の高齢化率に関するグラフの日本を除く，②，③，④の国名とグラフの対応が正しいものを一つ選択せよ。（早稲田大学・改題）

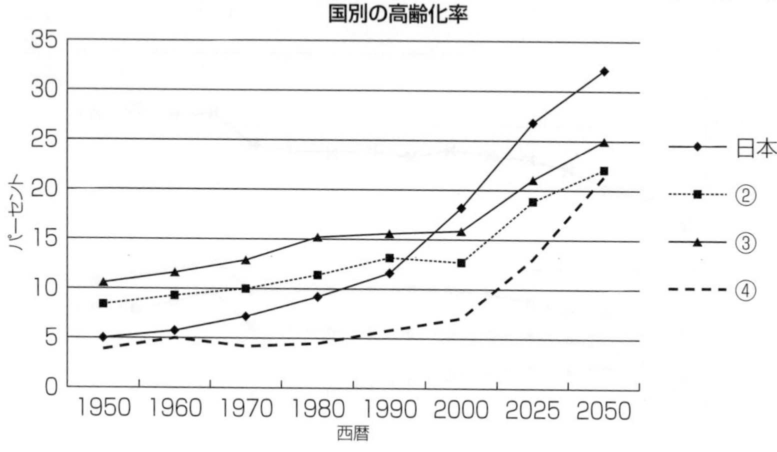


1. ②アメリカ，③イギリス，④デンマーク
2. ②イギリス，③アメリカ，④スウェーデン
3. ②アメリカ，③イギリス，④中国
4. ②イギリス，③アメリカ，④韓国
5. ②イギリス，③アメリカ，④ノルウェー

正解は3

**スパッと解説!!** 日本の次に高齢化が懸念されているのは，アメリカかイギリスかが判別できなくてはいけないね。すでにイギリスは1974年の段階で高齢社会に突入していたことを考えれば，選択肢は1と3に絞られる。④のグラフは中国ですが，人口増加による経済成長と共に予想される高齢化が見抜ければバッチリだ。

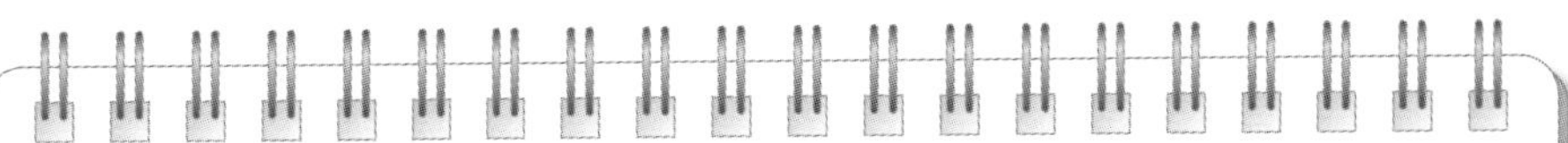

# 25 日本の労働環境

爽快講義該当章 経済分野第6章

check

次の図は，日本における労働組合の組織率，争議件数，および地方裁判所で新規に受け付けた労働事件に関する民事訴訟件数の推移を表したものである。三者の推移を表した図として正しいものを，次の①〜④のうちから一つ選べ。

（センター試験）

①
件 4000 3000 2000 1000 0
% 30 20 10 0
組合組織率
訴訟件数
争議件数
1990 1995 2000 年

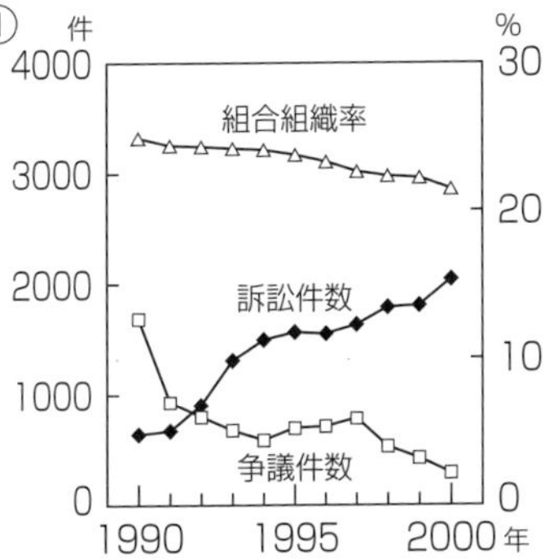

②
件 4000 3000 2000 1000 0
% 30 20 10 0
組合組織率
争議件数
訴訟件数
1990 1995 2000 年

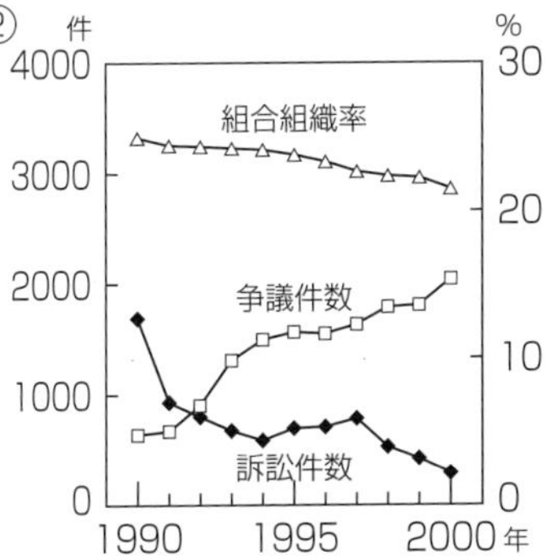

③
件 4000 3000 2000 1000 0
% 30 20 10 0
組合組織率
訴訟件数
争議件数
1990 1995 2000 年

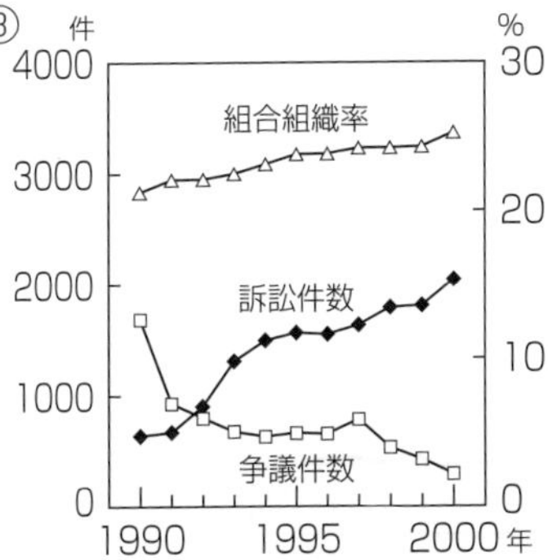

④
件 4000 3000 2000 1000 0
% 30 20 10 0
組合組織率
争議件数
訴訟件数
1990 1995 2000 年

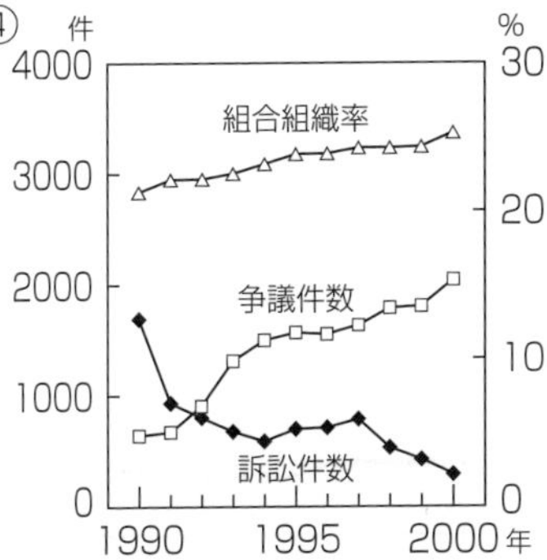

（注）ここでいう争議とは，同盟罷業（ストライキ），作業所閉鎖（ロックアウト），怠業（サボタージュ，スローダウン）などの争議行為を伴う争議のことである。また，訴訟件数には，仮処分事件は含まれない。
（資料）厚生労働省「労働争議統計調査」，同「労働組合基礎調査」（各年6月30日現在）（厚生労働省Webページ），「労働関係民事・行政事件の概況」（『法曹時報』50巻8号，53巻8号）により作成。

正解は①

**スパッと解説!!** まず，日本の労働組合組織率は1940年代末には50%を超えていたものの，現象を続け2022年には16.5%と低い水準となっている。また1990年代は長引く不況の影響もあり，労働争議の件数も減少している。よって正解は①。

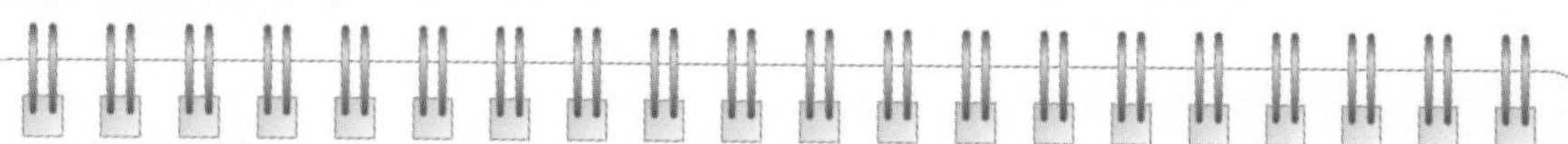

# 26 日本の産業構造①

爽快講義該当章　経済分野第3章

check

1955年から1989年にかけて，経済全体の産業を第1次産業，第2次産業，第3次産業の3部門に分割し，それぞれの部門に属する就業者数の割合を図示したものが**図1**であり，それぞれの部門の生産量の割合を図示したものが**図2**である。これら二つの図から判断して，次の第1次，第2次，第3次産業の組み合わせの中から，最も適切なものを下記の（ア）～（オ）から1つ選べ。

（駒澤大学）

**図1**

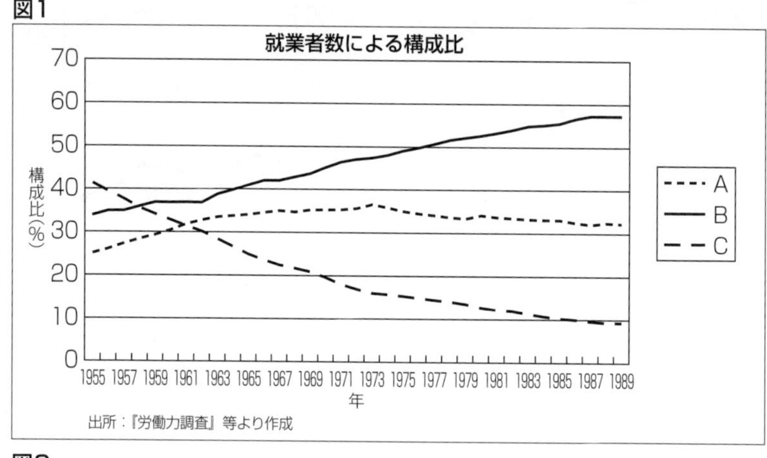


出所：『労働力調査』等より作成

**図2**

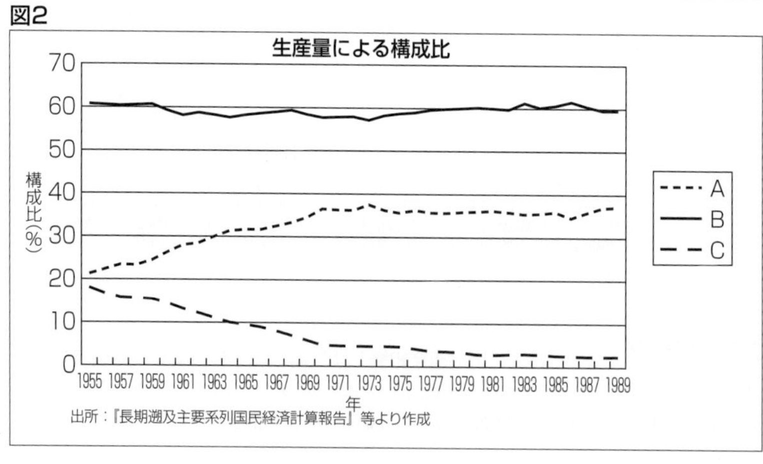


出所：『長期遡及主要系列国民経済計算報告』等より作成

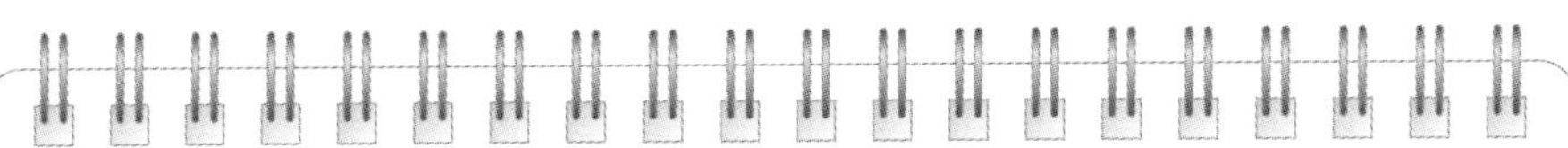

（ア） A：第1次産業　B：第2次産業
C：第3次産業

（イ） A：第2次産業　B：第3次産業
C：第1次産業

（ウ） A：第3次産業　B：第1次産業
C：第2次産業

（エ） A：第2次産業　B：第1次産業
C：第3次産業

（オ） A：第3次産業　B：第2次産業
C：第1次産業

正解は（イ）

**スパッと解説!!** 基本中の基本の問題。「経済成長に伴って，就業人口が第1次産業から第2次産業，第3次産業へと移行する」という「ペティー・クラークの法則」を理解していれば問題なく解答できたよね。

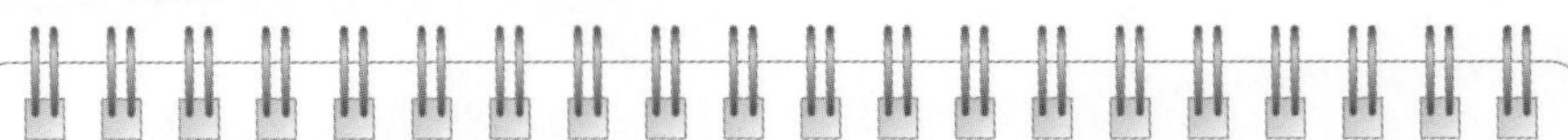

# 27 日本の産業構造②

爽快講義該当章 経済分野第3章

以下の文を読み，①～③に適当な語句を入れなさい。 (名古屋学院大学)

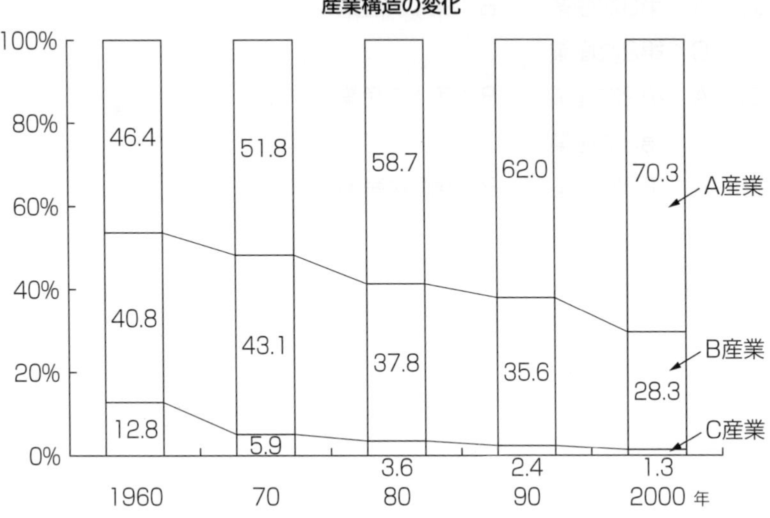


上記のグラフは，国内総生産に占める各産業の割合を日本について示したものである。1960年から10年ごとの推移により，日本の産業構造の変化をみたものといえる。このグラフで，A産業は第（ ① ）次産業を示している。また，B産業は第（ ② ）次産業，C産業は第（ ③ ）次産業を示している。

正解 ①―3 ②―2 ③―1

**スパッと解説!!** 〔21〕番と同じタイプの問題だね。但し記述になると思い出せない受験生が多い。資料問題は選択問題が多いけど，たまに記述タイプのものも出題されるので注意が必要だよ。

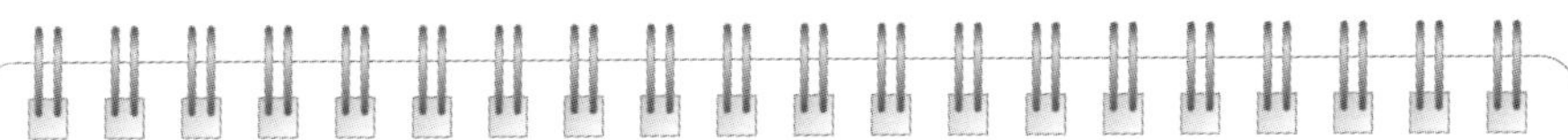

## 28 労働力人口と少子高齢化

爽快講義該当章　経済分野第６章

check

次の表は，日本における正規雇用者数、非正規雇用者数，年少人口（15歳未満），老年人口（65歳以上）の推移を示したものである。表中のア〜エには，正規雇用者数、非正規雇用者数，年少人口，老年人口のいずれかが当てはまる。この表から読みとれる内容を示した後の記述を踏まえて，表中のウとエに当てはまる項目として正しいものを，後の①〜④のうちからそれぞれ一つ選べ。

（共通テスト）

| | ア | イ | ウ | エ |
|---|---|---|---|---|
| 2006年 | 3,415 | 1,744 | 1,678 | 2,660 |
| 2008年 | 3,410 | 1,718 | 1,765 | 2,822 |
| 2010年 | 3,374 | 1,684 | 1,763 | 2,948 |
| 2012年 | 3,345 | 1,655 | 1,816 | 3,079 |
| 2014年 | 3,288 | 1,623 | 1,967 | 3,300 |
| 2016年 | 3,367 | 1,578 | 2,023 | 3,459 |
| 2018年 | 3,476 | 1,542 | 2,120 | 3,558 |

（注）労働力調査で定義されている正規の職員および従業員の人数を正規雇用者数とし，非正規の職員および従業員の人数を非正規雇用者数とした。

（出所）総務省統計局Webページにより作成。

2008年と2010年を比較したときの正規雇用者数の減少数は，同じ期間の非正規雇用者数の減少数より多い。

① 正規雇用者数　② 非正規雇用者数
③ 年少人口　④ 老年人口

正解はウ②・エ④

**スパッと解説!!** まず，顕著な特徴を持つデータから読み解こう。エは2018年においてその数が最も多く，増加を続けている。日本の老年人口（65歳以上）は2022年で約29%。アとエで迷うが，一貫して増加を示しているエが「老年人口」。次に対比的なデータとなる日本の年少人口（15歳未満）は，2022年で約11.6%。また年少人口は減少し続けていることから，イには「年少人口」が入る。最後に日本の非正規雇用は約４割弱で増加傾向にある。日本の就業者数が約6,700万人なので，ウに「非正規雇用者数」，アに「正規雇用者数」が入る。

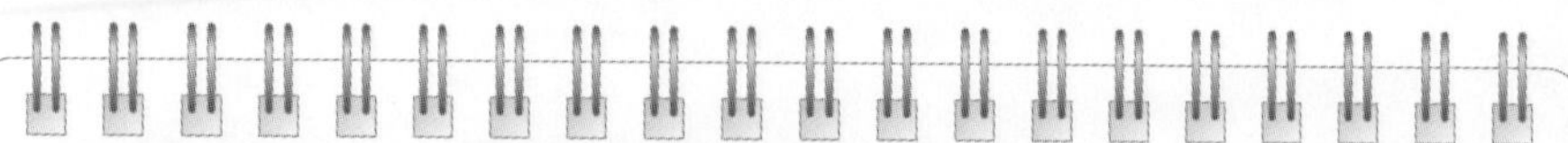

## 29 エネルギー供給量と構成比

爽快講義該当章　政治分野第5章

check

□ 次の表は2014年における各国の一次エネルギー供給量およびエネルギー源別の構成比を示したものである。AとBには中国またはアメリカのいずれか，CとDには日本またはフランスのいずれかが入る。表中のA～Dに当てはまる国名の組合せとして正しいものを，下の①～④のうちから一つ選べ。

（センター試験）

| | 一次エネルギー供給量（百万トン） | 一次エネルギーの内訳（%） | | | | | |
|---|---|---|---|---|---|---|---|
| | | 石　炭 | 原　油 | 天然ガス | 原子力 | 水　力 | その他 |
| A | 3,052 | 65.9 | 16.9 | 5.0 | 1.1 | 3.0 | 8.1 |
| B | 2,216 | 19.5 | 40.5 | 28.2 | 9.8 | 1.0 | 1.1 |
| C | 442 | 26.8 | 39.0 | 24.4 | 0.0 | 1.6 | 8.2 |
| D | 243 | 3.8 | 22.9 | 13.4 | 46.9 | 2.2 | 10.8 |
| 世界全体 | 13,699 | 28.6 | 31.8 | 21.2 | 4.8 | 2.4 | 11.2 |

（注）一次エネルギーとは，各種エネルギー資源から直接得られるエネルギーのことである。なお，表中の数値は，石油に換算したものを用いている。また，その他には地熱，太陽光，風力，潮力，固形バイオ燃料，バイオガス，産業廃棄物，都市廃棄物などを含む。四捨五入のため，各項目の総和が100とならない国もある。

（資料）IEA（国際エネルギー機関）Webページにより作成。

① A　中　国　　B　アメリカ　　C　日　本　　D　フランス

② A　中　国　　B　アメリカ　　C　フランス　　D　日　本

③ A　アメリカ　　B　中　国　　C　日　本　　D　フランス

④ A　アメリカ　　B　中　国　　C　フランス　　D　日　本

正解は①

**スパッと解説!!**　まず原子力に着目すると，Dが大きいことからフランスだと分かる。また東日本大震災後，日本の原子力はほぼゼロなのでCが日本だと分かる。ここから知識だけど，中国は60%以上火力発電に依存しており，Aが中国，Bがアメリカとなる。ちなみにドイツは2023年に全原発を停止した。念のため押さえておこう。

# 第5章

# スパッと解決!! オリジナル予想 時事・盲点問題（政治編）

current affairs

— Political field —

■ 以下の各問に答えよ。空欄には適当な語句・数字を入れよ。

**Answer**

check 問 1 2020年2月に〔 a 〕(世界保健機関)は，いわゆる「新型コロナウイルス感染症」の正式名称を「COVID-19」と命名したと発表した。続く3月に〔 a 〕の〔 b 〕事務局長は〔 c 〕であるとの認識を示した。世界各国では，首都封鎖，〔 d 〕が実施された。

日本では，2020年3月に「〔 e 〕等特別措置法の一部を改正する法律」が成立し，4月7日に〔 f 〕大臣が〔 g 〕を発出した。これに伴って，〔 h 〕による〔 i 〕や外出自粛などが行われ，経済活動が低迷した。

2023年5月に政府は，これまで〔 j 〕類であった新型コロナウイルス感染症を，季節性インフルエンザなどと同じ〔 k 〕類へと移行した。これにより感染者の把握は**全数把握**から比較的緩やかな**定点把握**に移行した。

2023年9月には，内閣官房と厚生労働省の感染症対策部門を一元化する「〔 l 〕」を内閣官房に設置し，感染症対策の強化にあたる。

問1 a-WHO
b-テドロス
c-パンデミック
d-ロックダウン
e-新型インフルエンザ
f-内閣総理
g-緊急事態宣言
h-都道県知事
i-休業要請
j-2
k-5
l-内閣感染症危機管理統括庁

check 問 2 2022年に実施された参議院選挙の当選者に占める女性割合は，改選前との合計で〔9.9／25.8〕%となった。

問2 25.8

問3 ④
（正しくは，仮名加工情報）

check
問 3 2022年に改正された個人情報保護法に関する説明として，誤っているものを1つ選べ。

①データの利用停止,削除申請については,個人の権利や利益が害される場合にも可能となった。

②個人情報漏洩が発覚した場合，本人への漏洩通知が義務化された。

③「Cookie」（インターネット閲覧履歴等の記録）は，個人関連情報として，自社内の個人情報と紐付けして活用する場合には，本人の同意確認が必要となる。

④データサイエンスの促進やAIの活用の観点から，氏名など個人を特定できる情報を削除した，匿名加工情報を新設し（主に企業内利用），イノベーションにつなげる。

問4 ②
（①正しくは,「差別禁止規定」ではなく「理解を促す規定」。また,罰則はない。③正しくは,「この法律」ではなく,「地方公共団体の条例」。④正しくは，認められていない。）

check
問 4 2023年に成立した「LGBT理解増進法」に関する説明として，適切なものを1つ選べ。

①「性的指向」や「性自認（ジェンダーアイデンティティ）に対する，差別禁止規定を盛り込んだ,罰則のある法律である。

②公共施設などの利用への不安に配慮し,「すべての国民が安心して生活できるように留意する」という条文が付け加えられた。

③この法律に基づいて，婚姻関係とほぼ同等の関係・生活を認める「パートナーシップ宣誓制度」が設けられた。

④この法律によって，同性婚が認められた。

check
問 5 2022年5月に成立した「経済安全保障推進法（経済施策を一体的に講ずることによる安全保障の確保の推進に関する法律）」では，国民生活に欠かせない半導体や抗菌薬などの物資や技術，インフラなどの経済的資源を総合的に管理し，危機管理や安全保障の充実を図る目的で，企業に対して物資調達先を調査する権限を国に与えた。これらの物資をなんというか。

問5 特定重要物資

check
問 6 子どもの貧困，児童虐待などの問題に総合的に対応するため，2023年4月に設立された行政機関の名称を答えよ。

問6 こども家庭庁

check
問 7 2022年5月，最高裁大法廷は，海外に住む有権者が〔　　　〕に投票できないことは違憲だとする判決を示した。

問7 国民審査（最高裁判所裁判官の国民審査）

check
問 8 2021年9月に設立されたデジタル庁に関する説明として，誤っているものを1つ選べ。

①内閣総理大臣をトップとしておく。
②担当閣僚としてデジタル担当大臣をおく。
③事務方トップをデジタル監としておく。
④「47個問題」とされる，自治体ごとに異なる個人情報の取り扱いルールを国の基準に合わせて一元化し，匿名加工個人情報の幅広い活用を促進する。
⑤国や地方自治体が同一の仕様で行ってきた情報システムの効率化を図る。

問8 ④
（正しくは，「2000個問題」）

問9 ジェンダー・ギャップ指数

問 9 経済活動，政治参画の度合い，教育水準，健康寿命などから算出される男女格差を示す指標を一般に何というか。

問10 孔子廟（久米至聖廟）

問 10 2021年2月，最高裁判所（大法廷）により，那覇市が市有地を無償貸与したことが政教分離に反するとする判決が出された施設名を答えよ。

問11 ④（正しくは「逮捕後」ではなく「起訴後」）

問 11 少年法に関する記述として，誤っているものを1つ選べ。

①2000年の同法改正により，16歳以上の少年が故意に被害者を犯罪行為によって死亡させた場合，家庭裁判所から検察官へ逆送されることとなった。

②2007年の同法改正により，少年院送致の下限年齢が14歳以上から「概ね12歳以上」に引き下げられた。

③2008年の同法改正により，被害者の遺族が少年審判や刑事裁判に参加して，加害者に対する意見・質問を行うことが可能となった。

④2021年の同法改正により，18歳・19歳は特定少年として，逮捕後の氏名，顔写真などの推知報道が解禁された。

問12 教育基本法

問 12 2006年に改正された，いわゆる教育の憲法ともいうべき法律を何というか。

check 問13 2015年6月に〔 a 〕法が改正されたことにより，国政及び地方選挙における投票権が〔 b 〕歳へと引き下げられた。

問13
a-公職選挙
b-18

check 問14 2007年に制定され，2010年に施行された憲法改正の国民投票の具体的手続きを定める法律を何というか。

問14 国民投票法

check 問15 憲法改正手続きに関する説明として最も適当なものを，次の①～⑤のうちから一つ選べ。

①投票対象は憲法改正に限定され，投票者は25歳以上である。

②最低投票率は設けず，賛成票が有効投票総数の3分の2以上で改正される。

③改正国会法により，改正原案の提出には，衆議院で20名以上，参議院で10名以上の国会議員の連署が必要である。

④改正国会法により，改正原案を実質審議するのは，憲法調査会である。

⑤国民投票法では受刑者が欠格事由になっていない。

問15 ⑤
（①正しくは,18歳。
②正しくは，過半数。
③正しくは，衆議院で100名以上，もしくは，参議院で50名以上。
④正しくは，憲法審査会。）

check 問16 以下は成人年齢の改正に関する内容である。適当な数字・語句を選べ。

2018年，成人年齢を〔 a 20／18 〕歳から〔 b 18／16 〕歳に引き下げる改正〔 c 民法／刑法 〕が成立した。また女性の婚姻年齢も〔 d 16／17 〕歳から〔 e 18／20 〕歳に引き上げられた（2022年施行）。

問16
a-20
b-18
c-民法
d-16
e-18

問17 候補者男女同数法

check 問17 2018年5月に成立した，政党が男女の候補者数を同数となるよう努力することなどを目標とする法律を何というか。

問18

a-幸福追求
b-明白な危険

c-他に適当な手段
d-必要最小限
e-実力

check 問18 集団的自衛権の行使に関連して，以下は2014年に政府が発表した武力行使の新三要件の要旨である。空欄に適語を入れよ。

(1) 我が国に対する武力攻撃が発生した場合のみならず，我が国と密接な関係にある他国に対する武力攻撃が発生し，これにより我が国の存立が脅かされ，国民の生命，自由及び〔 a 〕の権利が根底から覆される〔 b 〕がある場合

(2) 我が国の存立を全うし，国民を守るために〔 c 〕がない時

(3) 〔 d 〕の〔 e 〕を行使

問19 防衛装備移転三原則

check 問19 2014年4月，安倍内閣は「武器輸出三原則」で禁止されている「防衛装備品の輸出」と「防衛装備品の国際共同開発・生産への国内企業の参加」を原則認める閣議決定を行った。これらにおける原則を答えよ。

問20 国家安全保障会議，国家安全保障局

check 問20 2013年12月に，日本の諜報活動などを効果的に行うため，安全保障会議を再編して設立された会議の名称と，その事務局を答えよ。

check
**問21** 2013年12月に成立した，特定秘密保護法について誤っているものを1つ選べ。

①特定秘密に指定される4情報は，「外交」，「防衛」，「スパイ活動防止」，「テロ防止」である。

②特定秘密の指定期間は5年で，30年を超える場合は閣議決定が必要となる。指定の上限は50年である。

③特定秘密の取扱者については，個別の適性評価を受けることになっている。

④同法の運用監視のための第三者機関として，情報保全諮問会議を設置した。

⑤同法の運用監視のため，衆参両院に，情報監視審査会を設置した。

問21 ②
（正しくは60年）

check
**問22** 2015年9月に制定された平和安全法制の一つして，新たに制定された法律と，この法律によって協力支援が行われる事態の名称を答えよ。

問22 国際平和支援法，国際平和共同対処事態

check
**問23** 2015年9月に制定された平和安全法制の一つとして改正された，周辺事態安全確保法の新たな名称と，この法律によって後方支援が行われる事態の名称を答えよ。

問23 重要影響事態安全確保法，重要影響事態

check
**問24** 2015年9月に制定された平和安全法制の一つとして改正された，武力攻撃事態対処法の新たな名称と，この法律によって武力行使が行われることを容認する事態の名称を答えよ。

問24 事態対処法，存立危機事態

問25 ②
（①必ず国会の事前承認，③周辺に限らず，他国軍への後方支援も可，④国会の事前または事後の承認）

check 問25 2015年9月に制定された平和安全法制について，正しいものを1つ選べ。

①国際平和支援法では，自衛隊の協力支援に際して，国会の事前または事後の承認を必要とする。

②改正国際平和協力法では，自衛隊の駆けつけ警護を可能とした。

③重要影響事態安全確保法では，周辺事態の際に，米軍の後方支援を行うこととなった。

④改正武力攻撃事態対処法（事態対処法）では，我が国と密接な関係にある他国への攻撃を自国への攻撃とみなして，必ず国会の事前承認の下，武力行使を行う。

問26 積極的平和主義

check 問26 2013年12月に，国家安全保障戦略の中で示された，国際社会の平和と安定及び繁栄の確保に，これまで以上に積極的に寄与していく，とする政府の立場を何というか。

問27 国民保護法

check 問27 2004年に有事7法の一つとして住民避難を主として定められた法律を何というか。

問28 武力攻撃事態対処法

check 問28 2003年に有事3法の一つとして，日本への武力攻撃を想定して作られた法律を何というか。

問29 イラク人道復興支援特別措置法，サマワ

check 問29 2003年に，イラクにおける非戦闘地域での，人道復興支援と後方支援を目的とする法律を何というか。またその最初の派遣先はどこか。

check
☐問30 2001年に，テロ撲滅のために制定された法律を何というか。

問30　テロ対策特別措置法（現在失効）

check
☐問31 2017年に成立した，改正組織犯罪処罰法において，犯罪の計画や，資金調達などの準備を処罰対象とする罪を何というか。またこれに伴って日本が批准した国際条約を何というか。

問31テロ等準備罪，国際組織犯罪防止条約（パレルモ条約）

check
☐問32 2016年から運用された，各行政機関が個別に把握している個人情報を結びつけ，納税や社会保障の行政情報を一元化する番号制度を一般に何というか。また，その際の個人と法人のそれぞれの番号の桁数と，自分の行政情報が閲覧できる個人ホームページを一般に何というか。

問32 マイナンバー制度（国民総背番号制との指摘もある），個人番号…12・法人番号…13，マイナポータル

check
☐問33 民間事業者の個人情報の取り扱いに一定の制限を加える，2003年に成立し，2005年に全面施行された法律は何か。

問33 個人情報保護法

check
☐問34 嫡出子と非嫡出子をめぐる動向について，適当なものを1つ選べ。

①1995年，最高裁は，民法の非嫡出子の法定相続分が，嫡出子の2分の1である規定について，違憲と判断した。

②2013年，最高裁は，民法の非嫡出子の法定相続分が，嫡出子の2分の1である規定について，合憲と判断した。

③2008年，最高裁は，国籍法に基づく非嫡出の国籍取得の制限について，違憲と判断した。

問34 ③
（①と②の年号が逆。）

問35 出入国管理及び難民認定法

check 問35 2018年12月，外国人労働者の受け入れ拡大を目指し，外国人の単純労働を認めるなどの改正が行われた法律名を答えよ。

問36 優生保護法（旧優生保護法）

check 問36 第一次ベビーブームの最中である1948年に制定され，精神疾患や遺伝病などの疑いがある人に対して強制不妊手術を施し，2019年に国が救済法を制定した法律名を答えよ。

問37 ③

check 問37 2016年5月に成立した，「ヘイトスピーチ対策法（解消法）」に関する説明として適当なものを1つ選べ。
①知る権利が明記されている。
②罰則規定と禁止規定がある。
③ヘイトスピーチについての定義がある。
④表現の自由の明記がある。

問38 裁判員制度

check 問38 民間人が裁判官と合議により審理する2009年から始まった制度を何というか。

問39 即決裁判制度（即決裁判手続）

check 問39 軽微な事件で裁判を原則一回とする制度を何というか。

問40 布川事件

check 問40 2011年5月，1967年に茨城県利根町布川で起きた強盗殺人事件についての再審が行われ，無罪が確定した冤罪事件を何事件というか。

問41 足利事件

check 問41 2009年6月4日，1990年に栃木県で起こった少女殺人事件について，逮捕から17年ぶりに釈放された冤罪事件を答えよ。

check 問42 検察審査会について〔　〕を埋めよ。

検察の不当な不起訴処分を審査（内乱罪と独占禁止法違反は対象外）するため，市民（公務員などを除いた衆議院議員選挙の有権者）〔 a 〕名からなる「検察審査会（検察審査会設置法による 1948年）」がある。検察審査会は〔 b 〕裁判所とその支部に165か所設置，任期は6カ月で3カ月ごとに半数改選される。

2009年5月までは〔 c 〕の議決に直接の拘束力はなかったが，「検察審査会設置法」の改正により，二回目の〔 c 〕の議決で出ると，検察審査会に検察官が意見を述べる機会を与えた上で，8名以上の賛成で〔 d 〕が出される。〔 d 〕が出されると地方裁判所が選定する弁護士が検察官役となり，強制起訴されることとなった。

こうして刑事裁判における「国家訴追主義」に基づく「〔 e 〕（検察のみが公訴権を独占する）」の例外が誕生することとなった。

問42
a-11
b-地方
c-起訴相当
d-起訴議決
e-起訴便宜主義

check 問43 2010年4月27日，「刑法」と〔 a 〕が改正・即日施行され，「強盗殺人」，「殺人」についての〔 b 〕（刑の時効も含む）が廃止された。

問43
a-刑事訴訟法
b-公訴時効

check 問44 2010年4月，北海道〔 a 〕市が〔 b 〕に対して，市有地を無償貸与していた問題について，最高裁は憲法第〔 c 〕条（政教分離）と第〔 d 〕条（宗教団体への公金支出の禁止）に反するとした違憲判決を下した。

問44
a-砂川
b-空知太神社
c-20
d-89

問45

(1)-可視化

(2)-司法取引

(3)-刑事免責

check 問45 2016年の刑事司法改革関連法において，2018年から順次開始された以下の制度について答えよ。

(1) 取り調べ内容を目に見える形で録画・録音すること。

(2) 主に経済犯罪において，犯罪解明に協力することで，検察官，容疑者，弁護人で刑事処分の軽減などの見返りを合意する制度。

(3) 刑事事件の証人を不利に扱わない制度。

問46 まち・ひと・しごと創生法，まち・ひと・しごと創生総合戦略，まち・ひと・しごと創生本部

check 問46 2014年11月に，各地域がそれぞれの特性を活かして，潤いのある地域社会の形成や，地方創生を目指し制定された法律と，この実施計画，この推進のために内閣に設置された本部をそれぞれ答えよ。

問47 補助金の削減，地方交付税の見直し，国税から地方税への税源移譲（順不同）

check 問47 三位一体の改革の内容を答えよ。

問48 名護市辺野古

check 問48 沖縄県の普天間基地の移設先はどこか。

問49
a-社会保険
b-日本年金

check 問49 2010年から年金業務を取り扱う〔 a 〕庁は，非公務員型の〔 b 〕機構へと業務を引き継いだ。

問50 問責決議，福田康夫

check 問50 2007年に現行憲法下で初めて現役の首相に対して参議院が行った決議と，その首相を答えよ。

check
問51 2019年5月に成立した，大学などの高等教育の無償化を目指す法律名を答えよ。

問51 大学等修学支援法

check
問52 2019年5月に成立した，認可保育所や一部幼稚園，認定子ども園の費用を無償化する為に改正された法律名を答えよ。

問52 子ども・子育て支援法

check
問53 2010年4月から公立高校の授業料年約12万円が無償化，及び高校の就学支援金が支給されたが，それを定めた法律を何というか。

問53 高校授業料無償化法（公立高校に係る授業料の不徴収及び高等学校等就学支援金の支給に関する法律）

check
問54 2011年3月11日に発生した「東日本大震災」の後，〔 a 〕では全電源が喪失するステーション・ブラックアウトに陥り緊急炉心冷却装置が停止し，燃料棒が溶け出す炉心溶融（〔 b 〕）が発生した。また溶け出した燃料棒が格納容器を突き破る「メルトスルー」も発生した。

問54
a-福島第一原子力発電所
b-メルトダウン

check
問55 福島原子力発電所の事故は，IAEA(国際原子力機関)を介して各国に発表される「国際原子力事象評価尺度(INES)」のレベルはいくつか。数字を答えよ。

問55 7

check
問56 2011年3月11日に発生した「東日本大震災」を受けて，2011年6月，〔　　〕が成立した。

問56 復興基本法
※この法律の整備に伴い「復興庁」も設置された。

問57 イタリア

check 問57 2011年6月，原発再開の是非を問う国民投票が〔　　〕で行われ，原発凍結賛成票が94.05%を占めた。

問58 もんじゅ

check 問58 1999年にナトリウム漏れの事故を起こした，福井県敦賀市にある「高速増殖炉（発電と同時に消費した以上の燃料を生み出す）」を何というか。

問59
a-プルトニウム
b-ウラン
c-MOX
d-プルサーマル

check 問59 原子力発電所の使用済み燃料から取り出した〔 a 〕を取り出して，〔 b 〕との混合酸化物である〔 c 〕を燃料にして核燃料をリサイクルする計画を〔 d 〕計画という。

問60 公益通報者保護法

check 問60 2006年に施行された，企業や公的機関などが違法行為をした場合，それをマスコミ等に通報したことを理由に解雇や不利益扱いを禁止する法律を何というか。

問61 名古屋高裁

check 問61 2008年にイラク人道復興支援特別措置法に基づく，航空自衛隊の活動に違憲判決を出した高裁はどこか。

問62 日本政策金融公庫

check 問62「国民生活金融公庫」や「中小企業金融公庫」などを統合し，2008年10月に設立された政府系金融機関を何というか。

問63 観光庁

check 問63「観光立国」を目指すべく，2008年10月に新設された行政機関を何というか。

check 問64 2008年にある民族を先住民族と認める国会決議が出された。この民族を何というか。

問64 アイヌ民族

check 問65 2019年に，初めてアイヌ民族を「先住民族」と位置づけ，アイヌ文化の振興に向けた施策を推進する「アイヌ文化振興法（1997年）」に代わって制定された法律を何というか。

問65 アイヌ施策推進法（アイヌ民族支援法）

check 問66 2007年5月の少年法改正で，少年院への送致は何歳以上から可能になったか。

問66 12歳

check 問67 2007年4月に成立した，日本の海洋政策の一元化をはかる法律を何というか。

問67 海洋基本法

check 問68 2007年3月，海外派遣任務に対応するために自衛隊内に創設された，防衛大臣直轄の部隊を何というか。

問68 中央即応集団

check 問69 2006年10月に行われた日中首脳会談では〔　　〕を目指すことが合意された。

問69 戦略的互恵関係

check 問70 簡素で効率的な政府を目指し，2006年に成立した法律は何か。

問70 行政改革推進法

check 問71 2006年5月に成立した公共サービス改革法に基づき，公共サービスなどについて，官民共同で入札する制度を何というか。

問71 市場化テスト（官民競争入札）

問72 知的財産高等裁判所

check 問72 著作権などの事件を専門に扱う裁判所が2005年に設立された。名称を答えよ。

問73 裁判迅速化法

check 問73 2003年に成立した，すべての裁判の第一審を2年以内に出すことを目的とした法律を何というか。

問74 皇室典範

check 問74 皇位継承などを規定している法律は何か。

問75 上皇，天皇の退位等に関する皇室典範特例法

check 問75 2019年4月30日に退位された，天皇の退位後の呼称を何というか。また一代限りの生前退位を認める特例法を何というか。

問76 フィンランド

check 問76 2023年に，NATO（北大西洋条約機構）の31カ国目の加盟国となった国を答えよ。

問77 肥沃な穀倉地帯

check 問77 ウクライナからロシアにまたがる付近，穀物が豊富に収穫できる地帯を一般に何というか。7文字で答えよ。

問78 人権

check 問78 2022年2月にロシアがウクライナに侵攻したことで，ロシアは国際連合の〔　　　〕理事会を除名された。

問79 日本

check 問79 2022年6月に開かれた国連総会において，次期安全保障理事会の非常任理事国（任期2年，10カ国，1年ごとに半数改選）に，過去最多12回目の当選を果たした国名を答えよ。

☐ 問80 2011年に，日本の自衛隊が派遣されたPKOの活動地域を答えよ。

問80 南スーダン

☐ 問81 2015年7月20日，54年ぶりにアメリカと〔 a 〕は国交を回復した。2013年から両国はローマ法王〔 b 〕の仲介で国交正常化の事前交渉を続けてきた。2015年4月にはオバマ米大統領とキューバの〔 c 〕国家評議会議長がパナマで59年ぶりの首脳会談を実現した。2015年5月にアメリカは，〔 a 〕について，〔 d 〕の指定を解除していた。

問81
a-キューバ
b-フランシスコ
c-ラウル・カストロ
d-テロ支援国家

☐ 問82 2015年2月10日，政府は従来の「ODA大綱」を抜本的に見直した。この大綱の名称を何というか。またこの内容について，正誤せよ。

①非軍事協力による平和と繁栄への貢献。
②人間の安全保障の推進。
③自助努力支援と日本の経験と知見を踏まえた対話・協働による自立的発展に向けた協力。
④非軍事目的の開発協力に軍又は軍籍を有する者が関係する場合には，実質的意義に着目し，個別具体的に検討。
⑤国連の事前承認。

問82 政府開発協力大綱，⑤は×（ODAなどの経済協力はその国の自発的活動），他はすべて○（④によって，非軍事的部門での他国軍への軍事支援が可能となった）

☐ 問83 2017年に採択された，核兵器の廃絶を目指す国際条約を何というか。

問83 核兵器禁止条約（尚，日本やアメリカは反対に回った）

問84 INF（中距離核戦力）全廃条約

check 問84 2019年8月に失効した，冷戦中の1987年に米ソで締結された特定兵器の軍縮条約を答えよ。

問85 シンガポール

check 問85 2018年に，初の米朝首脳会談が行われた国はどこか。

問86

a-スコットランド

b-北海油田

c-単一

check 問86 2014年9月に，イギリス本国からの独立の是非を問う住民投票が〔 a 〕で実施され，独立は見送られた。

1960年代にイギリスが開発した〔 b 〕が近くにあり，この収益により，独立した財政基盤を整えたい意向だった。

中央政府を中心とする〔 c 〕国家であるイギリス政府に対して，自治拡大を要求し，1997年には住民投票において〔 a 〕議会が置かれることが決まり，1999年に初めての〔 a 〕議会選挙が実施されている。

問87 ボリス・ジョンソン，保守党

check 問87 2019年7月にイギリスのメイ前首相に代わって首相に就任した人物と，その人物の所属政党名を答えよ。

問88

a-国際司法裁判所（ICJ）

b-オーストラリア

c-国際捕鯨取締

check 問88 2014年3月，〔 a 〕は「南極海での日本の調査捕鯨は今後認められない」とする判決を下した。

この裁判は4年前から〔 b 〕によって提起されたもので，この判決を受け，〔 c 〕条約をその後日本は脱退した。

check 問89 2017年11月,「米国連邦準備制度理事会(FRB)」議長が,イエレン氏から,〔　　〕氏に交代した。

問89 パウエル

check 問90 2010年7月にICC(国際刑事裁判所)が逮捕状「人道に対する罪」を発行したスーダンの元大統領を答えよ。

問90 バシール

check 問91 2009年に,日本が海賊対策のために制定した法律と,その海賊が展開しているとされる場所を答えよ。

問91 海賊対処法,ソマリア沖(アデン湾)

check 問92 2009年に就任したオバマ大統領が,大規模ダムなどをつくる公共投資から,環境などへの投資により「環境と経済の危機」を同時に克服しようとした政策を何というか。

問92 グリーン・ニューディール

check 問93 2009年にオバマ大統領が行った核廃絶を目指す演説を一般に何というか。

問93 プラハ演説

check 問94 2017年から就任した国連事務総長は誰か。またその人物の出身国はどこか。

問94 グテーレス,ポルトガル

check 問95 2006年,国連人権委員会(UN Human Rights Commission, UNHRC)を格上げして新たに設立した国連の常設理事会を何というか。

問95 人権理事会

問96 反国家分裂法

check 問96 2005年3月，中国の「全国人民代表大会」で台湾の独立を阻止する目的の〔　　〕が制定された。

問97 逃亡犯条例，1997年，一国二制度

check 問97 2019年6月以降，香港における大規模なデモのきっかけとなった条例名を答えよ。また香港がイギリスから返還された年号と，その後の中国における香港の社会体制を漢字5字で答えよ。

問98 国際刑事裁判所，ジェノサイドに対する罪・人道に対する罪・戦争犯罪・侵略犯罪（順不同）

check 問98 2003年に設立された，個人を裁く常設の国際法廷を何というか。またそこで裁かれる四つの罪は何か。

問99 六カ国協議，米国・日本・中国・韓国・ロシア・北朝鮮（順不同）

check 問99 2003年から開催されている，主として北朝鮮の核問題を話し合う会議を何というか。またその参加国を答えよ。

問100 ヨハネスブルグ

check 問100 2002年の環境サミットは南アフリカのどこで行われたか。

問101
a-日ソ共同宣言
b-歯舞群島
c-色丹島
※bとcは順不同。

check 問101 1956年の〔 a 〕において，北方四島（〔 b 〕，〔 c 〕，国後島，択捉島）のうち，〔 b 〕と〔 c 〕については平和条約の締結後に返還することが約束された。しかし，未だ平和条約が締結されていないため，返還されていない。

check 問102 韓国と日本の領土問題を一般に〔 a 〕問題という。また2005年3月に〔 b 〕県は「〔 a 〕の日」条例を制定した。また2012年には韓国の〔 c 〕大統領が〔 a 〕に上陸したことを受けて，日本政府は〔 d 〕への提訴の提案を韓国政府に行ったが（これまでも2回あり），韓国は提訴に同意していない。

問102
a-竹島（韓国名は「独島（トクト）」）
b-島根
c-李明博（イミョンバク）
d-国際司法裁判所（ICJ）

check 問103 2008年2月にロシアの反対がありながら独立した国はどこか。

問103 コソボ共和国

check 問104 2008年8月に南オセチア共和国に進攻し，CISを離脱した国はどこか。

問104 グルジア（ジョージア）

check 問105 2008年8月にグルジアから独立した国はどこか。

問105 南オセチア，アブハジア

# 第6章

# スパッと解決!! オリジナル予想 時事・盲点問題（経済編）

current affairs

— Economic field —

■ 以下の各問に答えよ。空欄には適当な語句・数字を入れよ。選択肢の与えられているものは，1つ選べ。

check 問 1 2023年4月，日本銀行総裁が〔 a 〕氏から〔 b 〕氏へと交代した。

check 問 2 日本銀行が2016年9月から導入され，2024年3月に終了した，長期金利（10年物国債）の利回りを調整することで金利全体の動きをコントロールする政策を何というか。

check 問 3 日本銀行の政策委員会に関する説明として，誤っているものを1つ選べ。

①役員として，総裁、副総裁（2名），審議委員（6名），監事（3名以内），理事（6名以内），参与（若干名）がおかれている。

②総裁，副総裁および審議委員が，政策委員会を構成している。

③政策委員会委員については，国会同意人事となっている。

④金融政策の公平・中立を保つ観点から，政策委員については，民間からの任命は禁止されている。

check 問 4 森林などによる吸収分を差し引いて，温室効果ガス排出量を実質ゼロとすることを何というか。カタカナで答えよ。

**Answer**

問1
a-黒田東彦（はるひこ）
b-植田和男

問2 イールドカーブ・コントロール（YCC）政策

問3 ④（民間からも任命されている）

問4 カーボンニュートラル

問5 ④（正しくは「脱原発」ではなく「安全最優先で再稼働」）

check 問5 2021年に閣議決定された「グリーン成長戦略」に関する説明として，誤っているものを1つ選べ。

①正式名称を「2050年カーボンニュートラルに伴うグリーン成長戦略」という。

②乗用車は，2035年までに新車販売で電動車100%を実現する。

③再生エネルギー割合を引き上げていく方針である。

④原子力発電所への依存度を可能な限り減らし，脱原発を目指していく。

問6 地球温暖化対策税

check 問6 2012年10月1日から段階的に課税され，2016年4月1日に最終税率への引き上げが完了した，低炭素社会の実現や，$CO_2$対策の強化を実現するための税を何というか。

問7 （新）会社法

check 問7 2006年から施行された，最低資本金制度の廃止や新たに合同会社を新設した法律は何か。

問8 会計参与

check 問8 前記問2の法律によって新設された役員で，会社経営の健全性を確保するために，取締役と共同で会社の財務諸表を作成する公認会計士や税理士らからなる役員を何というか。

問9 日銀当座預金

check 問9 2016年2月（発表は1月，2024年3月に解除）に，日本銀行がある預金の一部の金利をマイナスとする，マイナス金利政策を導入した。この預金を何というか。

check 問10 2010年9月にペイオフが初適用された銀行はどこか。

問10 日本振興銀行

check 問11 2008年4月の改正〔 a 〕法により，個人所得税と住民税の約〔 b 〕割を自分の出生地などに納税できる，いわゆる〔 c 〕納税が始まった。2015年4月からは，この割合が拡大され，約〔 d 〕割となった。

問11
a-地方税
b-1
c-ふるさと
d-2

check 問12 2007年から郵政民営化の一環として持株会社となった会社の名称を答えよ。

問12 日本郵政株式会社

check 問13 2006年11月，日本の景気は戦後最長の〔 〕景気を抜いた。

問13 いざなぎ

check 問14 2005年に民営化された公団は何か。

問14 道路公団

check 問15 2018年度までに，政府は，コメの生産調整に協力した農家に支給する交付金を廃止することを決めた。このコメの生産調整を何というか。漢字4文字で答えよ。

問15 減反政策

check 問16 2010年6月まで「出資法」が29.2%，「利息制限法」が「15～20%」が年の上限金利となっていたが，その後解消された，消費者に分かりにくい貸金金利を一般に何というか。

問16 グレーゾーン金利

問17 臓器移植法

check 問17 2010年に「脳死を人の死」と前提化することや，脳死判定における年齢制限の撤廃などの改正が行われ施行された法律を何というか。

問18 消費者庁

check 問18 2009年9月に消費者行政を一元化するため内閣府の外局に〔　　〕が発足した。

問19 消費者団体訴訟制度

check 問19 不当契約を結ばされた消費者が，国が認めた消費者団体に相談し，個人に代わって訴訟を起こしたり，契約条項を変更させたりする制度を何というか。

問20 薬害肝炎救済法

check 問20 1980年以降「ミドリ十字」が非加熱製造した「フィブリノゲン」に「C型肝炎」ウィルスが混入していた。2008年に制定された，これらの被害者の救済立法の名称を答えよ。

問21 労働契約法

check 問21 2008年に成立したある法律が，2013年に改正施行され，有期雇用者が5年の有期契約を繰り返した後，労働者の申し出により無期契約に切り替えることとなった。この法律名を答えなさい。

問22 労働審判制度

check 問22 労働紛争の円滑な解決を目指すために2006年につくられた制度を何というか。

問23 男女雇用機会均等法

check 問23 2006年6月に改正された，間接差別や男性へのセクハラを禁止した法律を何というか。

check 問24 「仕事か生活か」ではなく,「仕事も生活も」という両者を両立させようとする考え方を何というか。

問24 ワーク・ライフ・バランス

check 問25 フルタイムで働いても年収が生活保護に満たないような労働者を一般に何というか。

問25 ワーキング・プア

check 問26 2008年4月にスタートした75歳以上の公的医療制度を何というか。

問26 後期高齢者医療制度

check 問27 保険料・種別を一元化し,就職支援などを従来よりも強化する〔　　〕が2006年4月から一部施行され,10月から本格施行された。

問27 障害者自立支援法

check 問28 15歳から49歳までの女性が,一生に産む子どもの数の合計の平均値である〔 a 〕は,2005年には過去最低の〔 b 〕となった。2023年の〔 a 〕は過去最低を更新し〔 c 〕であった。

問28
a-合計特殊出生率
b-1.26
c-1.20

check 問29 2019年6月に改正された,親権者や里親,児童福祉施設長による「しつけ」と称した「体罰」の禁止を明文化した法律名を答えよ。

問29 児童虐待防止法,児童福祉法

check 問30 2007年から解禁された,外資系企業が日本の子会社を通して株式を取得し合併を行うことを何というか。

問30 三角合併

check 問31 核燃料再利用計画により2006年3月に稼動した施設がある場所はどこか。

問31 青森県六ヶ所村

問32 特定複合観光施設区域整備法（統合型リゾート実施法，IR実施法），カジノ管理委員会

check 問32 2018年，カジノを含めた統合型リゾートの運営について定めた法律名と，カジノ事業者を監督する行政委員会をそれぞれ答えよ。

問33 ジニ係数

check 問33 ローレンツ曲線をもとに，イタリアの統計学者によって考案された，所得分配の不平等さを測る指標を一般に何というか。

問34 人民元

check 問34 2016年10月から，IMFのSDR（特別引き出し権）の構成通貨に加わった通貨を答えよ。

問35 ASEAN経済共同体（AEC）

check 問35 2015年末に設立された，ASEANに加盟する10カ国において，ヒト・モノ・カネの移動の自由化を実現する経済同盟を何というか。

問36 RCEP（東アジア地域包括的経済連携）

check 問36 2012年11月のASEAN関連首脳会合において正式に交渉が始まった，ASEAN10カ国と，日・中・韓・印・豪・ニュージーランドの6カ国の計16カ国からなる，包括的経済連携構想を何というか。(2020年に，インドを除く15カ国で署名，2022年1月より順次発効)

問37 インド

check 問37 2011年8月に日本とのEPA（FTA）が発効した国はどこか。

問38 ベトナムもしくはスイス

check 問38 2009年に発効した日本とのEPA（FTA）締結国はどこか。

問39 2008年12月に，日本は初めて複数国とEPA（FTA）を締結したが，その経済地域はどこか。

問39 ASEAN

問40「SDGs」に関する説明として，適当でないものを1つ選べ。

①あらゆる場所のあらゆる形態の貧困を終わらせる。

②飢餓を終わらせ、食料安全保障及び栄養改善を実現する。

③ジェンダー平等を達成し、すべての女性及び女児の能力強化を行う。

④すべての人々の人間らしい雇用（ディーセント・ワーク）を促進する。

⑤経済の成長よりも拡大を目指し急速な変化に対応する。

問40 ⑤
（「成長よりも拡大」ではなく「拡大よりも成長」が正しい）

問41 現在，中国がインフラ整備を進める，中国・インド・欧州を結ぶ経済圏構想を答えよ。

問41 一帯一路

問42 2013年にEUに加盟し，2023年にユーロ圏に入った国を答えよ。

問42 クロアチア

問43 2005年〔 a 〕と〔 b 〕はEU憲法の批准を否決した。

問43 a-オランダ
b-フランス（順不同）

問44 2004年5月よりEUに加盟した10カ国を答えよ。

問44 チェコ，エストニア，キプロス，ラトビア，ハンガリー，マルタ，ポーランド，スロベニア，スロバキア，リトアニア（順不同）

問45 ポルトガル, イタリア, アイルランド, ギリシャ, スペイン(順不同)

check 問45 ユーロ圏の財政赤字が懸念される5カ国である,「PIIGS (GIIPS)」を答えよ。

問46 デフォルト, ギリシャ, チプラス

check 問46 2015年8月に, EU圏内のある国が債務不履行に陥りそうになったが, この債務不履行をカタカナで, またこの国と当時の首相を答えよ。

問47「USMCA (アメリカ・メキシコ・カナダ協定)」

check 問47 2018年にアメリカ, カナダ, メキシコで合意され, 2020年7月に署名された, NAFTAに代わる自由貿易協定を答えよ。

問48 タックス・ヘイブン, バハマ(またはケイマン諸島など)

check 問48 2016年4月に, いわゆるパナマ文書で注目を浴びた, 租税回避地をカタカナで何というか。また, 代表的な租税回避地を一つ答えよ。

問49 ①○
②×(マイナス金利政策)
③○
④○

check 問49 各国の金融政策の動向について正誤判定せよ。

①アメリカは, リーマンショック以降, 事実上のゼロ金利政策を導入した。

②ECBは, 2014年から, ECBへの預入金利の一部について, ゼロ金利政策を導入した。

③日本は, 1999年に, コールレートをゼロに近づける, ゼロ金利政策を採った。

④一般に, 金利政策の限界を「流動性の罠」という。

check 問50 2008年秋に,〔 a 新興国/アメリカ〕において〔 b 低所得者/高所得者〕向けの〔 c 低金利/高金利〕の住宅ローンである〔 d 〕が焦げ付きはじめたことを発端とする〔 e 〕以降,アメリカの中央銀行〔 f 〕は〔 g 〕金利政策と,量的〔 h 緩和/引き締め〕を実施してきた。しかし,2015年以降,アメリカ経済の回復を受けて,量的〔 h 緩和/引き締め〕の〔 i 縮小/拡大〕を実施した。

問50
a-アメリカ
b-低所得者
c-高金利
d-サブプライム(住宅)ローン
e-リーマン・ショック
f-FRB(連邦準備制度理事会)
g-ゼロ
h-緩和
i-縮小

check 問51 経済成長の著しい「ブラジル」「ロシア」「インド「中国」「南アフリカ」を〔 〕という。

問51 BRICS
(これにインドネシアを加えて「BRIICS」とも呼ぶ)

check 問52 G20が初めて開催された年号(西暦)と,G20の正式名称を答えよ。

問52 2008年,
20カ国財務省・中央銀行総裁会議

check 問53 G20サミットは,リーマンショックなどの世界的経済危機を受けて2008年に開催され,G8(フランス,アメリカ,イギリス,ドイツ,日本,イタリア,カナダ,ロシア)に加え〔 a 〕,〔 b 〕,〔 c 〕,〔 d 〕,「韓国」,「インドネシア」,「サウジアラビア」,〔 e 〕,〔 f 〕,〔 g 〕,「オーストラリア」,「EU」で構成されている。

問53 a~g ブラジル,インド,中国,南アフリカ,トルコ,メキシコ,アルゼンチン
(順不同)
(今回はBRIICS〈ブラジル,ロシア,インド,インドネシア,中国,南アフリカ〉とVISTA(ベトナム,インドネシア,南アフリカ,トルコ,アルゼンチン〉に関連する国を穴埋めにした。)

check 問54 2019年6月にG20サミットが開催された場所を答えよ。

問54 大阪

問55 海洋プラスチック(プラスチック), 海洋プラスチック憲章

check 問55 2018年にカナダのシャルルボアで開催されたG7において, 対策憲章が採択された汚染物質と, その憲章名を答えよ。

問56 日韓スワップ協定

check 問56 日本と韓国の中央銀行が為替相場の安定のために, ドルなどの外貨を相互に融通する協定を何というか。

問57 オフショア市場(そこでの取引をオフショア取引という)

check 問57 国内市場とは切り離し, 国境を越えた, 主に非居住者向けの国際金融市場のことを何というか。

問58 オバマ

check 問58 2009年に「核兵器なき世界」をプラハ演説で行ったことなどが評価された, ノーベル平和賞受賞者は誰か。

問59 ユヌス

check 問59 2006年に, マイクロクレジットなどを通して, 貧困を解決するグラミン銀行の総裁がノーベル平和賞を受賞したが, それは誰か。

問60 アフリカ開発会議(TICAD)

check 問60 日本が主導し, 1993年から開催されている, アフリカの開発を国際的に話し合う会議を何というか。

## 差をつける!! 盲点チェックシート

[　　] 内の赤字を覚えよう!

- ☐ ① 1999年には在留外国人の［指紋押捺制度］が全廃された。
- ☐ ② 1999年に，プライバシーの侵害の恐れのある［通信傍受法］が制定され，［住民基本台帳法］が改正された。
- ☐ ③ 2000年に制定された（2001年施行）［消費者契約法］は不当契約などを禁止し，消費者と事業者の対等条約を目指している。
- ☐ ④ 1999年には男女が共に責任を担って社会に参加すべく［男女共同参画社会基本法］が制定された。
- ☐ ⑤ 1991年に制定され，1992年に施行された［育児休業法］は，1995年の改正で介護についても休暇の取れる［育児・介護休業法］に改正された。また，このとき介護を理由にした深夜労働の拒否権も明記されている。育児介護休業は，男女ともに認められている。1999年に施行された。
- ☐ ⑥ 企業年金において，運用実績により給付額が変動する［確定拠出・確定給付制度］は2001年6月に制度化され，今後の年金受給者の選択の幅を広げている。
- ☐ ⑦ 1973年に導入された［老人医療費無償化］は，1982年には［老人保健法］により［一部有料化］となった。その後，2008年に後期高齢者医療制度へと移行した。
- ☐ ⑧ 1998年にはボランティア団体や市民団体に法人格を付与する［NPO法］が制定された。
- ☐ ⑨ 1997年には臓器移植の際に脳死を死とする［臓器移植法］が制定された。
- ☐ ⑩ 1997年に京都で開かれたCOP3の正式名称は［第3回気候変動枠組み条約締約国会議］。
- ☐ ⑪ 1997年［京都議定書］は二酸化炭素の数値目標を決めた。［2008年～2012年］にかけて，1990年比で，先進国全体で［5.2］%，日本［6］%，米国［7］%，EU［8］%となっている。ただし2001年にアメリカが批准を拒否したため未発効であったが，2004年にロシアが批准し2005年に発効した。京都メカニズムの主なものは［排出権取引］と［共同実施］の容認，［ネット方式］の採用，［クリーン開発メカニズム］である。
- ☐ ⑫ 1995年［NPT（核拡散防止条約）再検討会議］でNPTの無期限延長を合意した。
- ☐ ⑬ 1995年に交渉開始が合意された，［カットオフ］（兵器用核分裂物質生産禁止）条約は，2023年10月現在未発効である。
- ☐ ⑭ 2000年に［児童虐待防止］法，2001年に［DV（家庭内暴力）防止］法が制定された。
- ☐ ⑮ 2001年に，米国の［ABM（弾道弾迎撃ミサイル）制限条約］脱退が表明された。

## 本書収録問題出典一覧

| 章 | テーマ番号 | 出典 |
|---|---|---|
| 第1章 | 01 | センター試験 政治・経済 2012年度本試験 |
| | 03 | センター試験 政治・経済 2012年度本試験 |
| | | センター試験 政治・経済 2003年度追試験 |
| | | センター試験 政治・経済 2002年度本試験 |
| | | センター試験 政治・経済 2002年度本試験 |
| | 05 | センター試験 政治・経済 2002年度本試験 |
| | 06 | 共通テスト 政治・経済 2023年度本試験 |
| | | センター試験 政治・経済 2002年度追試験 |
| | 08 | 共通テスト 政治・経済 2022年度本試験 |
| | 09 | センター試験 政治・経済 2005年度追試験 |
| | | センター試験 政治・経済 2003年度追試験 |
| | 10 | センター試験 政治・経済 2001年度本試験 |
| | | センター試験 政治・経済 2001年度本試験 |
| | 12 | センター試験 政治・経済 2007年度本試験 |
| | | センター試験 現代社会 2007年度本試験 |
| | | センター試験 現代社会 2006年度本試験 |
| | 14 | 共通テスト 政治・経済 2021年度本試験（第2日程） |
| | | センター試験 政治・経済 2003年度本試験 |
| | 15 | センター試験 政治・経済 2003年度本試験 |
| | | センター試験 現代社会 2002年度追試験 |
| | 16 | センター試験 政治・経済 2001年度追試験 |
| | | センター試験 政治・経済 2007年度本試験 |
| | 17 | センター試験 政治・経済 2002年度追試験 |
| | | センター試験 現代社会 2002年度本試験 |
| | 18 | センター試験 現代社会 2005年度本試験 |
| 第1章 | 19 | センター試験 政治・経済 2002年度本試験 |
| | 20 | センター試験 現代社会 2004年度追試験 |
| | | 共通テスト 政治・経済 2023年度本試験 |
| | 21 | センター試験 政治・経済 2001年度本試験 |
| 第2章 | 03 | センター試験 政治・経済 2005年度本試験 |
| | | センター試験 政治・経済 2003年度追試験 |
| | | センター試験 政治・経済 2003年度追試験 |
| | 04 | センター試験 現代社会 2003年度追試験 |
| | 05 | センター試験 政治・経済 2005年度本試験 |
| | 06 | センター試験 政治・経済 2005年度本試験 |
| | | センター試験 政治・経済 2004年度追試験 |
| | 07 | センター試験 政治・経済 2006年度本試験 |
| | | センター試験 現代社会 2005年度追試験 |
| | 08 | センター試験 政治・経済 2005年度追試験 |
| | | センター試験 現代社会 2003年度本試験 |
| | 09 | センター試験 政治・経済 2007年度本試験 |
| | | センター試験 現代社会 2004年度追試験 |
| | 10 | センター試験 政治・経済 2006年度本試験 |
| | | センター試験 政治・経済 2004年度追試験 |
| | 11 | センター試験 現代社会 2003年度追試験 |
| | | センター試験 現代社会 2004年度本試験 |
| | 12 | センター試験 現代社会 2005年度本試験 |
| | | センター試験 政治・経済 2001年度追試験 |
| | 13 | センター試験 現代社会 2004年度本試験 |
| | | センター試験 現代社会 2003年度本試験 |

| 章 | テーマ番号 | 出典 |
| --- | --- | --- |
| 第2章 | 13 | センター試験 現代社会<br>2006年度本試験 |
| | | センター試験 現代社会<br>2006年度本試験 |
| | 15 | センター試験 政治・経済<br>2005年度追試験 |
| | | センター試験 政治・経済<br>2003年度追試験 |
| | 16 | センター試験 現代社会<br>2007年度本試験 |
| | | センター試験 政治・経済<br>2003年度追試験 |
| | 17 | センター試験 政治・経済<br>2002年度本試験 |
| | 18 | センター試験 政治・経済<br>2004年度本試験 |
| | | センター試験 現代社会<br>2001年度追試験 |
| | 19 | センター試験 現代社会<br>2001年度本試験 |
| | 20 | センター試験 現代社会<br>2005年度追試験 |
| 第3章 | 1 (1) | センター試験 政治・経済<br>2007年度本試験 |
| | 1 (2) | センター試験 政治・経済<br>2014年度本試験 |
| | 1 (3) | 共通テスト 政治・経済<br>2023年度本試験 |
| | 1 (4) | 広島経済大学 経済学部<br>2007年度 |
| | 1 (5) | 法政大学 経済学部<br>2004年度 |
| | 2 (1) | 早稲田大学 人間科学部<br>2004年度 |
| | 2 (2) | 中央大学 経済学部<br>2006年度（改題） |
| | 2 (4) | 日本大学 経済学部<br>2005年度 |
| | 3 (2) | センター試験 政治・経済<br>2005年度本試験 |
| | 3 (3) | 関西大学 商学部<br>2005年度 |
| | 3 (4) | 早稲田大学 法学部<br>2013年度（改題） |
| | 4 (1) | 明治大学 政治経済学部<br>2002年度 |
| | 4 (2) | 明治大学 経営学部<br>2006年度 |
| 第4章 | 1 | 共通テスト 政治・経済<br>2022年度追試験 |

| 章 | テーマ番号 | 出典 |
| --- | --- | --- |
| 第4章 | 2 | 共通テスト 政治・経済<br>2021年度本試験（第2日程） |
| | 3 | 共通テスト 政治・経済<br>2022年度本試験 |
| | 4 | 共通テスト 政治・経済<br>2023年度本試験 |
| | 5 | 共通テスト 政治・経済<br>2023年度本試験 |
| | 6 | センター試験 政治・経済<br>2014年度本試験 |
| | 7 | 共通テスト 政治・経済<br>2021年度本試験（第1日程） |
| | 8 | センター試験 政治・経済<br>2015年度本試験 |
| | 9 | センター試験 政治・経済<br>2019年度本試験 |
| | 10 | センター試験 政治・経済<br>2016年度本試験 |
| | 11 | センター試験 現代社会<br>2004年度本試験 |
| | 12 | センター試験 政治・経済<br>2003年度本試験 |
| | 13 | センター試験 政治・経済<br>2015年度本試験 |
| | 14 | センター試験 政治・経済<br>2002年度本試験 |
| | 15 | センター試験 政治・経済<br>2017年度本試験 |
| | 16 | センター試験 政治・経済<br>2018年度本試験 |
| | 17 | センター試験 現代社会<br>2001年度追試験 |
| | 18 | 早稲田大学 政治経済学部<br>2004年度 |
| | 19 | 早稲田大学 人間科学部<br>2004年度（改題） |
| | 20 | センター試験 政治・経済<br>2004年度本試験 |
| | 21 | 駒澤大学 仏教学部<br>2005年度 |
| | 22 | 名古屋学院大学 経済学部<br>2004年度 |
| | 23 | 共通テスト 政治・経済<br>2022年度追試験 |
| | 24 | センター試験 政治・経済<br>2018年度本試験 |

**畠山のスパっととける政治・経済　爽快問題集** 改訂第５版

**初版第１刷発行 ………… 2007年12月 5日**
初版第６刷発行 ………… 2012年 7月31日
**改訂版第１刷発行 ……… 2012年12月20日**
改訂版第３刷発行 ……… 2014年 7月31日
**改訂第３版第１刷発行 … 2016年12月15日**
改訂第３版第３刷発行 … 2018年 9月30日
**改訂第４版第１刷発行 … 2020年 3月10日**
改訂第４版第４刷発行 … 2022年10月20日
**改訂第５版第１刷発行 … 2023年12月10日**
改訂第５版第２刷発行 … 2024年12月15日

著者 ……………………… 畠山創
発行者 …………………… 藤井孝昭
発行 ……………………… Ｚ会
〒411-0033
静岡県三島市文教町1-9-11
TEL 055-976-9095
https://www.zkai.co.jp/books/
組版所・本文デザイン … 有限会社トーキョー工房
印刷・製本 ……………… シナノ書籍印刷株式会社


ISBN 978-4-86531-585-1　C7030